Hans-Joachim Neumann

Friedrich Wilhelm II.

Preußen unter den Rosenkreuzern

Mit 50 Abbildungen

edition q

Die Deutsche Bibliothek – CIP-Einheitsaufnahme

Neumann, Hans-Joachim:
Friedrich Wilhelm II. :
Preußen unter den Rosenkreuzern / Hans-Joachim Neumann.
Berlin : Ed. q, 1997
ISBN 3-86124-332-6

Lektorat: Dr. Jürgen Schebera
Umschlaggestaltung: Thomas Pricker
Umschlagfoto: Gemälde von Anton Graff,
Archiv für Kunst und Geschichte, Berlin

Alle Abbildungen ohne Quellenangabe stammen aus dem Archiv des Autors.

Druck und Weiterverarbeitung: Ebner Ulm
Printed in Germany

ISBN 3-86124-332-6

Inhaltsverzeichnis

Vorrede

Am 16. November 1797 starb König Friedrich Wilhelm II. von Preußen, erst 53 Jahre alt. Seinem qualvollen Zustand nach monatelangem Siechtum hatte der Tod ein schlimmes Ende gesetzt. Der König war erstickt.

1997 jährt sich zum 200. Mal der Todestag dieses Königs, dessen Bekanntheitsgrad sich immer in Grenzen hielt, wohl hauptsächlich deswegen, weil ihm in der preußischen und späteren deutschnationalen Geschichtsschreibung Nachruhm und Anerkennung versagt blieben.

Gab es in diesem Regentenleben nichts Rühmliches, nichts Anerkennenswertes? Hatte der König keine Verdienste, deren man sich gern erinnerte?

Die ungünstigen Beurteilungen über diesen König fallen hauptsächlich in das 19. und in die erste Hälfte des 20. Jahrhunderts, wobei Heinrich von Treitschke tonangebend wurde.

Man nahm dem König seine Mätressen und seine Nebenfrauen übel. Man nahm ihm seinen Hang zur Mystik und zum Spiritismus, zur Rosenkreuzerei schlechthin übel. Und man verzieh ihm nicht, daß er nach Osten expandierte und Preußens „deutsche Aufgabe" angeblich verschlief, auch wenn es diese damals gar nicht gab. Der Maßstab aller Dinge war und blieb sein Vorgänger, Friedrich der Große, der fast ein halbes Jahrhundert Preußen sein Gepräge gegeben hatte. Auch wenn Friedrich Wilhelm II., der Enkel, sich gern auf seinen Großvater, den Soldatenkönig, berief, so unterschieden sich beide Herrscher eigentlich auf fast allen Gebieten. Nur ihr „Deutschtum" hatten sie vielleicht gemein, wenn auch unterschiedlich in der Handhabung und in der Artikulation.

Friedrich Wilhelm II. lebte mehr oder weniger zwischen den Zeiten. Sein Vorgänger hatte das friderizianische Zeitalter begründet, das fest gefügt und unerschütterlich schien. Als der große König starb, war niemand da, der einerseits sein Erbe wahrte und andererseits zu neuen alternativen Ufern aufbrach. Dazu fehlte es Friedrich Wilhelm II. an Format. Nach ihm beherrschte bald Napoleon die europäische Szene und Friedrich Wilhelms Sohn und Nachfolger konnte nur noch reagieren – das Agieren Preußens war mit dem großen König zu Grabe getragen worden. Nach Angaben von Johann Wilhelm Lombard hatte Friedrich Wilhelm II. seinem Sohn 28 Millionen Taler Schulden hinterlassen, dem Historiker Friedrich Ludwig von Raumer zufolge waren es sogar 49 Millionen – dazu kam eine überalterte Armee, die bestenfalls ein matter Abglanz des friderizianischen Heeres war.

Gegenwärtig findet man gelegentlich Rektifizierungsversuche des Königsbildes, wonach auch das vorliegende Buch trachtet. Hatte dieser König – und das ist eigentlich die Kardinalfrage – zu Beginn seiner Amtsübernahme, auf die er sich jahrzehntelang vorbereiten konnte, ein politisches Programm, ein klares Konzept, wie etwa sein berühmter Vorgänger oder sein gern von ihm zitierter Großvater, der Soldatenkönig Friedrich Wilhelm I., die sich bestens auf den Tag der Thronbesteigung vorbereitet hatten? Ein politisches Programm bei Friedrich Wilhelm II. vermag ich schwer zu erkennen. Während er sich innenpolitisch von den Rosenkreuzern leiten ließ, reagierte er lediglich auf die Außenwelt, dabei durchaus nicht immer glücklos. Sollte man dennoch von einem Konzept sprechen, so bestand dies wohl in dem löblichen Versuch einer Aussöhnung mit Österreich sowie der weniger löblichen Expansion nach Osten.

Der König darf nicht losgelöst gesehen werden von der religiös-geistigen Welt, in der er lebte. Über Jahrzehnte hinweg war seine Biographie mit der Geschichte eines Geheimen Ordens verbunden, den Gold- und Rosenkreuzern. Der Einfluß dieses Ordens auf Friedrich Wilhelm II. wird unterschiedlich bewertet. Jedoch herabspielen sollte man ihn nicht, da nicht zu leugnen ist, daß sich sein Kabinett zum großen Teil aus Rosenkreuzern rekrutierte, zu denen auch der König zählte. Damit allein ist noch kein Werturteil verbunden. Dazu muß man Inhalt und Anliegen des Ordens kennen. Für mich stellt sich der Einfluß der Rosenkreuzer ziemlich erheblich dar, so daß ich ganz bewußt den Untertitel „Preußen unter den Rosenkreuzern" wählte.

Ebensowenig wie man die Rosenkreuzer übergehen kann, dürfen die vielen Frauen aus Friedrich Wilhelms Leben ausgeklammert werden. Krampfhafte Versuche der Rechtfertigung für das Verhalten des Königs gehen am Thema vorbei. Grundsätzlich mag hier eingewendet werden, daß seine Frauen nicht ein Gegenstand historischer Betrachtungen sein können. Wenn das so ist, werden seine Frauen indes zur Bedeutungslosigkeit abgewertet. Damit wird man aber weder ihnen noch dem König gerecht. Außerdem war der Einfluß, zumindest einer Frau, den Rosenkreuzern ebenbürtig und damit doch wohl sehr erheblich.

Schwerpunkt der biographischen Darstellung ist neben dem Geheimbund der Gold- und Rosenkreuzer auch die komplizierte Krankheitsgeschichte des Königs, die hier tiefer ausgeleuchtet und diskutiert wird. Selbstverständlich wird auch seinen auffallend vielen Frauen der Platz eingeräumt, den sie im Leben für ihn hatten. Da sich die politischen und staatsmännischen Eigenschaften des Königs nach innen wie nach außen in Grenzen hielten, nehmen diese Kapitel nicht solchen Raum ein, wie dies vergleichsweise bei dem Soldatenkönig oder bei Friedrich dem Großen notwendig wäre. Unzufrieden scheint dieser König aber mit sich selbst nicht gewesen zu sein, der sterbend sagte: „Ich habe meine Pflicht getan." Wenn das so war, dann hatte er seine Maßstäbe ganz einfach zu bescheiden angesetzt.

Wertvolle, bislang nicht erschlossene Quellen fand ich im Geheimen Staatsarchiv Preussischer Kulturbesitz, so daß das Lebensbild Friedrich Wilhelms II. auch unter besonderer Beachtung seiner Krankheiten erstmals abgerundet vorgelegt werden kann.

Prinz August Wilhelm, Vater Friedrich Wilhelms II.
Lithographie nach einem zeitgenössischen Gemälde von Adolph von Menzel.

Kronprinz Friedrich Wilhelm

Am 25. September 1744 wurde der spätere König Friedrich Wilhelm II. als ältester Sohn des Prinzen August Wilhelm in Berlin geboren. August Wilhelm, Lieblingssohn König Friedrich Wilhelms I., der ihn gern als Nachfolger gesehen hätte, und Bruder Friedrichs II. soll ein liebenswürdiger und gütiger Mann von durchschnittlicher Begabung gewesen sein, eigentlich in allem das glatte Gegenteil seines königlichen Bruders.

Friedrich Wilhelms Mutter war die Prinzessin Luise von Braunschweig-Wolfenbüttel, eine Schwester der Königin Elisabeth Christine, der Gemahlin Friedrichs des Großen. Die ehelichen Beziehungen seiner Eltern waren kühl, was nicht verwunderlich war, denn 1742 mußte August Wilhelm auf Befehl Friedrichs des Großen heiraten. Der älteste Sohn glich doch sehr seinem biederen Vater, dem Soldatenkönig, der seine Kinder ebenfalls despotisch in reichsdeutsche Kreise verheiratet hatte.

Der König, dessen Ehe kinderlos war und bleiben sollte, machte seinen Neffen sofort zum Prinzen von Preußen und damit zum Thronfolger.

Der kleine Prinz geriet in seinen jungen Jahren schon zwischen zwei Fronten: auf der einen Seite der Hof in Potsdam, der nichts als Pflicht und Dienst kannte, und auf der anderen die prinzlichen Höfe der königlichen Brüder in Berlin, die vor allem die Opposition zum König einte und die ihre Zerstreuung und Ablenkung in häufigen Festen suchten. In dieser spannungsgeladenen Atmosphäre wuchs der junge Prinz auf, ein kräftiger und gesunder Junge, dabei scheu und ängstlich.

Der König war von seinem kleinen Neffen ausgesprochen angetan, so daß er bald persönlich Einfluß auf dessen Erziehung nahm. Mit drei Jahren mußte der Junge den elterlichen Wohnsitz in Oranienburg verlassen und in das Berliner Schloß übersiedeln. Ab jetzt leitete der König die Erziehung selbst. 1750 bestellte er den Schweizer Pädagogen Beguelin, der Lehrer am Joachimsthaler Gymnasium war, zum Erzieher des sechsjährigen Thronfolgers. 1751 wurde der Direktor des Gymnasiums zum Grauen Kloster, Anton Friedrich Büsching, als zweiter Erzieher des Prinzen hinzugezogen, während der Hofprediger Friedrich Sack den Religionsunterricht bestritt.

Der König hatte den Erziehern eine selbst entworfene und eigenhändig geschriebene Instruktion vom 24. September 1751 für die Ausbildung seines Neffen übergeben, nach der sie sich zu richten hatten. Ziel seines Erziehungsprogramms war, daß Friedrich Wilhelm einst in nichts seinem Vater gleichen sollte. Er legte, bei der Religionsvielfalt in Preußen selbstverständlich, größten Wert auf religiöse Toleranz und auf die Vermittlung von Geschichtskenntnissen. Logik und Philosophie traten hinzu. Die sittliche Erziehung kam gleichermaßen nicht zu kurz.

Natürlich durfte auch im Lehrerkollegium die Militärperson nicht fehlen, und so bestellte Friedrich der Große den Major von Borcke zum militärischen Gouverneur des kleinen Prinzen, da für den König feststand, daß Friedrich Wilhelm eines Tages ganz in der Armee aufgehen werde. Der Griff war glücklich, denn von Borcke war ein sehr gebildeter Mann, der bei Christian Wolff in Halle Philosophie gehört hatte. Borcke hatte darüber zu wachen, daß Friedrich Wilhelm militärisch erzogen wurde, um, wie der große König es formuliert hatte, „nicht einen Theaterkönig heranzubilden, sondern einen König von Preußen, der sich nach der eigenen Einsicht zu richten vermag."

Bei dem aus der Westschweiz stammenden Beguelin lernte der kleine Prinz spielend Französisch, das später eher seine Muttersprache zu nennen sein sollte als Deutsch. Alle Schriftstücke sollten von ihm dereinst in Französisch abgefaßt werden, die amtlichen ebenso wie der größte Teil seiner Briefe.

Der Schüler Friedrich Wilhelm war leicht zu lenken und gutwillig, allerdings neigte er zum Jähzorn und reagierte über das normale Maß hinaus auffallend cholerisch. Wem kommen da nicht Assoziationen zu seinem Großvater, dem Soldatenkönig?

Wahrhaft zu begeistern war der junge Prinz durch die Musik, und so lernte er zunächst Bratsche spielen und später Cello, das er ziemlich perfekt beherrschte. In der königlichen Kapelle sollte er sich später als Solist betätigen, und das mit weit mehr als einem Achtungserfolg.

Von 1750 bis 1756 war der Thronfolger häufig Gast an der Tafel des Königs. Er war zurückhaltend und wenig kommunikativ. Das führte allmählich zu Mißverständnissen, denn der Onkel, der nie Vater war, schloß daraus, daß der Neffe keine Liebe für ihn habe, und befürchtete ständig, daß Friedrich Wilhelm eben doch seinem weicheren Vater August Wilhelm gleiche. Vertrauenspersonen für den Prinzen waren eigentlich Beguelin und von Borcke, denen er immer herzlich zugetan blieb. Friedrich dagegen war mit von Borcke äußerst unzufrieden. Er vermißte die militärische Strenge und Härte und trennte sich wieder von ihm.

Im Grunde war der junge Prinz in sich gespalten und schwankte zwischen zwei Vorbildern: seinem Vater, dessen Güte und Liebenswürdigkeit ihm Wärme gaben, und dem Onkel, dessen Größe und Willensstärke ihm imponierten. Zu seinem großen Schmerz verlor er 1758 den Vater. Es kam aber danach nicht zu einer Annäherung an den Onkel – eher wurde das Verhältnis kühler. Schuld daran hatten die königlichen Brüder ebenso wie Friedrich Wilhelms engere weibliche Verwandtschaft, deren Lebensinhalt in der Opposition zum König zu bestehen schien. Nach dem Tode August Wilhelms wurde Friedrich Wilhelm noch anfälliger für die Opposition gegen den König, der ihm inzwischen einen neuen militärischen Erzieher an die Seite stellte, den Feldmarschall von Kalckstein.

Am 23. Oktober 1757 übersiedelte der gesamte Berliner Hof in die Festung Magdeburg, um bei einer eventuellen Besetzung Berlins während des Siebenjährigen Krieges der möglichen Gefangennahme zu entgehen. Für die Entwicklung des Kronprinzen war der Magdeburger Aufenthalt keineswegs glücklich, denn nun hockte der ganze oppositionelle Familienclan mehr oder weniger aufeinander und feierte seine prunkvollen Feste wie eh und je. Jetzt aber war dem König sehr an jeder Ablenkung gelegen, damit nicht der Verdacht aufkommen sollte, daß der Krieg für Preußen schlecht stehe.

Selbst im Kriege verlor der König seinen Nachfolger nicht aus den Augen. Kalckstein hatte in seinem Auftrag eine feste Tageseinteilung zu überwachen und darauf zu achten, daß Exerzieren und Paradieren nicht zu kurz kamen.

1760 wurde der Kronprinz ins königliche Winterquartier nach Leipzig beordert, wo er bis zum Januar 1761 blieb. Zu einer Annäherung zwischen beiden kam es dort leider nicht, im Gegenteil, die Kluft wurde tiefer.

Ein Jahr später, Anfang 1762, wurde der Versuch aufs Neue wiederholt. Diesmal ging es ins Winterquartier nach Breslau. Aber nicht das königliche Hauptquartier zog Friedrich Wilhelm in den Bann, sondern vielmehr waren es die katholischen Kirchen Breslaus und die Gottesdienste, die den Prinzen tief beeindruckten. Den größten Teil seiner Freizeit aber vertrieb sich der inzwischen Achtzehnjährige mit seinem Cello-Spiel.

Auch eine Schlacht erlebte er hier, nämlich die Belagerung und Wiedereroberung von Schweidnitz. Dabei zeigte er sich als keineswegs untalentierter Soldat, und so war auch der königliche Onkel mit dem Neffen durchaus zufrieden. Im Herbst ging es zurück nach Magdeburg und von dort nach dem Frieden von Hubertusburg am 15. Februar 1763 an den Hof nach Berlin.

Sein Domizil aber sollte Potsdam werden – weil der Onkel es so wollte –, wo er als Regimentschef seinen Garnisonsdienst leistete. Herbe Kritik hatte er einzustecken, wenn es in seinem Regiment nicht klappte. Allmählich hatte der Prinz eine regelrechte Furcht vor dem König und wurde an dessen Tafel immer schweigsamer. Der König mißtraute seinem Nachfolger so sehr, daß er eine Reihe von Spitzeln auf ihn ansetzte. Er wollte wissen, was der Neffe eigentlich dachte und wer der preußische Thronerbe in Wahrheit sei.

Friedrich Wilhelms äußere Lebensumstände waren mehr als bescheiden. Für seinen Unterhalt bezog er vom König ganze 33 000 Taler jährlich, während Friedrich als Kronprinz von seinem spartanischen Vater immerhin 57 000 Taler erhalten hatte.

Allerdings kam der König nicht umhin, seinen Nachfolger gelegentlich zu Hofkonzerten nach Sanssouci einzuladen, da der Prinz sich als exzellenter Cello-Spieler längst einen Namen gemacht hatte. An der Seite des Violoncellisten Jean Pierre Duport erreichte sein Spiel eine überdurchschnittliche Qualität. Bis zu seinem Tod sollte das Cello sein täglicher Begleiter bleiben.

In dieser Zeit schien der König insgesamt etwas milder gegen seinen Nachfolger gestimmt gewesen zu sein, und so konnte es auch nicht verwundern, daß er ihn mitnahm zu einem Empfang Kaiser Josefs II. in Neiße am 25. August 1769, wie Friedrich Wilhelm auch ein Jahr später am königlichen Gegenbesuch in Mährisch-Ostrau am 3. Oktober 1770 teilnehmen durfte.

In den sechziger und siebziger Jahren mußte der Thronfolger den König auf seinen Inspektionsreisen durch die preußischen Provinzen begleiten. Aber das Verhältnis zwischen beiden blieb auch weiterhin kühl. Der Prinz von Preußen zeigte wenig Interesse an Verwaltungsangelegenheiten, was die Verstimmung des Onkels weiter vertiefte. Er selbst war vor einem Menschenalter als widerspenstiger Sohn von seinem despotischen Vater gezwungen worden, die Arbeit auf den Kriegs- und Domänenkammern sozusagen vor Ort zu studieren, und dieses polytechnische Studium hatte reife Früchte getragen, denn dem König konnte in Verwaltungsangelegenheiten niemand etwas vormachen. Vielleicht hat von Bissing recht, wenn er meint, der König wäre bei diesem Nachfolger gut beraten gewesen, wenn er sich ebenso verhalten hätte wie einst sein Vater. Ich denke aber, genau das wollte Friedrich nicht. Zu tief waren die Demütigungen und die Verletzungen gewesen, die sein Vater rundherum gesetzt hatte. Er wollte seinen Neffen lieber durch Vorbild und Anschauung erziehen, was allerdings gründlich mißlang.

Die Berichte, die der Thronfolger über diese Inspektionsreisen einzureichen hatte, waren oberflächlich und nichtssagend. Dem König sträubten sich die Haare, wenn er an sein armes Land dachte, das dieser Mann dereinst regieren sollte. Aber er machte auch Fehler. Er hatte keine Geduld. Statt den Thronfolger trotz aller Unterschiede eng an sich zu binden und ihn peu à peu in alle politischen und staatsmännischen Aufgaben und Belange einzuweihen, schloß er ihn aus und mied ihn, wo er nur konnte.

Natürlich gab es Dinge, für die der Prinz zu entflammen war. Die aber lagen genau dort, wo sie ihm für sein späteres Königsamt nichts nützten. Theater, Frauen und das Cello waren seine Lebenselixiere. Der König wußte es und fand es miserabel.

Nach der Verheiratung des Thronfolgers versuchte der König, ihn in die Staatsverwaltung einzuführen. Jetzt durfte er auch an Sitzungen des Kammergerichts und des Obertribunals teilnehmen. 1772 nahm ihn der König mit zur Revue nach Westpreußen, um in dieser durch die erste polnische Teilung erworbenen Provinz die preußische Verwaltung aufzubauen. Ein Jahr später, 1773, beauftragte der König den Neffen, Ostpreußen zu besuchen. Aber der danach angefertigte Reisebericht war so enttäuschend und von Desinteresse gekennzeichnet, daß der König seinen Neffen wieder fallen ließ und ihn mit weiteren Aufgaben nicht mehr betraute.

Die Spannungen erreichten indessen einen solchen Grad, daß der Thronfolger von 1774 bis 1776 ganz von der königlichen Tafel ausgeschlossen wurde.

Man hielt ihn und seine Familie finanziell so knapp, daß rundherum Schulden gemacht werden mußten. So war der Thronfolger allmählich bei Berliner und Königsberger Kaufleuten ebenso verschuldet wie bei

Kaiser Josef II., der ihm 100 000 Dukaten vorgestreckt hatte. Politisch war das kreuzgefährlich, so daß Friedrich Wilhelm sofort danach trachtete, alle Schulden zu begleichen, als er den Thron bestieg.

Im Bayerischen Erbfolgekrieg erfüllte Friedrich Wilhelm vorbildlich seine Pflicht als Truppenführer und errang bei Trautenau einen beachtlichen Sieg über die Österreicher. Außerdem hatte der König Gelegenheit, seinen Nachfolger in Schatzlar zu belobigen. Geschickt nutzte er diesen Anlaß, um der Welt zu demonstrieren, daß die Beziehungen beider zueinander keineswegs so schlecht waren, wie der europäische Hofklatsch es gern sehen mochte. Um allen Gerüchten kräftig entgegenzutreten, ernannte Friedrich seinen Nachfolger 1779 sogar zum Generalleutnant.

Von der Außenpolitik hielt ihn der König systematisch fern. Er schätzte auch den Umgang seines Nachfolgers mit seinen eigenen Ministern nicht.

Eine außenpolitische Aktion des Thronfolgers steht dennoch zu Buche: seine Reise 1780 nach St. Petersburg. Die Beziehungen zu Rußland waren seit dem Bündnis von 1764 Mittelpunkt der friderizianischen Außenpolitik. Es gelang dem König, diesen Vertrag in den Folgejahren bis 1788 zu verlängern.

Im Herbst 1780 schickte der König seinen Nachfolger in besonderer Mission in die russische Hauptstadt. Die Beziehungen zwischen Preußen und Rußland hatten sich merklich abgekühlt. Um wenigstens im Atmosphärischen eine Verbesserung zu erreichen, hielt der König diese Reise für geraten, obwohl der preußische Botschafter in Petersburg, Graf Goertz, der Reise skeptisch gegenüberstand.

Einerseits sollte der preußische Thronfolger die Freundschaft zu dem Zarewitsch Paul vertiefen, andererseits dem Stolz und der Eitelkeit der Zarin Katharina schmeicheln. Hauptmotiv war aber wohl die Warnung vor dem angeblich unzuverlässigen Kaiser Josef II., mit dem Katharina II. gemeinsam einen Krieg gegen die Türken plante. Dieser österreichisch-russische Krieg hätte Preußen in die Isolierung gebracht.

Der Kronprinz war willens, wenn auch die Reise von Anfang an unter keinem günstigen Stern stand. In Rußland galt noch der Julianische Kalender (im protestantischen Deutschland seit 1700 dagegen der Gregorianische), und da die Reise offenbar schlecht abgestimmt war, traf Friedrich Wilhelm zehn Tage früher als vorgesehen in Petersburg ein. Die Zarin befand sich um diese Zeit noch in einer ihrer Provinzen.

Der Anfang seiner Reise war also alles andere als glänzend. Er sorgte rundherum für Verlegenheiten. In die nächste Verlegenheit sollte der preußische Thronfolger unverschuldet geraten: Ihm ging das Geld aus, da der königliche Onkel ihn wieder einmal zu knapp gehalten hatte. Dieser bis zur Manie gesteigerte Geiz sorgte für Peinlichkeit, denn Friedrich Wilhelm blieb nun nichts weiter übrig, als sich im fernen Petersburg nach Geld umzusehen.

Die Gastgeberin verhielt sich höflich, schenkte dem preußischen Thronerben wertvolle Pelze und verlieh ihm sogar einen Orden als Ausdruck ihrer Sympathie.

Aber alles in allem hatten die russischen Freundschaftsbeteuerungen wenig Wert, auch wenn der französische Botschafter seiner Regierung schreiben konnte: „Der Prinz ist hochgeschätzt von jedem, der ihm begegnet." Graf Goertz, der von der Reise sogar abgeraten hatte, zog folgende Bilanz: „Alle Welt sagt das Beste von dem Prinzen." Im Grunde zwei nichtssagende Einschätzungen. Preußen, das wurde klar, stand – zumindest zu dieser Zeit – als Verbündeter Rußlands auf der politischen Prioritätenliste nicht sonderlich hoch im Kurs.

Aber geschadet hatten die Gespräche nicht, denn im rein Atmosphärischen war man sich tatsächlich nähergekommen. So empfand das auch der König in Sanssouci, der seinen Reisenden lobte: „Er hat mir in Rußland die größten Dienste geleistet." Den Wahrheitsgehalt dieser Aussage prüfen wir besser nicht. Was immer diese Reise brachte, fest steht, daß sie wenig kostete, und so gesehen war sie kein Mißerfolg für diesen geizigen König.

Daß das Eis nach dieser Rußlandreise nicht geschmolzen war und das Lob des Königs wenig Wert hatte, sah man schon daran, daß Friedrich Wilhelm auch weiterhin von allen verantwortungsvollen Geschäften ferngehalten wurde. Der König duldete es nicht einmal, daß seine Ressort-Minister den Prinzen auf sein zukünftiges Amt vorbereiteten. Auch das blieb aus, da sie die Ungnade des Königs fürchteten.

Das einzige, was der König annähernd gelten ließ, waren die militärischen Leistungen seines Nachfolgers. Hier war er selbst sein Lehrer gewesen. Aber zur Euphorie war auch auf diesem Gebiet kein Grund vorhanden, denn Friedrich Wilhelm blieb auch hier Mittelmaß. Auch das wußte der König, den es schmerzte, daß Preußen den Feldherrn nicht bekommen würde, den es so dringend brauchte.

Weitere Einzelheiten aus der Kronprinzenzeit Friedrich Wilhelms werden in nachfolgenden Kapiteln behandelt. Das betrifft seine Beziehungen zu den Frauen ebenso wie seine mystischen Neigungen, die ihn in die Arme eines Geheimen Ordens trieben.

Immerhin war der Kronprinz schon zweiundvierzig Jahre alt, als er König wurde, und die Konturen seines Lebens waren längst abgesteckt. Als Politiker und Staatsmann waren seine Fähigkeiten wenig ausgeprägt, woran Friedrich der Große nicht schuldlos war, weil er ihn von allen Staatsgeschäften nach innen wie nach außen ausgeschlossen hatte.

Seine eigentlichen Lehrer waren Woellner und Bischoffwerder gewesen, die ihn auch politisch auf sein Amt vorbereitet hatten, kluge Männer zwar, aber auf diesen Gebieten auch Autodidakten. Während Woellner ihm in seiner Kronprinzenzeit jahrelang Vorträge über Staatswissenschaften und Regierungskunst hielt, zielte er zugleich auf eine völlige Umwälzung des friderizianischen Regierungssystems ab, das er durch zeitgemäße Reformideen ersetzen wollte. Als Friedrich Wilhelm 1786 den Thron bestiegen hatte, wurde Woellner sein Hauptratgeber in allen Zivilangelegenheiten, während Bischoffwerder die militärischen und auswärtigen Belange mitlenkte. Dazu schrieb Otto Hintze 1915: „Diese beiden Männer sind es eigentlich, die während der Regierung Friedrich Wilhelms II. den preußischen Staat regiert haben, wobei die rosenkreuzerischen Einflüsse immer eine gewisse Rolle spielten."

Der König

Das schwere Erbe

Friedrich der Große, Onkel und Vorgänger König Friedrich Wilhelms II., hatte Preußen in seiner 46jährigen Regierungszeit ein unverwechselbares Gesicht gegeben. Er hatte dem Land, zu dessen König ihn „der Zufall der Geburt" bestimmte, seinen ganz persönlichen Stempel, seine Note aufgedrückt. Ein ganzes Zeitalter trug und trägt bis heute seinen Namen: das friderizianische.

Was war das für ein Herrscher, dem Friedrich Wilhelm im Königsamte folgen mußte? Welches Erbe hinterließ ihm der große König, und wie verwaltete er es? War er dem Vorgänger gewachsen, den ganz Europa längst „der Große" nannte? Wer war dieser König, und was war größer an ihm als an anderen Monarchen?

Friedrich der Große war eine schillernde Persönlichkeit, ein Mann, der Geschichte machte, sich ihrer flott bediente, sich, wenn nötig, auf sie berief und seiner Zeit als aufgeklärter Monarch ein freundlicheres Gesicht gab.

Gewiß, Schlesien hatte er überfallen, und aus dem Tode Kaiser Karls VI. machte er seine Sternstunde. Seine Begründung für den Ersten Schlesischen Krieg war hanebüchen. Überraschend hatte er preußische Erbansprüche auf Teile Schlesiens entdeckt. Als überzeugendes Motiv war das zu schwach, und der König selbst machte kein Hehl daraus, daß ihn der Ruhm verleitet habe, seine vom Vater trainierte schlagkräftige formidable Armee zu erproben. „Die Genugtuung, Meinen Namen in den Zeitungen und später in der Geschichte zu wissen, hat Mich verführt" – das war es also, und keine Erbansprüche.

Friedrichs Größe zeigte sich später, als ihm der Zweite Schlesische

Krieg und der Siebenjährige Krieg aufgezwungen wurden. Preußens Existenz stand mehr als einmal auf dem Spiel, und die Niederlagen von Hochkirch und Kunersdorf wurden zu Zerreißproben. An den Marquis d'Argens hatte er in verzweifelter Lage am 28. Oktober 1760 geschrieben: „Ich habe es Ihnen gesagt und wiederhole es, nie wird meine Hand einen schimpflichen Frieden unterzeichnen." Am Ende, als alle Beteiligten fast ausgeblutet und kriegsmüde waren, war Schlesien wirklich sein – aber um den Preis welcher Mühen und welcher Opfer! Für seine beispiellose Tapferkeit wurde er schließlich auch belohnt. Preußen war innerhalb Deutschlands und Europas erheblich aufgewertet worden. Dabei führte ihm auch das Glück die Hand, denn der Tod der russischen Zarin Elisabeth 1762 wendete das Blatt und schwächte die Anti-Friedrich-Koalition durch Rußlands Ausscheiden aus dem Krieg. Friedrichs Verdienste und seine Größe aber schmälerte das nicht, denn er war wegen seiner ruhmreich gewonnenen Schlachten und seines Durchhaltevermögens in den letzten Kriegsjahren längst zum Mythos geworden – und das nicht nur in Preußen. Noch Generationen später beschwor man diese friderizianischen Eigenschaften in verzweifelter Lage, auch Hitler rief sie an, als sich das Blatt für ihn wendete. Friedrich war nicht nur forsch im Nehmen – seine wahre Größe lag anderswo, nämlich in der Verteidigung einmal gewonnenen Besitzes und in seiner stoischen Leidensfähigkeit. Er konnte ausharren und Konsequenzen aus bitteren Erfahrungen ziehen. Nach dem Zweiten Schlesischen Krieg meinte er sogar, er würde keine Katze mehr angreifen, was allerdings nicht zu ihm paßte und daher auch nicht stimmte.

In der abendländischen Geschichte gibt es kaum eine Herrschergestalt, die Friedrich dem Großen vergleichbar wäre. Spranger formulierte das so: „Gäbe es in der Geschichte diesen Friedrich und seinen kaiserlichen Geistesverwandten Marc Aurel nicht, so fehlten uns die größten Beispiele für das, was man seitdem eine königliche Seele nennt." Das ist keineswegs übertrieben, denn dieser König sprengte hergebrachte Normen und Konventionen. Er war, wenn auch durch und durch Monarch, zugleich ein Revolutionär – Revolutionär des Geistes. Es mußte Aufsehen erregen in einer Zeit der absolutistischen Machtausübung, wenn ein Fürst die Freiheit des Geistes an seine Fahnen heftete und sie gewissermaßen staatlich verordnete. Als Friedrich der Große nach seinem Regierungsantritt die Pressezensur aufhob und man ihn auf die Folgen hinwies, reagierte er mit einer Bemerkung, die aufhorchen ließ: „Gazetten, wenn sie interessant sein sollen, dürfen nicht genieret werden." Wenn er auch die Politik von seiner Verfügung ausnahm, so minderte das keineswegs sein Verdienst. Und er ging noch weiter in seinen Forderungen nach Geistesfreiheit, wenn er schrieb: „Alle Bücher Seindt hier Erlaubet zu verkaufen."

Unrecht versuchte er wieder gutzumachen. Der von Friedrichs Vater des Landes verwiesene Philosoph Christian Wolff wurde rehabilitiert, und Friedrich versuchte, ihn zur Rückkehr nach Halle zu bewegen. Der mit dieser Aufgabe betraute Berliner Konsistorialrat und Probst Reinbeck erhielt vom König folgendes Schreiben: „Ich bitte Ihn, sich um den Wolf Mühe zu geben. Ein Mensch, der die Wahrheit sucht und sie liebt, muß in aller menschlichen Gesellschaft werth gehalten werden, und glaube Ich, daß er ein Conquete im Lande der Wahrheit gemacht hat, wenn er den Wolf hierher persuadiret."

Friedrichs Forderung nach Gedanken- und Geistesfreiheit ging weiter. Seine Toleranz wollte er auch im gesamten religiösen Bereich in die Tat umgesetzt wissen. Für ihn waren alle Religionen gleich, auch die nichtchristlichen. Und so antwortete er im Juni 1740 auf eine Anfrage des Generaldirektoriums: „Alle Religionen seindt gleich und guth, wan nuhr die leute, so sie profesiren, Ehrlige leute seindt, und wen Türken und Heihden kämen und wollten das Land pöpliren, so wollen wir sie Mosqueen und Kirchen bauen." Am bekanntesten aber wurde Friedrichs eigenhändige Randbemerkung zu einem Bericht des Fiskals Uhden, zu der er bis zu seinem Lebensende stand: „Die Religionen Müsen alle Tolleriret werden, und Mus der Fiscal nuhr das Auge darauf haben, das keine der anderen abrug Tuhe, den hier mus ein jeder nach Seiner Faßon Selich werden."

Friedrich selbst aber stand über den Religionen und schützte sich vor solchen Bindungen. Er meinte: „Man braucht weder Luther noch Calvin, um Gott zu lieben." Ihm galt die Philosophie mehr als die Theologie, und man geht nicht fehl in der Annahme, daß Friedrich im Grunde seines Herzens wohl eher atheistisch war. Er war ein Freigeist und ein Zyniker, der oft die Grenzen des Takts und des Geschmacks berührte. Als der alte Zieten, ein frommer Mann, sich wegen eines Abendmahls bei Hofe verspätete, fragte ihn der König: „Nun, Zieten, haben Sie den Leib Ihres Erlösers gut verdaut?"

Für den „Fürstenspiegel" hatte Friedrich 1743 geschrieben: „Die Menschlichkeit ist die wahre Religion", um an anderer Stelle zu äußern:

„Mein Heiliger ist St. Humanus." An Voltaire schrieb er 1771: „Man kann ein guter Katholik sein und nichtsdestoweniger dem Stellvertreter Gottes seine irdischen Besitzungen abnehmen . . .", um sechs Jahre später zu äußern: „Der Papst und die Mönche werden ohne Zweifel ein Ende nehmen . . ." Er glaubte nicht an eine göttliche Vorsehung, aber er förderte die Religionen, weil er ihren moralischen und pädagogischen Wert erkannte.

„Ich betrachte den Tod wie ein Stoiker . . .", schrieb er 1760 an den Marquis d'Argens, und in seinem politischen Testament von 1768 äußerte er: „Ich habe als Philosoph gelebt und will als solcher begraben sein, ohne Aufzug, ohne Gepränge, ohne Pomp; ich will weder seziert noch einbalsamiert werden; man soll mich in Sanssouci begraben, auf den Terrassen, in einem Grabmal, das ich mir habe bereiten lassen. Wenn ich in Kriegszeiten oder auf Reisen sterbe, so soll man meine Leiche am ersten besten Orte beisetzen und sie im Winter nach Sanssouci überführen . . ." (Keiner seiner Wünsche wurde erfüllt. 205 Jahre hatte er noch auf seine letzte Ruhestätte in Sanssouci zu warten.)

Sein Heil sah er in dieser Welt, seine Aufgaben waren hier zu erfüllen, und so schrieb er: „Meine Hauptbeschäftigung besteht darin, in den Ländern, zu deren Beherrscher mich der Zufall der Geburt gemacht hat, die Unwissenheit und die Vorurteile zu bekämpfen, die Geister aufzuklären, (und) die Sitten zu pflegen . . ." (Von diesem bekannten Ausspruch gibt es verschiedene Fassungen.)

1776 beschrieb er seine Lebensauffassung Voltaire gegenüber so: „Mein Stand verlangt Arbeit und Tätigkeit, Körper und Geist müssen sich unter ihre Pflicht beugen. Daß ich lebe, ist nicht notwendig, wohl aber, daß ich tätig bin." Diese Maxime durchzog sein ganzes Leben. Schon am 18. September 1760, also mitten im Siebenjährigen Krieg, hatte der König an den Marquis d'Argens geschrieben: „Sie sollten wissen, daß es nicht nötig ist, daß ich lebe, wohl aber, daß ich meine Pflicht tue."

In das Korsett seiner Zeit war Friedrich der Große nicht zu pressen. Er war und blieb ein Außenseiter, der einerseits seinen grenzenlosen Ruhm genoß, sich aber andererseits zu keiner Zeit auf ihm ausruhte. Er war ein Mann, der Erreichtes hinter sich ließ und ständig zu neuen Ufern aufbrach, ein Mann, der Bewegung machte, immer in Bewegung war und in seiner selbstgefälligen Zeit viel Aufsehen erregen mußte.

Als genialer Feldherr erwarb er sich bis heute andauernden Schlachtenruhm, als Verkörperung von täglicher Pflichterfüllung und

Friedrich der Große. Gemälde von Anton Graff.

Grabplatte Friedrichs des Großen auf der Schloßterrasse von Sanssouci.
Sein Neffe hatte ihm diese letzte Ruhestätte verwehrt.

schlichter Arbeit setzte er Maßstäbe, die später häufig als preußische Tugenden gerühmt wurden. Bismarck sah den großen Preußenkönig so: „Ihm waren zwei einander fördernde Begabungen eigen, des Feldherrn und eines hausbackenen, bürgerlichen Verständnisses für die Interessen seiner Untertanen."

23

Viele Eigenschaften der Deutschen, die ihnen nachgesagte Unbestechlichkeit in der Verwaltung und Rechtssprechung, ihr Bürgerfleiß und ihre Ordnungsliebe, gehen samt und sonders auf ihn und seinen Vater, den Soldatenkönig, zurück, die all das vorlebten und in Gang setzten.

Als vielseitig interessierter, außerordentlich belesener und sensibler Mann darf er auch ein Philosoph genannt werden, selbst wenn er nicht in die oberste Galerie dieser Wissenschaft gehört.

Er war von beispielloser Leidensfähigkeit, ein Stoiker wie kein Fürst seiner Zeit. Im Königsamt war er der Marc Aurel des 18. Jahrhunderts. Seine Arbeit teilte er ein in nützliche, die ihm sein königliches Amt diktierte, und angenehme, in der er seine vielseitigen Neigungen und Begabungen ausleben und entfalten konnte. Er war im amtlichen Bereich die Verkörperung von Disziplin, im privaten, im ganz persönlichen war er dagegen manchmal geradezu disziplinlos. So ließ seine äußere Erscheinung nicht im mindesten auf seinen Rang schließen. Ein alter abgegriffener Militärrock, ungeputzte Stiefel und ein schäbiger Dreispitz waren alles andere als majestätisch, sein Äußeres war wenig königlich. Marquis de Bouillé hat uns folgende Beschreibung hinterlassen: „Er trug einen ziemlich abgenutzten blauen Rock, eine Weste aus gelbem Tuch, sehr weite und schmutzige Stiefel, die ihm bis über die Knie gingen. Ferner trug er eine ziemlich schlecht frisierte Perücke mit einem langen Zopf und einen einfachen Hut mit Federn, die vor Alter ganz grau geworden waren. So kleidete er sich das ganze Jahr außer bei großen Festlichkeiten und an seinem Hofe. Er gebrauchte viel Tabak, und Gesicht und Kleidung waren immer davon verschmiert.“

Der König bezeichnete sich gern als „erster Diener seines Staates“. Wie auch immer, ob erster Diener oder unumschränkter Herrscher, wie es seinem Zeitalter gemäßer war – eines war er mit Sicherheit: immens fleißig, wie kaum jemand vor oder nach ihm unter den preußischen Königen, und darin unterschied er sich auch von vielen europäischen Fürsten. Friedrich hatte den krankhaften Ehrgeiz, alle politischen, ökonomischen und sozialen Fragen bis zur kleinsten kommunalen Ebene im Grunde selbst zu entscheiden. Das mußte zwangsläufig zur Entmündigung seiner Minister und Räte führen. Von einem britischen Gesandten jener Tage stammt, in Anspielung auf die absolutistische Herrschaft Friedrichs, das Wort, daß er lieber Affe auf Borneo sein wollte als Minister in Preußen.

Das Prädikat „der Große" verdankte Friedrich seinen in Deutschland und Europa viel beachteten Siegen bei Roßbach, Leuthen und Zorndorf, die er im Siebenjährigen Krieg gegen eine Übermacht der Franzosen, Österreicher, Russen, Schweden und der Reichsarmee erfocht. Diese Siege – sie waren immer Preußens Stolz – machten ihn in Europa schlagartig berühmt, und sein Land trat aus der Bedeutungslosigkeit eines deutschen Teilstaates heraus und wurde zur europäischen Großmacht. (Als der König nach der siegreichen Schlacht bei Hohenfriedberg nach dem Ende des Zweiten Schlesischen Krieges in seine Hauptstadt ritt, begrüßten ihn die Berliner jubelnd als „Friedrich den Großen".)

Daß Friedrich darüber hinaus durch seine musischen Ambitionen als „Philosoph von Sanssouci", wie er sich selbst gern nannte, auch Erstaunen erregte, hat wohl weniger zu diesem Attribut beigetragen. Diesem ungewöhnlichen Mann wurden Respekt und Bewunderung zwar nicht versagt, doch alles in allem war der König wohl kaum ein großer Philosoph, sondern eher ein ständig um Bildung bemühter, den geistigen Austausch liebender, ein belesener und vielseitig interessierter Mann mit philosophischen, literarischen und musikalischen Neigungen.

Zur wahren Größe gehört immer auch menschliche Souveränität. Aber gerade daran gebrach es dem König, der seine Frau wie eine Gefangene hielt, den Adel eo ipso bevorzugte, Widerspruch und Kritik kaum duldete, seine Mitmenschen verspottete, ja verachtete und sich schließlich zur allgemeinen Verwunderung in späteren Lebensjahren überwiegend mit seinen Heerführern aus den drei Schlesischen Kriegen umgab. Diese waren zwar auf dem Schlachtfeld erprobt und fast so legendär wie ihr Feldherr selbst, hatten aber auf anderen Gebieten nicht viel in die Waagschale zu werfen. Damit wich Friedrich mit zunehmendem Alter von seinen ehemaligen Maximen immer weiter ab, sein Kreis wurde enger und begrenzter, er selbst immer einsamer.

Daß der König darüber hinaus auch den populären Beinamen „der Alte Fritz" trug, ja bis heute trägt, ist eigentlich verwunderlich. Er verdankte ihn dienstbeflissenen Paladinen, die nicht müde wurden, dem Volk Friedrich nahezubringen, was er durch seine Schlagfertigkeit und seine originellen Gespräche mit dem Bürger von der Straße während seiner Ausritte unterstrich. Natürlich sahen ihn auch seine Soldaten so, für die er immer die Vaterfigur bleiben sollte, die er für sie in allen Feldzügen gewesen war.

Bismarck schrieb an den Briten Thomas Carlyle, der uns eine seinerzeit viel beachtete Geschichte Friedrichs des Großen hinterließ: „Sie haben den Deutschen unseren großen Preußenkönig in seiner vollen Gestalt wie eine lebendige Bildsäule hingestellt." Als Bildsäule mag er der Nachwelt erscheinen, in seinem Leben aber war er ein von vielen Krankheiten heimgesuchter, ein einsamer und keineswegs glücklich zu nennender Monarch.

Als Friedrich der Große am 17. August 1786 starb, gab es keine Dankbarkeit, schon gar keine Trauer, nicht einmal eine Anerkennung für seine beispielhaften Leistungen oder gar für seinen Kampf, den er jahrelang gegen seinen dahinwelkenden kranken Körper geführt hatte. Graf Mirabeau gab seinen Eindruck so wieder: „. . . niemand betrübt sich, es gibt kein Gesicht, das nicht Entspannung und Hoffnung ausdrückt, nirgends gibt es ein Bedauern, einen Seufzer, ein Lob. Dahin münden alle gewonnenen Schlachten, aller Ruhm!"

Später erst wurde sich die Nachwelt seiner Bedeutung bewußt. Vielleicht war es Goethe, der dazu aufbrach und 1788 an Knebel schrieb: „Es ist doch was einziges um diesen Menschen." Schon zu Friedrichs Lebzeiten hatte der junge Goethe geäußert: „Wir waren fritzisch gesinnt – was ging uns Preußen an."

Wer war Friedrich der Große? Was war denn groß an ihm? War er vielleicht nicht doch nur ein „Schoßkind des Glücks", wie er sich selbst bezeichnet hatte? Ist sein Beiname nicht einzig und allein an zufällig gewonnene Schlachten geknüpft?

Nein: Friedrich der Große trägt seinen Ehrennamen zu Recht, denn er war groß auf dem Schlachtfeld, groß in der Arbeit, groß in Selbstdisziplin, und er war groß im Leiden. Aber er war auch groß in seinen Schwächen als Menschenverächter, als Zyniker, Despot und Ignorant.

Er lebte und diente nur einer Idee, und diese Idee hieß Preußen. Sein Leben und seine Arbeit widmete er einer Pflicht: Es war der Dienst an Preußen.

Auf das Leben kam es dem König an, nicht auf eine Verklärung nach dem Tode, der für ihn etwas Endgültiges hatte. Auf ihn selbst traf der Rat zu, den er einer pommerschen Gemeinde bezüglich ihres ungläubigen Pfarrers gab, der nicht an die Auferstehung glaubte: „Wenn er am jüngsten Tage nicht mit aufstehen will, so kann er ruhig liegen bleiben."

Hätte man Friedrich selbst befragt – er hätte wohl mit dem pommerschen Pfarrer liegen bleiben wollen.

Diesen König galt es nun zu ersetzen. Man muß fairerweise einräumen, daß Friedrich Wilhelm um seine Aufgabe nicht zu beneiden war. Wenn Preußen auch aufatmete, so war das Ausland doch des Lobes voll über diesen König. Bezeichnend war die Frage eines Bauern aus Baden, der nach der Nachricht vom Tode des Königs ausrief: „Wer regiert denn nun die Welt?" Und als Goethe in das ferne Sizilien reiste, traute er sich nicht, seinen Wirtsleuten vom Ableben des großen Königs zu berichten. Er fürchtete die Verstimmung, und so ließ er den König in Sizilien noch weiterleben.

Die Popularität Friedrichs des Großen war kaum zu übertreffen – ein König, der in seinem eigenen Land schon zu Lebzeiten zur Legende geworden war. In ganz Deutschland stieß man auf sein Bild. Selbst im katholischen Bayern gab es kaum eine Wohnung ohne Konterfei des großen Preußenkönigs.

Trotz allem trat der Nachfolger sein Amt nicht ohne Chancen an. Denn mit dem Tode Friedrichs des Großen war vom eigenen Volk ein unerträglicher Druck genommen. Hoffnungsvoll sah dieses Volk auf seinen neuen König und richtete sich auf bessere Zeiten ein. Würde der neue Monarch, der sich wegen seiner Liebenswürdigkeit und Volksverbundenheit großer Sympathien erfreute, die Hoffnungen seines Volkes erfüllen können, die sich an seine Thronbesteigung knüpften? Graf Mirabeau sah Friedrich Wilhelm so: „Der neue König, anstatt sein Volk zu sich zu erheben, stieg zu ihm herunter . . . Friedrich Wilhelm haßt nichts, kaum liebt er etwas. Sein einziger Widerwille sind die Leute, die Geist haben. Im Innern des königlichen Hauses herrscht eine vollkommene Unordnung . . . Kein Papier ist in Ordnung, auf keine Eingabe erfolgt ein Bescheid, keinen Brief eröffnet der König persönlich, keine menschliche Gewalt wäre imstande, ihn dazu zu bringen, vierzig Zeilen hintereinander weg zu lesen. Auf stoßweise ausbrechende Heftigkeit folgt Abspannung und gänzliches Nichtstun." Ein schlimmes, ein vernichtendes Urteil. Selbst wenn Mirabeau es mit der Wahrheit nicht so genau nahm, so konnte er doch schwerlich alles aus der Luft gegriffen haben, da seine Aussagen überprüfbar waren. Außerdem stand Mirabeau mit seiner Einschätzung keineswegs allein. Viele, die den neuen König näher kannten, hegten Zweifel an seiner Kompetenz und sahen eher sorgenvoll in die Zukunft.

Jetzt nehmen wir den neuen König, der am 17. August 1786 den Thron bestieg, in die Pflicht, um uns am Ende des Buches selbst ein Urteil zu bilden.

Innere Zustände des Landes

Als Friedrich der Große in der Nacht des 17. August 1786 seine Augen schloß, hatte sein Nachfolger, der sich als König Friedrich Wilhelm II. nannte, das folgende „Verzeichniß desjenigen was bey dem Antritt der Regierung Seiner Königlichen Majestät zuförderst zu beobachten ist" vorbereitet:

„1. Circulare an alle Regierungen, Kammern, Consistoria und Justiz Collegia, worinn den Collegiis der Todesfall bekannt zu machen, und der Thronfolger Versicherungen Seiner Gnade ertheilt.

2. Circulare an die Regierungen und Justiz Collegia wegen Ableistung des Eides.

3. Circulare an alle gesandten, Residenten, Consuln u.s.w. wodurch der Todesfall ihnen vorläufig bekannt zu machen ist.

4. Circulare an die gesandten mit den neuen Creditiren und Eidesformularen.

5. Notificationen an alle Höfe und Deutsche Fürsten.

6. Vereidung des Staatsministerii (im Jahr 1786 den 22ten August) in Gegenwart des Königs.

7. Vereidung des Personals des Cabinet Ministerii (im Jahr 1786 den 30ten Aug.)"

Damit konnte die Arbeit unter dem neuen König beginnen.

Neben dem offiziellen Programm beauftragte Friedrich Wilhelm II. Woellner, eine Inventaraufnahme von dem Nachlaß seines Vorgängers in Sanssouci und im Stadtschloß Potsdam vorzunehmen. Dabei wurden sechs kostbare, mit Brillanten und Diamanten besetzte Krückstöcke sichergestellt. In den Unterlagen des Geheimen Staatsarchivs Preussischer Kulturbesitz fand ich den Hinweis: „Die prächtige Krüke von größtem Werth welche sich Friedrich II. bediente, schenkte Friedrich Wilhelm 1786 der Witwe Friedrichs des Großen." Nach einem Bericht von Carl Seidel überreichte der neue König seiner Tante, der Königin-Witwe Elisabeth Christine, einen goldenen, reich mit Diamanten besetzten Stock, den sie bis zu ihrem Lebensende benutzte, um ihn testamentarisch dem ältesten Sohn Friedrich Wilhelms II., dem nachmaligen König Friedrich Wilhelm III., zu vererben.

Wenn Friedrich Wilhelm II. auch versuchte, durch personelle und

gelegentlich durch strukturelle Veränderungen einen Wandel des einge-
fahrenen friderizianischen Regierungssystems herbeizuführen, so blieb
das Prinzip der königlichen Selbstregierung doch unangetastet. Bei seinen starken Vorgängern, bei Friedrich dem Großen und Friedrich
Wilhelm I., hatte dieses Prinzip auch bestens funktioniert. Das aber war
fraglos abhängig von der Persönlichkeit des Herrschers. Dem neuen
König fehlte es bei allen guten Vorsätzen, die er haben mochte, an
Beharrlichkeit und Kontinuität. Ein Mann wie Friedrich Wilhelm II. hätte daher eines starken Ministerkollegiums bedurft. Seine monarchische
Selbstregierung funktionierte nur sporadisch, ohne Plan und Konse-
quenz, so daß die einheitliche Leitung aller politischen Geschäfte, wie
etwa Friedrich der Große sie wahrgenommen hatte, völlig vermißt wurde. Bei der komplizierter gewordenen Verwaltung durch die Vergrößerung des Landes wäre ein Ministerialsystem, wie es bereits in England
und Frankreich bestand, angebracht gewesen.

Anstelle eines starken Ministeriums kam es zum Günstlingsregiment,
in dem Bischoffwerder und Woellner Spitzenpositionen einnahmen.
Beide hatten den neuen König Jahre zuvor auf die Übernahme der
Regierungsgeschäfte vorbereitet. Nach der Thronbesteigung bekleidete
Woellner verantwortungsvolle Ämter, wenn er auch noch zwei Jahre auf
einen Ministersessel warten mußte. Aber schon seit 1786 verwaltete er
die Dispositionskasse und war hauptverantwortlich für das gesamte
Bauwesen in Preußen. Friedrich der Große hatte seinem Nachfolger
einen Staatsschatz von 50 Millionen Talern hinterlassen. Er hatte drei
Kassen eingerichtet: die Generaldomänenkasse, die Generalkriegskasse
und die Dispositionskasse, welche die Überschüsse der anderen beiden
Kassen aufnahm. Über diese Kasse verfügte allein der König ohne
Kenntnis des Finanzministers. Sie diente aber ausschließlich Staats-
zwecken und war keine Privatschatulle. Die Verwaltung dieser Kasse
übernahm jetzt Woellner. Leider gab er oft dem König nach, um sich
dessen Gunst zu erhalten, so daß die Dispositionskasse allmählich den
Charakter einer Privatkasse bekam. Allerdings muß eingeräumt werden,
daß die Jahre von 1788 bis 1791 die Zeit der großen Bauten waren, welche beträchtliche Summen verschlangen. Hier setzte Woellner den
königlichen Neigungen keinen Widerstand entgegen, was für ihn sprach.

Dem König ist von einigen Seiten immer wieder Verschwendung
nachgesagt worden, was offensichtlich nur bedingt zutraf. Wahrscheinlich verhielt es sich so, wie Schmoller es 1921 formulierte: „Der Hof

Friedrich Wilhelms II. war verschwenderisch und doch der sparsamste der großen Höfe in Europa."

Im Generaldirektorium, einer Art Ministerkollegium, das Friedrich Wilhelm I. 1723 eingeführt hatte und an dem auch Friedrich der Große festhielt, hatte Woellner Sitz und Stimme. Woellner hielt eigentlich von Anfang an alle Fäden in der Hand. Da der neue König mehr zum Herrschen als zum Regieren geeignet war, nahmen andere ihm diese Arbeit ab. Immer wieder stoßen wir dabei auf Woellner und Bischoffwerder und einige andere Rosenkreuzer. Selbstverständlich gehörte auch Wilhelmine zu dem engen Kreis der königlichen Günstlinge und Berater, wenngleich man ihr später eine direkte Beeinflussung des Königs in politischen Angelegenheiten nicht nachweisen konnte.

Honoré Gabriel Victor Riqueti de Mirabeau, der in diplomatischer Mission den preußischen Hof kennengelernt hatte, richtete beim Regierungswechsel einen offenen Brief an den neuen König und rief ihn dazu auf, liberale Reformen durchzuführen und die Monarchie im Sinne des Konstitutionalismus zu reformieren. Derselbe Mirabeau gab 1788 ein achtbändiges Werk mit dem Titel „La monarchie prussienne" heraus, in dem er das Regierungs- und Wirtschaftssystem Friedrichs des Großen unter die Lupe nahm und scharf kritisierte. Wenn sich auch später viele Biographen, die Preußen von Haus aus ablehnend gegenüberstanden, gern auf Mirabeau beriefen, so kann man dem Franzosen doch den Vorwurf nicht ersparen, daß seine Ausführungen nicht nur von Unkenntnis zeugen, sondern auch in vielen Passagen unsachlich sind.

Friedrich Wilhelm II. stand solchen Vorschlägen, wie Mirabeau sie ihm unterbreitet hatte, durchaus nicht ablehnend gegenüber und folgte ihnen gern, soweit sie Kritik an seinem Vorgänger beinhalteten. An eine gründliche Umwälzung des Systems mit Hinwendung zum Konstitutionalismus dachte er nicht im mindesten. So sehr unterschieden sich die Empfehlungen Mirabeaus auch nicht von denen Woellners, der früher schon dem Kronprinzen und jetzt dem König grundlegende und großzügige Reformen empfohlen hatte. Davon wollte der neue König jedoch nichts wissen.

Woran ihm aber gelegen war, das waren Maßnahmen, die ihn und seine neue Regierung populär machten. So etwas gelang immer am besten, wenn man einige besonders unbeliebte oder verhaßte Maßregeln seines Vorgängers entsprechend geräuschvoll aufhob. Und genau dort setzte Friedrich Wilhelm II. an.

Als erstes wurde die französische Leitung bei der verhaßten Regie aufgehoben, ein Steuersystem, das Friedrich der Große nach französischem Muster eingeführt hatte. Der große König hatte 1766 eine neue Akzise- und Zollordnung ins Leben gerufen und die Steuereintreibung in die Hände französischer Fachleute gelegt. Mit dem neuen Fachressort der Steuerverwaltung standen die staatlichen Monopole für Tabak, Kaffee und auch für Porzellan in engem Zusammenhang. Die Regie hatte sich besonders wegen ihres scharfen Vorgehens gegen illegale Kaffeebrenner verhaßt gemacht.

Der Chef der Regie, Generalregisseur de Launay, wurde seines Amtes enthoben und kehrte nach Frankreich zurück. Außerdem wurde die General-Zoll- und Akziseverwaltung wieder zu einem Departement des Generaldirektoriums gemacht, vor allem aber wurde sie deutschen Beamten unterstellt. Allein diese Maßnahme trug nicht unwesentlich zur Popularität des neuen Königs bei, die noch gesteigert werden konnte, als die verhaßten staatlichen Monopole auf Kaffee und Tabak abgeschafft wurden. Friedrich Wilhelm II. ging noch einen Schritt weiter, indem Einfuhr und Ausfuhr von Getreide erleichtert wurden, was besonders den Beifall der ländlichen Bevölkerung fand. Die Rechnung des Königs war fraglos aufgegangen: Die Maßnahmen hatten ihn populär gemacht. Der Preis für seine Popularität jedoch war hoch, denn was der König nicht bedacht hatte, war der immense Verlust von Einnahmen, für den sich nirgends ein Ersatz abzeichnete. Ein Elftel der Gesamteinnahmen Preußens stammte 1785/86 allein aus dem Tabakmonopol. Lange war das nicht durchzuhalten. Woellners Plan von einer allgemeinen, nach oben ansteigenden Klassensteuer, der an sich sozial zu nennen war, ließ sich bei den Besitzenden nicht durchsetzen. Er scheiterte. So blieb der königlichen Regierung nichts weiter übrig, als die Artikel des täglichen Massenbedarfs wie Mehl, Zucker und Bier zu besteuern. Selbst die Salzpreise wurden angehoben. Diese Maßnahmen waren nun alles andere als populär. Bei Friedrich dem Großen hatte es überwiegend die Luxusartikel betroffen, bei Friedrich Wilhelm II. betraf es Grundnahrungsmittel, die nun mit einer Verbrauchssteuer belegt wurden. Bereits 1788 mußten die Erleichterungen im Getreidehandel teilweise wieder rückgängig gemacht werden, wobei namentlich die Ausfuhr Beschränkungen hinzunehmen hatte.

Am Ende seiner Regierung im Jahre 1797 sah sich der König sogar gezwungen, das verhaßte Tabakmonopol wieder herzustellen, wodurch seine Popularitätskurve gegen Null sank. Diese Maßnahme war so unpopulär und verschrien, daß der Nachfolger Friedrich Wilhelms II. sie gleich nach seinem Regierungsantritt aufs Neue aufhob.

Das Generaldirektorium erhielt 1786 eine neue Instruktion, die im Grunde darauf hinauslief, den Urzustand wie zu Zeiten Friedrich Wilhelms I. wieder herzustellen. Das ließ sich freilich nicht mehr realisieren. Die Instruktion lief auf eine neue Kompetenzzuordnung oder -abgrenzung zwischen den Provinzialdepartements und den Fachdepartements hinaus, wobei im Einzelfall ein Generaldepartement gebildet wurde, in dessen Zuständigkeit die Angelegenheiten von übergeordneten Landesinteressen fielen.

Friedrich der Große hatte das Kollegialprinzip innerhalb des Generaldirektoriums beseitigt, das Friedrich Wilhelm II. wieder herzustellen trachtete, um ihm damit die beherrschende Stellung für die gesamte Verwaltung zu geben. In der von Woellner verfaßten Instruktion vom 22. August 1786 hatte der König verfügt: „Das ganze Generaldirektorium soll sich als ein Kollegium betrachten."

Die kollegiale Verfassung des Generaldirektoriums setzte natürlich eine ständig kontrollierende und stimulierende Tätigkeit des Königs voraus. Dazu fehlte es Friedrich Wilhelm aber an Ausdauer und an Kraft, so daß Woellner de facto auch das Amt eines Kabinettschefs ausübte, der alle vom Generaldirektorium dem König eingereichten Entwürfe durcharbeitete und sie dem Monarchen mit seinen eigenen Stellungnahmen vorlegte.

Woellner war immens fleißig und in geschäftlichen Angelegenheiten außerordentlich gewandt. Er war geistvoll und von großer Beredsamkeit. Wegen seines würdevollen Auftretens und seiner pathetischen und pastoralen Art stand er oft in der Kritik, vor allem aber wohl wegen seiner Mitgliedschaft in dem Orden der Gold- und Rosenkreuzer, die ihn bei vielen in Mißkredit brachte – wir kommen darauf zurück.

Beide, der König und Woellner, waren ein gut eingespieltes Team, so daß die Wirksamkeit des letzteren nie nach außen drang, auch nicht ins Generaldirektorium. Hier war der König absoluter Herrscher. Dennoch wußte man dort natürlich um Woellners Rolle als unerwünschte Zwischeninstanz.

Auf Woellner aber konnte und wollte der König nicht verzichten. So oft Friedrich Wilhelm II. später im Felde weilte, besuchte ihn Woellner dort, um alle Angelegenheiten des Generaldirektoriums zu besprechen.

Schließlich wurde ein Staatsrat aus allen Ministern gebildet, der in Abwesenheit des Königs zu entscheiden hatte.

Edith Ruppel-Kuhfuss schrieb 1937: „Das Generaldirektorium versagte 'in seinen drei Wirkungsrichtungen nach Außen, nach Innen und nach Unten' ." Ein ziemlich vernichtendes Urteil, das auch den König traf, der schließlich so etwas wie der Präsident des Generaldirektoriums war.

Woellner beriet den König durchaus klug. Die Oberrechenkammer wurde auf seinen Vorschlag hin dem König als Immediatbehörde unterstellt. Die Einrichtung unterstand de jure zwar weiterhin dem Generaldirektorium, ihr Präsident aber war dem König direkt verantwortlich. Bislang war der Finanzminister in der Lage gewesen, Verfehlungen und Defekte durch Erlaß niederzuschlagen, die von der Oberrechenkammer ermittelt worden waren. Die Neugestaltung führte zwangsläufig zu einer verschärften Kontrolle, zu mehr Transparenz und zu einer sorgfältigeren und sparsameren Arbeitsweise der Behörden.

Der militärische Bereich, den Friedrich der Große noch höchst persönlich verwaltet hatte, wurde von Friedrich Wilhelm II. ebenfalls einer Immediatbehörde, dem Oberkriegskollegium, unterstellt. An seine Spitze traten die Generäle, der Herzog von Braunschweig und der Generalfeldmarschall von Möllendorff. Die verantwortliche Stellung in der Finanzverwaltung ging mit der Dispositionskasse an Woellner über, „der freilich den heißbegehrten Titel eines Finanzministers nicht erhielt."

Im gesellschaftlichen Leben trat ein merklicher Wandel ein. Strenge militärische Zucht und Ordnung, die unter Friedrich dem Großen besonders in der Armee und im Beamtentum vorherrschten, machten nun einer bequemeren Gangart Platz, wobei beide Bereiche aber von ihrer Vorzugsstellung im Staat nichts einbüßten. Handel und Wandel indes konnten sich jetzt freier entfalten, Wissenschaft und Künste blühten in gewisser Weise sogar auf, worauf noch eingegangen wird.

Auf einem Gebiet wurde grundsätzlich der Geist des friderizianischen Systems bekämpft: bei der evangelischen Kirche, wo allerdings so manches im argen lag. Auf diesen Punkt hat sich überwiegend der Reformeifer Woellners beschränkt, zumal er hier aus der rosenkreuzerischen Erfahrung heraus der Sympathie seines Königs völlig sicher war. Kampf gegen die Aufklärung und gegen alle, die sie vertraten, war die Losung, und in diesem Kampf, den der König uneingeschränkt unterstützte, übertrug er Woellner das Generalkommando.

Um die Kirche zu stärken und das Ansehen seines Monarchen weiter zu erhöhen, empfahl Woellner dem König, den am 28. Januar 1773 von Friedrich dem Großen als Feiertag aufgehobenen Himmelfahrtstag wieder einzuführen, was prompt erfolgte und dem König Pluspunkte brachte.

Während der friderizianische Minister Karl Abraham von Zedlitz, ein Freund und Gönner Immanuel Kants, 1787 eine umfassende Schul- und Bildungsreform im aufgeklärten Geist verkündete und ein zentrales Oberschulkollegium einrichtete, das ein Jahr später das Abitur einführte, mußte er 1788 bereits Woellner weichen, der am 3. Juli dieses Jahres Minister des geistlichen Departements wurde. Am 8. Juli 1788 war sein „Edict, die Religionsverfassung in den preussischen Staaten betreffend" erschienen, das immer mit dem Attribut „berüchtigt" genannt wird. Fest steht, daß mit dem Religionsedikt eine entschiedene Reaktion in Kirche und Schule einsetzte, die häufig über das Ziel einer berechtigten Wahrung kirchlicher Interessen hinausschoß.

Die Geistlichen sollten „den Glauben an Jesum und nichts anderes dem Volke lehren" – dieser Satz Woellners bestimmte die große Linie seines Edikts. Es war eine Waffe gegen die Aufklärung, die Woellner tödlich treffen wollte. Damit stand sein Religionsedikt mitten im Kampf zwischen Vernunft und Offenbarungsglauben.

Nimmt man das Religionsedikt näher unter die Lupe, so relativiert sich allerdings einiges. In seinem ersten Teil ist es sogar ein Toleranzedikt, das allen Bekenntnissen und Religionsgemeinschaften Gewissensfreiheit gewährt. Damit steht es durchaus in der Tradition des friderizianischen Staates. Daß dieser Teil gewöhnlich übersehen oder verschwiegen wird, hängt wohl mit der Handhabung und Umsetzung des zweiten Teils zusammen, der speziell die preußische Landeskirche betraf, die enger an die lutherische Orthodoxie gebunden werden sollte und für die die Bekenntnisschriften der Reformation die Norm zu bilden hatten. Vor allem aber hatten sich die Geistlichen danach zu richten. Wer nicht auf dem Boden des positiven Christentums stand, wie das Edikt es verstanden wissen wollte, konnte nicht als lutherischer Pfarrer wirken.

Vielleicht hatte Johann Salomo Semler das Edikt in seinem Brief vom 2. Dezember 1788 an Woellner treffend charakterisiert, wenn er von einer „kirchlichen Polizeiverordnung" sprach. Das Bedenkliche an dem Edikt war nicht so sehr sein Text, wohl aber die engherzige orthodoxe Gesinnung derer, die es umsetzten.

Das Edikt erregte die Gemüter ungeheuer, zumal Preußen seit dem Großen Kurfürsten als Land der Geistesfreiheit galt. Auch das Oberkonsistorium mit seinen fünf Räten meldete sich voller Bedenken zu Wort.

Ein gutes Jahr später trat am 19. Dezember 1789 ein Zensuredikt in Kraft. Alle Bücher, die in Preußen erschienen, waren damit zur Genehmigung vorzulegen, auch die Schriften der Universitätsprofessoren.

1791 wurde eine geistliche Immediat-Examinationkommission eingesetzt, die die Kandidaten des Predigt- und Schulamtes auf ihr Glaubensbekenntnis zu prüfen hatte, wobei das der Aufklärung verdächtige Oberkonsistorium stillschweigend zur Seite geschoben wurde. Diese Kommission war nun tatsächlich berüchtigt, denn ihre Mitglieder waren durchweg Rosenkreuzer vom Schlage Hermes' und Hilmers. In Kirche und Schule wurden alle aufklärerischen und freiheitlichen Richtungen unterdrückt. Trotzdem war das Arbeitsergebnis dieser Kommission mager, und der 1794 dem König eingereichte Bericht fiel dementsprechend ungünstig aus. Das brachte den Rosenkreuzer Friedrich Wilhelm förmlich in Harnisch, dem die ganze Aufklärung persönlich verhaßt war. Nicht Woellner war der eigentliche Spiritus rector, sondern der König selbst, der Woellner sogar mit seiner Ungnade drohte, falls er nicht schärfer durchgreife. Otto Hintze schrieb dazu: „Statt, wie Woellner riet, den Erfolg der getroffenen Maßregeln dem göttlichen Willen anheimzustellen, verlangte er (der König – d. A.) eine schärfere Tonart in ihrer Handhabung."

Woellner jedoch blieb sich treu. Er veranlaßte keinerlei Verschärfung der Maßnahmen, und man hat eher den Eindruck, daß sein Einfluß im Jahre 1794 den Zenit allmählich überschritten hatte.

Unabhängig davon erreichte die Reaktion im Kirchen- und im Schulregiment ein bedrohliches Ausmaß. Die Umsetzung des 1789 in Kraft getretenen Zensuredikts war 1791 ebenfalls den Mitgliedern der Examinationskommission übertragen worden. Es bedrohte die Geistesfreiheit in einem solchen Maße, daß sich die beiden großen Berliner Journale, Friedrich Nicolais „Allgemeine Deutsche Bibliothek" und Johann Erich Biesters „Berliner Monatsschrift", zur Abwanderung entschlossen. Selbst Kant wurde verwarnt und mußte sich verpflichten, „bei Vermeidung Unserer höchsten Ungnade" nichts gegen die Religion zu lehren und zu schreiben. Kant erklärte daraufhin, er werde sich als „Euer

Königlichen Majestät getreuester Untertan" aller öffentlichen Vorträge über die Religion enthalten. Der Streit mit Kant hatte für Aufsehen gesorgt und eine lebhafte Opposition gegen den König und Woellner auf den Plan gerufen. Die Beliebheit des Königs nahm merklich ab.

Alle diese demoralisierenden und verbitternden Maßnahmen gingen vorzugsweise auf das Konto der Examinationskommission, hinter der voll und ganz der König stand. Mit Woellner hatten sie bestenfalls noch mittelbar zu tun, insofern als das Religions- und das Zensuredikt seine Handschrift trugen.

Daß Juden und Katholiken von dem Religionsedikt eigentlich unberührt blieben, ist ein merkwürdiger Gegensatz, der vielleicht nur dadurch erklärbar ist, daß beide Konfessionen in der preußischen Bevölkerung nur Minderheiten bildeten.

Die Bemühungen, das gesamte preußische Recht zu kodifizieren, reichten weit zurück in die Vergangenheit. Das Fundament dazu hatten bereits Friedrich Wilhelm I. und sein Minister Cocceji gelegt. Einen entscheidenden Auftrieb erhielt der Entwurf des allgemeinen Gesetzbuches durch Friedrich den Großen, wenngleich in dessen Regierungszeit der Abschluß nicht erreicht werden konnte.

Die Männer des Landrechts, namentlich Karl Gottlieb Svarez und Johann Heinrich von Carmer, vertraten bereits den Gedanken eines bürgerlichen Rechtsstaats, wenngleich sie die ständische Gliederung der Gesellschaft nicht anzutasten wagten. Nach jahrelanger Diskussion und Überarbeitung von 1783 bis 1788 wurde das Gesetzeswerk schließlich am 20. März 1791 verkündet, jedoch wegen seiner „dem monarchischen Prinzip widerstrebenden Anschauungen und Grundsätze" bereits am 18. April 1792 durch den König wieder suspendiert. Es wurde sachlich revidiert und „in der Form umgeschmolzen". Nachdem die Beibehaltung des königlichen Machtspruchs festgeschrieben war, wurde das Gesetzbuch am 5. Februar 1794 neu verkündet und trat am 1. Juni 1794 als „Allgemeines Landrecht für die Preußischen Staaten" (PrALR) in Kraft. Den Vorstellungen Svarez' und von Carmers, die im PrALR zukunftsweisende Akzente setzten, entsprach das Landrecht nicht in allen seinen Belangen. Der König war nicht zu bewegen gewesen, sein monarchisches Hoheitsrecht zu opfern. Von Carmer, einer der Väter des PrALR, mußte seinen Sessel als Großkanzler noch 1794 räumen. Woellner und Bischoffwerder hatten dabei nachgeholfen. Der Mann war ihnen und dem König wegen seiner „revolutionären" Ideen suspekt. Wie auch immer: In seinem bürgerlich- rechtlichen Teil blieb das PrALR in den meisten preußischen Provinzen bis zur Ablösung durch das BGB im Jahre 1900 in Kraft, mit Ausnahme des Rheinlandes.

Bis auf die erwähnten kritischen Strömungen hat es in der Regierungszeit Friedrich Wilhelms II. auf militärischem und wirtschaftlich-finanziellem Gebiet, so Otto Hintze, keine nennenswerte Abwendung von dem friderizianischen Regierungssystem gegeben. Das Kantonreglement von 1792 bewegte sich in den alten Bahnen. Der Merkantilismus wurde nicht abgeschafft, sondern vielmehr ausgebaut und gesteigert. Was insgesamt fehlte, war „die fruchtbare, schöpferische Kombination der Militär- und Finanzverwaltung mit der Politik, die Zusammenfassung aller Zweige des Staatsdienstes in einem Kopfe, in der das eigentliche Geheimnis der friderizianischen Staatskunst lag."

Kunst und Wissenschaft

Auf kulturellem Gebiet hat sich Friedrich Wilhelm II. bleibende Verdienste erworben.

Als talentierter und technisch ziemlich perfekter Cellist war er über die Grenzen Preußens hinaus bekannt. Als Schüler des bedeutenden Violoncellisten Jean Pierre Duport war er neben seinem Lehrer bald der Mittelpunkt der prinzlichen Privatkapelle. Nach seiner Amtsübernahme im Jahre 1786 verfügte Friedrich Wilhelm die Fusion seiner Privatkapelle mit der königlichen, die nun auf einen Klangkörper von 70 Musikern anwuchs und als größte und beste Hofkapelle Europas galt, in der der König mindestens einmal wöchentlich als Cellist mitwirkte.

Er schätzte vor allem die Kammermusik der Wiener Klassik und stand mit vielen Komponisten in Verbindung. Joseph Haydn hatte ihm 1787 sechs Streichquartette gewidmet. Luigi Boccherini, dessen Musik der König besonders liebte und der verarmt in Madrid lebte, setzte er 1787 eine Jahresrente aus, deren Zahlung erst nach dem Tode des Königs eingestellt wurde.

Fürst Lichnowski hatte Wolfgang Amadeus Mozart angeregt, ihn nach Berlin zu begleiten, um ihn dem König vorzustellen, da seine Oper „Die Entführung aus dem Serail" besonderen königlichen Beifall gefunden hatte. Am 28. April 1789 traf Mozart in Potsdam ein, wo es aber zu keinem Zusammentreffen mit dem König kam. Einen Monat später ließ sich Friedrich Wilhelm von Mozart auf dem Klavier vorspielen, und beide musizierten zusammen im Quartett. Von der königlichen Kapelle meinte Mozart, sie sei „die größte Sammlung von Virtuosen der Welt". Der König gab sechs Streichquartette in Auftrag sowie sechs leichte Klaviersonaten, bevor der Meister sich wieder verabschiedete.

Dennoch kann man sich bei Mozarts Besuch in Berlin des Eindrucks nicht erwehren, daß er nicht ohne Enttäuschung endete. Es ist nicht auszuschließen, daß Mozart die stille Hoffnung hegte, der König würde ihm ein Angebot unterbreiten, zumal seine finanziellen Verhältnisse in Wien nicht die besten waren. Das allerdings hatte Friedrich Wilhelm nicht einmal andeutungsweise anklingen lassen. Möglicherweise war es auch Duport, der dem König abriet, zumal er zu Mozart in einem gespannten Verhältnis stand und er die ständige Anwesenheit des Wiener Meisters in Berlin fürchten mochte. Nach dem Tode Mozarts zeigte sich der König dessen Witwe gegenüber ausgesprochen generös, stellte das Opernhaus in Berlin für ein Konzert zur Verfügung und ließ Mozarts „Titus" als Benefiz aufführen.

1796 kam es in Berlin zu einer Begegnung zwischen Friedrich Wilhelm II. und Beethoven, der gleichfalls dem König vorspielte. Dieser überreichte Beethoven zum Abschied eine prächtige goldene Dose, mit Louisdors gefüllt. Beethoven widmete dem König als Dank zwei Sonaten.

Auf den königlichen Bühnen kamen unter Friedrich Wilhelm II. in erster Linie deutsche Dichter und Komponisten zu Wort. Der Einfluß der italienischen Hofoper wurde zurückgedrängt. Immer häufiger wurden die Opern Christoph Willibald Glucks und Wolfgang Amadeus Mozarts gespielt, so daß das deutsche Singspiel in Berlin sein Publikum fand.

Das Schauspielhaus, das aus dem französischen Komödienhaus hervorgegangen war, wurde 1786 mit der Berufung von Carl Theophilus Doebbelin zum „Königlichen Nationaltheater". Der König selbst besuchte häufig diese Bühne, in seinem Gefolge der Hof, der Adel und das Offizierscorps.

Er hatte Sinn für deutsche Kunst und Kultur, und so berief er 1790 Carl Friedrich Zelter und sechs Jahre später August Wilhelm Iffland nach Berlin. Das Musikleben Berlins erhielt durch die Gründung der „Singakademie" durch Carl Friedrich Fasch einen neuen Aufschwung,

Ostfassade (Aufriß) des von Langhans erbauten
„Königlichen Nationaltheaters".

besonders nach der Übernahme durch Zelter, der ihr einen künstlerischen Geist einflößte und durch die Vertonung von Goethe-Gedichten Popularität erlangte.

Eine epochemachende Wende für das Theater bedeutete die Berufung Ifflands aus Mannheim zum Intendanten nach Berlin, der durch seine geniale Leitung des Theaterwesens, namentlich auch durch die Aufführung Schillerscher Dramen nachhaltig auf den Geschmack des Berliner Publikums einwirkte. Der Spielplan war breit gefächert. Die Dramen der Klassik wurden teilweise von den Rührstücken August von Kotzebues und Ifflands noch übertroffen. Da das Theater bald zu klein wurde, baute Carl Gotthard Langhans das neue Schauspielhaus am Gendarmenmarkt, das aber erst fünf Jahre nach dem Tode Friedrich Wilhelms II. fertig wurde. Auch Potsdam erhielt durch Friedrich Wilhelm sein Theater, dessen Baumeister ebenfalls Langhans war, der auch die Veterinärakademie schuf. Am königlichen Schloß in Berlin ließ Friedrich Wilhelm den Teil durch Friedrich Wilhelm von Erdmannsdorff umbauen, den er selbst bewohnte, wobei ein prächtiger Konzertsaal mit Blick auf den Lustgarten geschaffen wurde.

Als Bauherr hat sich Friedrich Wilhelm II. vor allem mit dem Brandenburger Tor in Berlin, das in den Jahren von 1788 bis 1791 entstand, ein bleibendes Denkmal gesetzt. Neben dem Kölner Dom sollte es das bekannteste deutsche Bauwerk werden. 1786 hatte der König den

Carl Gotthard Langhans.
Zeitgenössische Bleistiftzeichnung.

Johann Gottfried Schadow.
Selbstdarstellung.

Schlesier Carl Gotthard Langhans zum Direktor des Oberhofbauamtes in
Berlin ernannt, der den neuen klassizistischen Charakter der Architektur
mit prägte. Von 1787 bis 1790 erbauten Carl von Gontard und Langhans
das Marmorpalais im Neuen Garten in Potsdam. Das Schloß, in dem sich
Friedrich Wilhelm besonders gern aufhielt, entstand genau an jenem
Ufer des Heiligen Sees, an dem er und Wilhelmine einst glückliche
Stunden verlebt hatten.

Das 1791 fertiggestellte Brandenburger Tor, das 1793 seinen krönen-
den Abschluß mit der von Johann Gottfried Schadow in Kupfer getrie-
benen Quadriga fand, wurde bald zum Wahrzeichen Berlins. Daß es darüber hinaus zu einem Bauwerk mit außerordentlicher Symbolkraft werden sollte, ahnte damals freilich niemand. Das Brandenburger Tor,
ursprünglich als Friedenstor bezeichnet, öffnete die Stadt nach außen
und hatte damit mit der einstigen Bedeutung von Stadttoren nichts mehr
gemein. Das Tor, das später eine nationale Bedeutung erlangen sollte, ist
ein Spiegel deutscher Geschichte. 1870, als die siegreichen Truppen aus
Frankreich heimkehrten, war in riesigen Lettern auf einem Spruchband
am Brandenburger Tor zu lesen: WELCH EINE WENDUNG DURCH
GOTTES FÜHRUNG. Als Hitler am 30. Januar 1933 die Macht in

Das Brandenburger Tor in Berlin – erbaut von Carl Gotthard Langhans 1788 bis 1791 (Quadriga von Johann Gottfried Schadow 1789 bis 1793).

Deutschland übernahm, zog ein nicht enden wollender nächtlicher Fackelzug durch dieses Tor. Und als schließlich am 13. August 1961 das SED-Regime sich buchstäblich einmauerte, erhielt das Brandenburger Tor eine Aufgabe, die es in seiner langen Geschichte nie gehabt hatte: Es mußte Deutschland von Deutschland trennen. Am 9. November 1989 endlich wurde dieses Tor zum Symbol für Freiheit, denn mit dem Mauerfall und der Öffnung des Brandenburger Tores wurde die deutsche Wiedervereinigung eingeleitet.

Schadow, ein gebürtiger Märker, dem wir die Krönung des Tores mit der Quadriga verdanken, erreichte in den Jahren 1795 bis 1797 mit seiner Marmorgruppe der Prinzessinnen Luise und Friederike den Höhepunkt des bildhauerischen Klassizismus. Weiterhin schuf er das für Stettin bestimmte Marmorstandbild Friedrichs des Großen, ein von Graf Hertzberg in Auftrag gegebenes Denkmal, das durch seine glückliche Vereinigung von Naturtreue und monumentaler Würde bestach und am 10. Oktober 1793 auf dem Paradeplatz in Stettin enthüllt wurde. Über die Absicht, ein Friedrich-Denkmal zu errichten, konnte man am 10. Februar 1791 in der Berlinischen Zeitung einen Vers lesen, der für den König wenig schmeichelhaft war, wenn es dort heißt:

41

Das Marmorpalais im Neuen Garten am Heiligen See – erbaut von
Carl von Gontard und Carl Gotthard Langhans.

„Wozu ein Denkmahl dem,
den nie ein Brunnensohn vergißt?
Sein Denkmal ist in unser aller Herzen,
Und <u>Du</u> erinnerst uns mit Schmerzen
daß <u>Er</u> gestorben ist."

Schnell populär wurden auch die Statue Zietens im Jahre 1794 und
die des Alten Dessauers, die im Jahre 1800 enthüllt wurde, also nach
dem Tode des Königs.

Fast alle Bauten entstanden in Friedrich Wilhelms ersten Regierungsjahren, also vor dem Eintritt Preußens in den ersten Koalitionskrieg. Es
trifft also wohl schwerlich zu, daß der König während des Krieges
Gelder für Luxusbauten verschwendet habe, denn 1791 war die Zeit des
Bauens eigentlich beendet.

Das Belvedere hatte sich der König bereits 1788 von Langhans in der
Nähe des Karpfenteichs im Charlottenburger Schloßpark bauen lassen,
ein Schlößchen noch im Stil des ausgehenden Rokoko. Daß hier im
Belvedere Geister für die Rosenkreuzer auferstehen mußten – darauf

Orangerie im Neuen Garten von Potsdam –
erbaut von Carl Gotthard Langhans 1790.

Pyramide im Neuen Garten von Potsdam – Eiskeller nördlich vom
Marmorpalais (1791/92).

43

Historische Mühle im Park von Sanssouci – erbaut um 1790 (im Zweiten Weltkrieg zerstört, 1993 als Handwerksmuseum wieder aufgebaut).

Belvedere im Park von Schloß Charlottenburg – erbaut 1788. Hier ließ Bischoffwerder die Geister auferstehen.

Friedrich Wilhelm II. – Königsdenkmal in Neuruppin von Friedrich Tieck, historische Aufnahme.

wird später eingegangen, ebenso wie auf das aparte Schlößchen auf der Pfaueninsel, dessen Fertigstellung der König aber nicht mehr erlebte.

Friedrich Wilhelm II. hatte jedoch nicht nur Sinn für sich und seine Luxusbauten. Als Neuruppin im Jahre 1787 durch den großen Stadtbrand fast vollständig in Schutt und Asche fiel, fanden die Bürger in ihrem König einen einflußreichen Fürsprecher für den Wiederaufbau ihrer Stadt, die nun nach Art eines Schachbrettmusters neu entstand. Innerhalb weniger Jahre erhob sich Neuruppin wie Phoenix aus der Asche, schöner und größer denn je. Bei solchen Maßnahmen wußte der König Woellner, dem er ja das gesamte Baugeschehen im Lande anvertraut hatte, durchaus an seiner Seite. Die Neuruppiner dankten es König Friedrich Wilhelm II. mit einer vor dem stattlichen Gymnasialgebäude aufragenden Bronzestatue, die heute leider nicht mehr existiert. Das Denkmal wurde 1829, am 26. August, dem 42. Jahrestag des Brandes, eingeweiht. Sein erster Entwurf stammte von Karl Friedrich Schinkel, die Skulptur des Königsdenkmals besorgte der Bildhauer Friedrich Tieck. 1939 wurde das Denkmal in den südlichen Teil der Anlage versetzt. 1947 ist die Bronzefigur von ihrem Sockel entfernt und verschrottet oder eingeschmolzen worden. Oder liegt das königliche Standbild – einem Gerücht zufolge – bis heute unter dem Bauschutt hinter dem Stadion? Während die Bronzefigur ihre Reise mit unbekanntem Ziel antrat, konnte der königliche Denkmalssockel, der bis 1991 einer Leninfigur zu Diensten war, nach Hans Werner Dumrath gerettet werden. Das polierte Postament aus Granit befindet sich heute in der Obhut des Neuruppiner Heimatmuseums.

Dennoch ist dieser König in der Geburtsstadt Schinkels und Fontanes nicht vergessen. Einige Bürger beklagen bis heute den Verlust des Königsdenkmals und haben mich während einer Lesung in Neuruppin ausdrücklich darum gebeten, dieses Königs zu gedenken, dem Neuruppin seinen Wiederaufbau verdankt.

Das Gebiet der Bildung und Wissenschaften hatte Friedrich der Große vernachlässigt. Er kümmerte sich weder um die Schulen noch um die Universitäten. Entsprechend dürftig flossen die Geldmittel.

Minister von Zedlitz trug sich mit der Absicht, nach Ableben des großen Königs die Schulen zu reformieren und sie aus kirchlicher Abhängigkeit zu befreien. Ihm schwebte eine Dreigliederung des Schulwesens in Landschulen, Bürgerschulen und Gelehrtenschulen vor, deren Besuch er als Vorbereitung auf die Universität verstand. Das gesamte Schulwesen unterstellte er einer selbständigen Behörde, dem Oberschulkollegium. Am 22. Januar 1787 unterbreitete der liberal denkende Minister, der der Aufklärung huldigte, König Friedrich Wilhelm II. seine Reform, die dieser billigte. Zedlitz schlug dem König Woellner als Mitglied des Oberschulkollegiums vor. Am 26. September 1787 fand die erste Sitzung dieses Gremiums statt, das am 23. Dezember 1788 das Abitur, als Nachweis für die Befähigung zum Universitätsstudium beschloß.

Hatte der König anfangs auch noch an der Seite von Zedlitz' gestanden, so sollte der Einfluß Woellners doch bald dominieren. Am 3. Juli

1788 übernahm Woellner die Leitung des Schul- und Kirchenwesens, und Zedlitz mußte gehen. 1791 wurde die berüchtigte geistliche Immediat-Examinationskommission eingerichtet. Sie hatte Lehrer, Pastoren und Universitätsprofessoren, die Religion lehrten, auf ihre Ansichten zu den Evangelien und auf ihre Glaubensfestigkeit im Sinne der lutherischen Orthodoxie zu prüfen – wie bereits berichtet.

In den Land- und Bürgerschulen wurde der Religionsunterricht unter Woellner „die eigentliche Hauptsache". So nimmt es auch nicht wunder, daß die Religion zum Kernstück der Lehrerausbildung wurde, ganz abgesehen davon, daß der Lehrermangel ausgesprochen groß war, nicht zuletzt wegen der kümmerlichen Bezahlung. Daraus ergaben sich zwangsläufig neue Probleme. Als Preußen durch die zweite und dritte polnische Teilung territorial expandierte, war es überhaupt nicht in der Lage, das Schulwesen in den neuen Staatsgebieten solide aufzubauen.

Die von dem friderizianischen Minister von Zedlitz angeregte Schulreform mußte begraben werden, bevor sie überhaupt zum Tragen kam. Mangel an Geld, Angst vor der Revolution und Woellners dominierende Stellung standen den notwendigen schulischen Reformbestrebungen entgegen.

Unter den preußischen Universitäten war Königsberg mit Abstand am besten gestellt. Das hing fraglos mit der Ausstrahlung und dem Ruhm Immanuel Kants zusammen, der viele Studenten an den Pregel zog. Neben Königsberg erfreute sich aber auch die Theologische Fakultät der Universität Halle wegen ihres Niveaus einer großen Anziehungskraft. Der König veranlaßte immerhin, daß die Zuschüsse für die Universitäten erhöht wurden und sorgte für eine Gehaltsaufbesserung der Professoren.

Alles in allem kam es in der nur elfjährigen Regierungszeit König Friedrich Wilhelms II. zu einem kulturellen Aufschwung in Preußen und zu einer Hinwendung zur deutschen Kunst und Literatur. Die Zeit des französischen und italienischen Geschmacks in Oper und Schauspiel gehörte nun der Vergangenheit an.

Der dicke Wilhelm und die Frauen

Wilhelmine Enke

Der Thronfolger hatte einen geradezu lasziven Hang zum weiblichen Geschlecht, und war diesbezüglich fast das Ebenbild seines Vaters, Prinz August Wilhelms, den gleichfalls beim Anblick schöner Frauen Schwächeanfälle befielen, zum ewigen Ärger und Verdruß seines von Disziplin zusammengehaltenen königlichen Bruders. Und dennoch stimmt das nur bedingt, denn Prinz August Wilhelm verließ nie seine Kreise und hatte keineswegs denselben „Hang zum Küchenpersonal" wie sein anfälliger Sohn Friedrich Wilhelm.

Mätressenwirtschaft und Bigamie hat es in Preußen nie gegeben, weder vor Friedrich Wilhelm II. noch nach ihm. So war der Thronerbe des großen Königs auch auf diesem Gebiet ein Unikat.

Nicht dem Menschen Friedrich Wilhelm nahm man seine ewigen Frauengeschichten übel, denn hier unterschied er sich ja kaum von den rauf- und sauflustigen Offizieren seiner Garnison. Folgenschwer für sein Bild in der Geschichte sollte seine exponierte Stellung als preußischer Thronerbe werden.

Obwohl durch die Spitzel seines Onkels mehr oder weniger rund um die Uhr bewacht, genoß der Prinz das Leben doch in vollen Zügen und floh, so oft er konnte, von Potsdam nach Berlin. Es war keine Seltenheit, daß er drei- bis fünfmal wöchentlich Potsdam abends mit dem Pferd verließ, um in Berlin seinen Vergnügungen nachzugehen oder später seine Geliebte, Wilhelmine Enke, in einer Försterei zu besuchen. Meist verließ er gegen drei Uhr nachts sein Liebesidyll, um rechtzeitig zur Parade in Potsdam zurück zu sein, denn hier wachten zwei große blaue durchdringende Königsaugen über ihn. Auch wenn Friedrich Wilhelm glaubte, seine Sturm- und Drangzeit vor dem Onkel geheimhalten zu können, entging dem König nichts. Am Ende legte er dem Neffen Zügel an und verheiratete ihn gegen dessen Neigungen. Entsprechend waren seine beiden Ehen.

Was bei Friedrich Wilhelms vielen Frauen- und Skandalgeschichten nachdenklich stimmt, ist die eigenartige Mischung von Sinnlichkeit und Frömmigkeit. Allerdings ist sie keine seltene Paarung. Betrachten wir unter diesem Gesichtspunkt jedoch seine Vorfahren, so finden wir nichts Vergleichbares, klammern wir August Wilhelm, den Vater, einmal aus. Der große Kurfürst hatte einen ausgeprägten Familiensinn und führte mit Luise Henriette und später ebenso mit Dorothea ein harmonisches Eheleben. Der gleichnamige Großvater Friedrich Wilhelms, der Soldatenkönig, ein von Puritanismus und Pietismus durchdrungener Mann, achtete nicht nur in seiner Familie, sondern auch in seiner Umgebung auf Zucht und Ordnung. Und was seinen Onkel, Friedrich den Großen, betraf, so duldete der überhaupt keine Frauen an seinem Hof, nicht einmal seine eigene. Dessen Abneigung gegen das weibliche Geschlecht sollte man jedoch nicht als eine sonderliche moralische Leistung fehlinterpretieren, denn sicher war sie krankheitsmitbedingt. Als Kronprinz hatte auch Friedrich der Damenwelt gehuldigt, bis eine Krankheit sein Liebesleben abrupt beendete.

Den Onkel fürchtete Friedrich Wilhelm, und der blieb ihm zeitlebens wesensfremd. Dem Vater, ähnlich labil veranlagt wie er selbst, war er dagegen durchaus zugetan. Der aber war zu schwach, als daß er zu ihm aufsehen konnte, ganz abgesehen davon, daß August Wilhelm bereits 1758 starb, als Friedrich Wilhelm noch nicht vierzehn war.

Nach dem Frieden von Hubertusburg am 15. Februar 1763, mit dem der Siebenjährige Krieg seinen Abschluß fand, beförderte Friedrich seinen Neffen zum Chef eines Infanterie-Regiments in Potsdam. Eine Wohnung wies er ihm im sogenannten Kabinettshaus an, die nicht nur äußerst bescheiden, sondern auch in schlechtem Zustand war. Finanziell wurde der Thronfolger so knapp gehalten, daß seine Ausgaben ständig die dürftigen Einnahmen überstiegen. Was sich zwangsläufig einstellte, waren Schulden, sehr zur Verärgerung seines Onkels, der nicht daran dachte, das lose Leben seines Neffen durch weitere Zuwendungen zu unterstützen.

Fröhliche und ausgelassene Gelage im Kreise seiner Offiziere gehörten zu Friedrich Wilhelms Soldatenalltag, was die Stimmung des Königs in Sanssouci nicht gerade hob, der sich von Anfang an der Pflicht und seiner Aufgabe verschrieben hatte, wovon er bei seinem Nachfolger nicht eine Spur zu finden glaubte. Ungünstig hinzu kam auch der vom König längst beobachtete Umstand, daß sich die Geistesgaben des jungen Prinzen, der zum Jähzorn neigte und nicht nur seinen Leibdiener verprügelte, in Grenzen hielten und in keinem natürlichen Verhältnis zu seiner Erscheinung standen. Denn er war groß von Statur, athletisch und wohlproportioniert gebaut und hatte ein ansprechendes Gesicht mit blau-en Augen. Kurzum: Von der Natur war Friedrich Wilhelm großzügig bedacht. Kaiser Josef II. nannte ihn den „schönsten Mann, den man nur sehen kann".

Auffallend war eins: Der Thronfolger suchte früh Anschluß an Personen, die seinem Stand nicht im mindesten entsprachen. Seine natürliche Freundlichkeit bis hin zur Leutseligkeit – jedermann wurde von ihm mit Sie angeredet, wie er es auch nicht liebte, mit Hoheit ange-sprochen zu werden – verschafften ihm die Sympathien seiner Mitmenschen. Sein Onkel hatte immer eine Mauer um sich gezogen und alle seine Mitmenschen in der dritten Person mit Er angeredet, wobei er es aber nie vergaß, höflich den Dreispitz abzunehmen, wenn man ihn grüßte. Nicht umsonst nannte ihn das Volk vertraulich „der alte Fritz".

Als Friedrich Wilhelm im Laufe seines Lebens fülliger wurde, erhielt auch er seinen Beinamen „der dicke Wilhelm", vertraulich zwar, aber doch weniger schmeichelhaft als der Ehrenname seines Onkels.

Seine Zerstreuungen nach dem täglichen Kommißdienst suchte der Thronfolger jedoch nicht ausschließlich in Offiziersgelagen, sondern bald viel häufiger in heimlichen Liebesaffären mit französischen Schauspielerinnen der Berliner Theaterwelt. Er war weiß Gott nicht wählerisch auf dem Gebiet, denn in seinen zahlreichen Beziehungen zum anderen Geschlecht ging es hauptsächlich um Ballettänzerinnen und Schauspielerinnen, auch Wäscherinnen zogen ihn in ihre Arme, also durchweg junge Damen von geringem Stand, die er samt und sonders leidenschaftlich verehrte, mehr aber noch begehrte.

Der König stand den Galanterien seines Neffen mit den französischen Schauspielerinnen nicht nur skeptisch, sondern ablehnend gegenüber. Er lebte in ständiger Sorge, daß auf diesem Wege preußische Staatsgeheimnisse nach Paris gelangen könnten. Auch war er grundsätz-lich der Meinung, daß der Neffe durch solche Aktivitäten, die in den weißen Armen von Komödiantinnen endeten, schwerlich ein guter Feldherr werden könne, den Preußen aber dringend brauchte. Er sah in seinem Neffen immer deutlicher die Neuauflage seines Bruders, der schließlich auch im Siebenjährigen Krieg beim Rückzug nach der Niederlage von Kolin versagt hatte. Ihm war bange, wenn er an Preußens Zukunft dachte.

Zu den französischen hatten sich bald italienische, ja auch deutsche Schauspielerinnen gesellt, und hinter den Kulissen lernte Friedrich

König Friedrich Wilhelm II.

Wilhelm eines Tages die Statistin Renate Enke kennen, die Geliebte des polnischen Grafen Matuschka, in dessen Haus sich die Offiziere der Berliner und Potsdamer Garnison regelmäßig trafen. Hier begegnete dem damals 22jährigen Prinzen im Jahre 1764 die knapp 12jährige Schwester der Gastgeberin, Wilhelmine Enke. Gezielt war dies junge Mädchen durch ihren Paten, den Grafen Friedrich von Anhalt, Flügeladjutant Friedrichs des Großen, dem Thronfolger zugeführt worden. Friedrich Wilhelm verschlug es buchstäblich den Atem, denn vor ihm stand ein bildschönes Mädchen, weit über sein Alter gereift, eine

51

Wilhelmine Enke. Gemälde von Angelika Kauffmann.

Wilhelmine Enke mit dem Grafen von der Mark. Unbekannter Maler.

König aus seiner habituellen Lethargie zu reißen vermochte, ja er habe ihn bis zur Anbetung geliebt. „Sein Angesicht", so Mirabeau, „glänzt, wenn er ihn nur sieht, am Morgen beschäftigt er sich lange mit diesem Kinde, unter allen seinen fortwährend wechselnden Launen ist diese Zuneigung die einzige, die sich regelmäßig erhält."

Untröstlich war der Verlust für beide Eltern, und so suchte Wilhelmine den damals noch völlig unbekannten vierundzwanzigjährigen Johann Gottfried Schadow auf, der eine meisterhafte Plastik von dem früh verstorbenen Grafen schuf, ein anrührendes Grabmal, das in der Dorotheenstädtischen Kirche seinen Platz fand und sich nach der Zerstörung der Kirche in der Nationalgalerie befindet. Damit schuf Schadow zugleich das erste Meisterwerk des preußischen Klassizismus.

Der Vater aber kam nicht los von seinem Sohn, dem er überirdische Kräfte zuschrieb. Und so kam es dann zu sonderbaren Szenen, in denen er fast täglich Zwiesprache mit ihm hielt, wobei Wilhelmine das eigentliche Medium war, die „Leitzentrale" zwischen dem Verewigten und dem für alles Übersinnliche angelegten ratsuchenden königlichen Vater. In dem von Friedrich Wilhelm geführten „Blauen Geisterbuch" hielt er am 29. Juni 1792, also noch fünf Jahre nach dem Tode seines Sohnes, fest, daß die Geister dem Vater die folgende Botschaft des Sohnes über-

Grabmal des früh verstorbenen Grafen von der Mark
von Johann Gottfried Schadow.

56

bracht hätten: „Gott wird mit ihm sein, wenn er fromm und reinen Herzens ist. Im Walde wohnen seine Vorfahren." Seitdem war der Rosenkreuzer Friedrich Wilhelm überzeugt, daß die Hohenzollerngeister ihren Wohnsitz in den Bäumen des Grunewalds hätten.

In den Unterlagen des Geheimen Staatsarchivs Preussischer Kulturbesitz findet sich folgende Aufzeichnung:

„Natürliche Kinder Fr: Wilh: II. mit der Mad Rietz geb: Enke nachherigen Gräfin Lichtenau nat: 19 Dez (1753 – d. A.) 9. Juny 1820

begraben in der Kathol. Kirche in Berlin (St. Hedwig bis 1943, Umbettung wegen der Bombenangriffe auf den St. Hedwigs-Friedhof zwischen Wöhlertstraße und Liesenstraße, Grabzerstörung durch den Bau der Berliner Mauer 1961 – d. A.)

1. Fr: Wilh: Moritz Graf von der Mark
   n. 4. Jan: 1779.
   gest. 1 Aug. 1787 Sein Grabmal ist in der Dorotheenkirche"

An anderer Stelle liest man folgendes:

„den 1[n] Aug 1787 gestorben zu Charlottenburg Fr: Wilh: Moritz Graf von der Mark. 9 Jahr alt, ein natürl. Sohn F.W. II u der Enke – den 5[n] Aug war er in der Neustadt Kirche in Berl begraben (er war geb d 4 Januar 1779. Die Taufzeugen waren der König Bischofswerder v Vohs)

2. Eine Tochter, Mariane Gräfin von der Mark, welche später 1795 oder 1796 einen Grafen von Stolberg Wernigerode heiratete

3. Alexander Graf von d. Mark
   er starb kurze Zeit vor dem Koenig"

Die zitierten Angaben können so nicht stimmen. Bei dem unter 1. aufgeführten Fr: Wilh. Moritz handelt es sich fraglos, folgt man dem Geburts- und Sterbedatum, um den Grafen von der Mark, auch wenn dessen vierter Vorname Alexander fehlt. An der Gräfin Marianne von der Mark, die 1780 geboren wurde, gibt es nichts zu deuten, ebenso wenig wie an Nummer 3, bis auf den Umstand, daß sie im Grunde doppelt aufgeführt ist.

Die enge Bindung Friedrich Wilhelms an die Rosenkreuzer führte spätestens seit 1781 zu einer Umkehr seines Lebens, und so erhielten auch die Beziehungen zu Wilhelmine angeblich eine andere Qualität. Sollte es den Rosenkreuzern wirklich gelungen sein, Friedrich Wilhelm aus Wilhelmines Bett zu entfernen? Womöglich um den Prinzen selbst zu schützen, gab Wilhelmine seinem Drängen unter dem Druck Friedrichs des Großen und der Rosenkreuzer nach und heiratete 1781 den Kämmerer Johannes Friedrich Rietz. In dem Register des Ortsbezirks von Falkenhagen, wohin Johannes Rietz den Prinzen oft begleitet hatte, wurde die Trauung einer gewissen Frauensperson Wilhelmine Enke und eines gewissen Johannes Rietz von einem Dorfschullehrer eingetragen, die Trauung selbst von einem Laienprediger vollzogen. Ein solcher Akt von Laien war natürlich nicht rechtskräftig.

Rietz sagte später aus: „Meine Verheyrathung mit der Gräfin (die damals noch keine war – d. A.) geschah ohne Neigung und nur auf Befehl Sr. Majestät", obwohl nach seiner Aussage beide bis 1793 wie Eheleute gelebt hätten. Davon jedoch wollte Wilhelmine nichts wissen, die 1808 in ihrer „Apologie" schrieb: „. . . führte ich zwar noch lange den Namen Rietz, aber mit dem Manne dieses Namens wohnte ich nie unter einem Dach." Für Wilhelmine lebten beide Eheleute von Anfang an von Tisch und Bett separiert, wie man damals zu sagen pflegte. Immerhin sind aber aus der Ehe zwei Kinder hervorgegangen, ein „ohngetauftes Söhnlein" 1783, das der Prinz bezeichnenderweise auch nicht als seinen Sprößling anerkennen wollte und welches kurz nach der Geburt gestorben ist, sowie Friedrich Wilhelm Rietz (1785 – 1837), der spätere Canonicus am Hohen Domstift zu Cammin und an St. Nikolai in Magdeburg.

Mit Johannes Rietz war nicht viel los. Charakterlich war er eine zwielichtige Gestalt, zu allem fähig, wenn es um seinen eigenen Vorteil ging. So willigte er auch bereitwillig in diese Scheinehe ein, zumal er so in der Gunst seines Prinzen weiter steigen konnte, bis er eines Tages zum uneingeschränkten Günstling avancierte, als Friedrich Wilhelm König wurde. In den „Vertrauten Briefen" des preußischen Kriegsrats Friedrich von Cölln ist über Rietz zu lesen: „Der Kämmerer Rietz war ein ganz gemeiner Mensch. Als Bedienter ertrug er alle Launen des Kronprinzen. Friedrich Wilhelm war jähzornig und mißhandelte oft seine Leute; dies tat ihm sehr leid, sobald die Hitze verflogen war, und er machte es durch Geschenke wieder gut. Rietz ließ sich nun von seinem Herrn Ohrfeigen, Stockprügel, Fußtritte und Mißhandlungen jeder Art gefallen und war ein geduldiges Instrument. Er entschädigte sich dadurch, daß er die ihm untergebenen Bedienten ebenso mißhandelte. Nach dem er sich für seinen Herrn zum Deckmantel seiner Lüste zum Ehemann für seine

Palais Lichtenau in der Behlertstraße 31 in Potsdam, in der Nähe des
Haupteingangs zum Neuen Garten – ein Geschenk des Königs.

Mätresse hergeben hatte müssen, saß er fest auf seinem Posten. Rietzens
Genuß bestand in Essen und Trinken, in der Befriedigung seines
Hochmuts, im Sammeln eines Kapitals fürs Alter. Im Neuen Garten zu
Potsdam, in dem Hause am Eingange, feierte Rietz seine Bacchusfeste:
Hier floß der Champagner und alle edle Weine wie Wasserbäche."

Fest steht, daß Wilhelmines Sohn Friedrich Wilhelm Rietz ihr Erbe
war und später die Lichtenauschen Güter verwaltete.

Im Jahre 1783 war Wilhelmine unter dem andauernden Druck der
Rosenkreuzer bereit, Berlin und seine Umgebung zu verlassen, um sich
im Januar ein neues Domizil in ihrer Geburtsstadt Dessau aufzubauen.
Aber es hielt sie dort nicht lange, denn nach fünf Monaten schon, im
Mai, kehrte sie zurück. Auch sie konnte von dem Prinzen nicht lassen,
den sie wirklich liebte. Friedrich Wilhelm war es zufrieden, denn auch er
hatte sich vor Sehnsucht nach seiner Wilhelmine verzehrt, und stillschweigend nahmen die Rosenkreuzer die Rückkehr von Madame Rietz
in Kauf.

Wilhelmine erfreute sich auch weiterhin der innigen Zuneigung des
Thronfolgers, wenngleich sie um ihre Favoritenstellung nicht immer zu

59

Im Neuen Garten von Potsdam: Das Schindelhaus der Gräfin Lichtenau.

beneiden war. Aber seine beste Freundin wollte sie bleiben, wenn sie auch mit immer neuen und jüngeren „Verhältnissen" ihres Freundes leben lernen mußte. Aber eine Begünstigung hatte sie: Sie selbst traf die Auswahl dieser Damen. Das hatte Vorteile, denn sorglich achtete Wilhelmine darüber, daß nur Personen in die engere Wahl kamen, die ihr selbst ihren Rang und ihre Favoritenstellung nicht streitig machen konnten. Lord James Harris Malmesbury hatte schon im Jahre 1776 geschrieben: „Dabei ist sie so gewandt, daß sie ihn niemals mit einem Frauenzimmer bekannt werden läßt, von der zu erwarten stände, sie werde ihr den Rang streitig machen in der Herrschaft über den Prinzen. Ihre Wahl, und glücklicherweise für sie auch die seinige, fällt gewöhnlich auf Frauenzimmer von der niedrigsten Gattung. Diese Vergnügungen, die einzigen, an denen er Geschmack findet, nehmen den größten Teil seiner Muße in Anspruch."

Zunächst erhielt eine Mademoiselle Minette Horst, früher Wäscherin, den Zuschlag, um von Madame Baranius vom Theater abgelöst zu werden, der schließlich „die schöne frische geistlose Brünette vom Corps de ballet", die Tänzerin Sophie Schultzky, folgte. Fräulein Schultzky wohnte sogar mit Madame Rietz zusammen im Neuen Garten.

Wilhelmine war nun alles in einer Person: Geliebte, Freundin und Vertraute Friedrich Wilhelms, besonders in allen seinen Liebesaffären. Nach ihrer Aussage waren die Beziehungen zum König seit 1786 rein freundschaftlich. Nun tröstete sie den Trauernden in seinem Schmerz um den Verlust der Gräfin Ingenheim, seiner ersten Frau zur linken Hand, die von der Schwindsucht dahingerafft wurde. Dann bestärkte sie den König in seiner Entrüstung über das demokratische Gebaren seiner zweiten Ehefrau zur linken Hand, der Gräfin Dönhoff, bevor er sie vom Hof entfernte. Da beide von Friedrich Wilhelm Kinder hatten, vertrat Wilhelmine zeitweilig Mutterstelle, für Friedrich Wilhelm alles selbstverständlich, aber ebenso für Wilhelmine.

Wenn der König bei einer neuen Angebeteten nicht das erhoffte Echo fand, hatte Wilhelmine als Trösterin auf den Plan zu treten – wie bei der Mainzer Bankierstochter Sophie Bethmann, der er ebenfalls die Ehe zur linken Hand antrug, die diese aber ausschlug. Auch schwärmerische Tiraden über Liebeserlebnisse mit ihren Rivalinnen, die ans Perverse grenzten, ließ sie geduldig über sich ergehen. Selbst als sie später in Italien weilte, erhielt sie Briefe vom König, in denen er ihr bis zur Geschmacklosigkeit alle Details seiner intimen Beziehungen zu der kleinen Sophie Schultzky schilderte. Ja, gelegentlich sorgte sie sogar für weiblichen Ersatz. Wenn sie auf Reisen ging, sprang Sophie Schultzky ein, um dem kranken König die „alten erstarrten Glieder" zu wärmen. Nicht selten arrangierte sie geradezu laszive Amüsements, um immer wieder den Kranken zu erfreuen. Als Friedrich Wilhelm schließlich kurz vor seinem Ende war und mühsam im Sessel nach Luft rang, ließ Wilhelmine seine jüngste Geliebte noch einmal kommen, die 18jährige Sophie Schultzky, um vor dem Todkranken zu tanzen. Sein Körper versagte, aber seine Sinneslust war bis zum letzten Atemzug nicht zu brechen.

Wilhelmine begleitete den kranken König selbst zur Kur und pflegte ihn im Einverständnis mit der Königin auf seinem Sterbelager.

1787 hatte Wilhelmine das Palais Unter den Linden geerbt, das dem früh verstorbenen Grafen von der Mark gehört hatte. 1794 begann Friedrich Wilhelm damit, das bizarre Schlößchen auf der Pfaueninsel zu bauen, die er 1793 von dem Militärwaisenhaus in Potsdam käuflich erwarb, dem der Soldatenkönig diese Insel einst geschenkt hatte. Das weiße ruinenartig anmutende Schloß, das diesen Namen kaum verdient, sollte nach der Vorstellung des Königs an die Vergänglichkeit mahnen

Lustschloß auf der Pfaueninsel – erbaut von Brendel 1794 bis 1799 auf
Anregung der Gräfin Lichtenau.

und an sonst nichts. Es entstand genau an jenem Inselufer, wo er und
„Minchen" einst glückliche Stunden hinter einem dicken Schilfgürtel
verbracht hatten. Man sagt, daß Wilhelmine dieses Schloß entwarf und
das Motiv dazu einem verfallenen italienischen Kastell entnommen
habe. Zu Lebzeiten des Königs konnte das Schloß nicht mehr vollendet
werden.

Am 13. März 1795 brach Wilhelmine auf zu einer Reise nach Italien wegen ihrer unsicheren Gesundheit, wie es heißt. Der König brachte sie frühmorgens um vier Uhr an den Reisewagen und stattete sie generös mit einer carte blanche mit unbegrenzter Vollmacht an die vornehmsten Bankhäuser in Mailand, Florenz, Rom und Neapel aus. Über Wien und die Schweiz erreichte sie mit einem ansehnlichen Gefolge im Oktober 1795 Pisa, um von dort nach Rom und Neapel aufzubrechen. Und überall veranstaltete sie große Feste.

Von Italien aus betrieb sie intensiv die Verleihung des Adels-Diploms, angeblich nicht für sich, wohl aber für ihre Tochter, und schrieb dem König: „Eure Majestät wissen wohl, daß ich für mich auf die törichten Eitelkeiten der Hofetikette keinen Wert lege. Allein, es bringt mich in eine schiefe Stellung, da meine Kinder durch die Gnade E. M. in den Grafenstand erhoben sind, während ich noch immer dem einfachen Bürgerstande angehöre." Der König antwortete ihr aus Potsdam: „Nun lassen Sie uns wegen des Titels sprechen; R(ietz) hat einen Abscheu dafür. So würde ich Ihnen alsdann einen solchen Titel geben, aber Ihren Namen würden Sie alsdann ändern müssen und einen andern annehmen, Comtesse Lichtwert oder so etwas, auch könnten Sie den Namen der Güter von Rikchen (Gräfin Marianne von der Mark – d. A.) annehmen (Lichtenau!). Schreiben Sie mir doch deshalb, was Sie meinen."

Nun wurde die Nobilitierung aus der Ferne ins Werk gesetzt. Der Name Lichtenau, hergeleitet von den Gütern ihrer Tochter in der Neumark, sagte ihr verständlicherweise mehr zu als der einfallslose Vorschlag ihres königlichen Freundes. Zunächst erfolgte die gerichtliche Scheidung Wilhelmines von Herrn Rietz, mit dem sie eigentlich nie getraut worden war. Während ihres Aufenthaltes 1796 in Italien erhielt sie den ersehnten Adelsbrief, den ihr der Bruder persönlich nach Venedig überbrachte. Damit sie nicht in Adelskreisen wie Phoenix aus der Asche aufzustehen brauchte, wurde die Nobilitierung auf den 28. April 1794 rückdatiert. Außerdem überreichte man ihr einen Stammbaum mit vier Ahnen von väterlicher und mütterlicher Seite, selbstverständlich mit einem Wappen, das der preußische Adler zierte. (Hier sei kurz angemerkt, daß Nobilitierungen bei Friedrich Wilhelm II. zu den Lieblingsbeschäftigungen gehörten. Im Jahre seiner Thronbesteigung 1786 gab es eine regelrechte Adelsschwemme. Der große König war immer der Meinung gewesen, daß es auf das Verdienst des Menschen ankomme und hatte gesagt: „Man nobilitiere nur solche, die sich verdient gemacht und

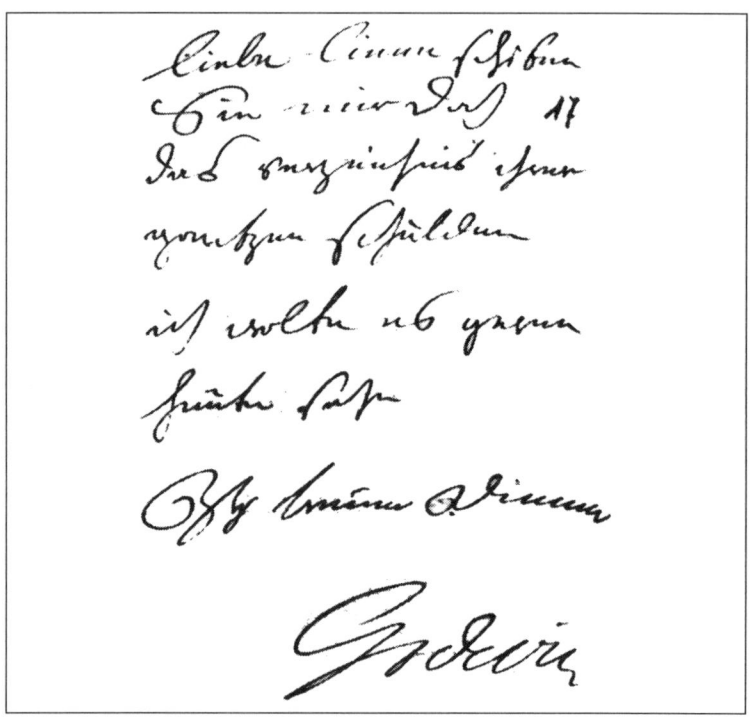

Brief Friedrich Wilhelms II. an Wilhelmine Enke (Geheimes Staatsarchiv
Preussischer Kulturbesitz)
„Liebe Line schicken Sie mir doch das Verzeichnis ihrer gantzen schulden ich
wolte es gerne heute sehen.
Ihr treuer Diener
FrdWil"

nicht bloß viel verdient haben." Entsprechend zurückhaltend war er mit
dieser Standeserhöhung, die unter Friedrich Wilhelm II. zur Bedeutungslosigkeit gesunken war. Der eigentliche „Adelsmacher" war Rietz, bis
ins Mark hinein korrupt. Für adäquate Bestechungsgelder gab es Adels-
Diplome, Adlerorden und Johanniterkreuze, hauptsächlich also für die,
deren Verdienste in hohen Bezügen bestanden. So mancher preußische
Adlige verdankte also seinen edlen Stammbaum einem bestechlichen
Kammerdiener.)
    Als Gräfin Lichtenau standen Wilhelmine in Italien nun alle Häuser
offen, und sie erlebte als die große Dame Preußens den Glanz und

Reichtum der italienischen Gesellschaft. Überhaupt war sie dort wie eigentlich überall wegen ihrer immer noch auffallenden Schönheit, ihres Charmes und ihrer Natürlichkeit der Mittelpunkt der Gesellschaft. So war sie ständig von einem Heer von Verehrern umlagert, die auch mit Heiratsanträgen nicht zurückhielten. Herzöge und Fürsten waren in ihrem Gefolge, sogar der Stellvertreter des Papstes machte ihr seine Aufwartung. Englische, französische, österreichische, spanische und venezianische Gesandte wichen nicht von ihrer Seite. Wilhelmine umgab mit sich mit Künstlern, kaufte Kunstgegenstände und Gemälde und nahm bei dem berühmten Kunstwissenschaftler Professor Aloys Hirt Unterricht in Archäologie. Der erst 30jährige Hirt, von Haus aus ein entlaufener Mönch aus Schwaben, gehörte bald zu den von ihr besonders bevorzugten Verehrern. Er folgte ihr später nach Potsdam, wohnte in einem leerstehenden Haus im Neuen Garten, speiste bei ihr und wurde auch dem König vorgestellt, der ihm sofort eine stattliche Jahresrente aussetzte und den Titel Hofrat verlieh.

Im Juni 1796 kehrte Wilhelmine, früher als beabsichtigt, aus Rom über Florenz zurück nach Potsdam. Der Gesundheitszustand Friedrich Wilhelms hatte sich so verschlechtert, daß es sie nicht länger in der Ferne hielt. Als der König sie nach langem wiedersah, rief er gerührt aus: „Ach, wie freue ich mich. Gott sei gedankt, daß ich noch solches erleben darf. Gott segne Ihnen!"

1796 und 1797 begleitete sie den kranken Mann zur Kur, wozu die Ärzte ihm geraten hatten. Man reiste nach Pyrmont. Seine Atemnot und Schlaflosigkeit machten ihn zusehends hinfälliger, und mit der treuesten Anhänglichkeit übernahm die einstige Geliebte und langjährige Freundin Friedrich Wilhelms nun seine Pflege.

Als der König im Sommer 1797 zum zweiten Mal zur Kur in Pyrmont weilte, kam die frischgebackene Gräfin Lichtenau auf ihre Kosten. Von mehr als zwanzig Reichsfürsten konnte sie die Huldigungen empfangen, während die Königin mit dem bescheidenen Badeort Freienwalde vorlieb nehmen mußte. Der Kronprinz erhielt von seinem Vater die an sich demütigende Einladung, in Pyrmont zu erscheinen, der er sich nicht entziehen konnte. So beging man am 3. August im Brunnensalon seinen 27. Geburtstag, auf dem die Gräfin Lichtenau brillierte. Später äußerte sie: „Der Kronprinz kam mir nach und dankte mir in den verbindlichsten Ausdrücken, ohne auch nur die entfernteste Abneigung gegen mich zu zeigen."

Wilhelmine Enke. Gemälde von Anna Dorothea Therbusch.

Der Vater hatte ihn schon häufiger gedemütigt, aber das Gedächtnis des Sohnes war geschärft. Am 19. Dezember 1796 hatte die neue Gräfin zur Feier ihres Geburtstages in ihrem Palais Unter den Linden, in dem sie ein kleines Theater einrichten ließ, den gesamten Hof empfangen. Oberst Dampmartin hat uns über dieses Ereignis, das einer Berliner Sensation gleichkam, folgenden Bericht hinterlassen:

„Die Königin, der Kronprinz und seine Gemahlin sowie die anderen königlichen Prinzen und Prinzessinnen bebten vor Ingrimm über den sie erniedrigenden Zwang, sich bei einer Frau als Gäste zu sehen, deren bloße Nähe sie schon aufs tiefste verletzte. Der König trug auf seinem bleichen Gesichte die Zeichen einer tödlichen Krankheit, die gutmütige Königin verzog ihre Lippen zu einem erzwungenen Lächeln, der Kronprinz, nachmaliger König Friedrich Wilhelm III., konnte seine heftige Gemütsbewegung nicht verbergen, er warf verstohlene Blicke bald der zärtlich geliebten Mutter, bald seiner angebeteten Gemahlin (die spätere Königin Luise – d. A.) zu, als könne er nicht begreifen, wie es möglich sei, sich mit ihnen in den prachtvollen Zimmern der Mätresse seines Vaters zu befinden. Nichts hätte mehr seine beiden vorherrschenden Tugenden in Harnisch bringen können: Sparsamkeit und Anständigkeit . . . Die Gräfin Lichtenau, die in bei weitem reicheren Schmucke wie die Königin glänzte, empfing des Königs zärtlichste Huldigungen. Den Kindern von seinen drei Mätressen, die in einer ersten Rangloge saßen, warf er Näschereien zu. Bei einigen Strophen der Oper, in denen Octavia über die Untreue ihres Marc Anton klagte, richteten sich unwillkürlich aller Augen auf die Königin, die ihre Tränen im Taschentuch verbarg." Prinz Heinrich (Bruder Friedrichs des Großen) fand „in dieser Bude hier" alles skandalös.

Der Zustand des Königs wurde immer erbärmlicher. Es ging ans Sterben. Doch zuvor war es ihm ein Bedürfnis, seine lebenslange Geliebte und Freundin in materiell geordneten und gesicherten Verhältnissen zu hinterlassen, was für den König spricht. Er schenkte ihr die Lichtenauschen Güter in der Neumark sowie die Güter Breitenwerder und Roßwiese mit einer Jahresrente von 4800 Talern. Kurz vor seinem Tod erhielt sie zusätzlich eine halbe Million Taler in niederländischen Banknoten, die der Minister Carl August von Struensee nach Holland transferierte, wo sie auf ihren Namen hinterlegt wurden.

Am 16. November 1797 starb der König in Gegenwart seiner Kammerdiener, mehr oder weniger mutterseelen allein. Wilhelmine, völlig

Prinz Heinrich. Holzstich nach einer Zeichnung von Adolph von Menzel.

erschöpft, war im Nachbarzimmer eingeschlafen. Und so hatte Friedrich Wilhelm seinen letzten Gang allein antreten müssen, ohne seine Wilhelmine, worunter sie unsagbar litt. Noch an seinem Todestage erfolgte im Namen König Friedrich Wilhelms III. Wilhelmines Verhaftung. Vor ihrer Wohnung im Kavaliershaus im Neuen Garten war eine Abteilung des Garderegiments aufgezogen, und Oberst von Zastrow sowie der Major von Kleist besorgten ihre Arretierung. Die Anklage des nun folgenden Prozesses lautete auf Staatsverbrechen. Man bezichtigte sie des Verrats von Staatsgeheimnissen an fremde Mächte, des Diebstahls und der Schädigung der Person des Königs. Gemeinsam mit ihrer ebenfalls verhafteten Mutter und ihrem Sohn bewohnte Wilhelmine eine Drei-Zimmer-Wohnung in Potsdam, bis sie wegen des Prozesses im März 1798 nach Berlin überstellt wurde. Hier wurde sie von einer Kommission zu 45 Punkten verhört, in 7 Punkten angeklagt. Die fünfköpfige

Untersuchungsgruppe, der der Staatsminister von der Recke, Major von Lützow, Geheimrat Pitschel, der Kammergerichtspräsident von Kircheisen und der Geheime Kabinettsrat Beyme angehörten, beschlagnahmte allein 1000 Briefe, konnte aber staatsfeindliche und kriminelle Handlungen nicht finden. Feststellen konnte man allerdings, daß der Verstorbene nichts unternommen oder beschlossen hatte, ohne zuvor den Rat Wilhelmines eingeholt zu haben. Das betraf die Besetzung von leitenden Stellen, Entlassungen und weibliche Bekanntschaften ebenso wie angeblich militärische Aktionen. Jedoch waren alle ihre Ratschläge nicht zum Nachteil Preußens gewesen. Auch hatte sie mit keiner ausländischen Macht zusammengearbeitet. Einer französischen Liste, die „Ansprechpartner" am preußischen Hofe aufführte, war sogar zu entnehmen, daß Wilhelmine in Paris als unbestechlich eingeschätzt wurde.

Im Sinne der Anklage waren auch die Geisterbeschwörungen kein Staatsverbrechen, wenn sie damit auch den mystischen Neigungen des Königs Vorschub geleistet hatte, was man ihr in der neuen Zeit nicht mehr hoch anrechnete.

Wie auch immer: Es wurde alles konfisziert – der Schmuck, Möbel, die Häuser, die Güter und selbstverständlich die halbe Million.

Über Nacht fielen alle „Freunde" von ihr ab – wie solche Dinge eben immer gehen. Menschen, die sie einst emporgehoben hatte, die durch sie zu Rang und Namen und zu Ansehen gelangt waren, reihten sich ein in die große Schar ihrer stummen Ankläger, wie Graf Haugwitz und Graf Schulenburg-Kehnert. Noch im März 1798 wurde sie nach Glogau verbannt, wo sie sich aber mit einem Jahresgehalt von 4 000 Talern frei bewegen durfte.

In Berlin blieb ihr ein Haus in der Mohrenstraße. Das war alles. Aller übriger Besitz wurde beschlagnahmt und gemeinnützigen Zwecken zugeführt wie der Charité, die von der Enteignung Wilhelmines profitieren konnte.

Viel später, im Jahre 1811, schrieb König Friedrich Wilhelm III. am 28. Februar an den Geheimen Kabinettsrats Daniel Ludwig Albrecht: „Übereilt gehandelt damals, Sache übers Knie gebrochen." Wie wahr, denn nachzuweisen war der Gräfin eigentlich nichts. Wo stand denn geschrieben, daß die Anhäufung von Besitz in Preußen strafbar war, wenn man ihn redlich erworben hatte, oder wenn der Herrscher es so wollte?

In Glogau begann nun Wilhelmines zweites Leben, ohne Hofkreise

König Friedrich Wilhelm II. und die Gräfin Lichtenau. (Während sich der König an einer Blume erfreut, plündert Wilhelmine die Schatulle.)

und vornehme Gesellschaften, obwohl sie dort wieder durch ihr offenes Haus und ihre Ausstrahlung zum gesellschaftlichen Mittelpunkt wurde und sich mit Kunst und Literatur umgab. Auch allein bleiben wollte sie nicht, und so heiratete die damals fast 50jährige, mit königlicher Genehmigung natürlich, die ihr auch den Aufenthalt in Breslau gestattete, am 3. Mai 1802 den bekannten, allerdings 26 Jahre jüngeren Theaterdichter Franz Ignaz Holbein von Holbeinsberg, der sich als Schauspieler Fontano nannte. In den „Vertrauten Briefen" Friedrich von Cöllns liest sich das so: „Sobald diese Heirat erfolgt war, suchte der junge Gemahl bei jüngeren Frauen Befriedigung", so daß die Ehe bereits am 31. Januar 1806 wieder geschieden wurde. Ihr Herr Gemahl befand sich stets auf Reisen und kehrte schließlich gar nicht mehr zurück.

Karikatur auf die Gräfin Lichtenau und die Autoren der Spottschriften.

Auch Wilhelmine packte nun ihre Koffer und ging hauptsächlich wegen des Krieges von Breslau nach Wien. Nach dem Frieden von Tilsit 1807 kehrte sie zurück nach Breslau, wo sie gemeinsam mit dem Historiker Professor Johann Schummel eine Verteidigungsschrift gegen alle ihr gemachten Vorwürfe verfaßte, die 1808 bei Wilhelm Heinsius in Leipzig und Gera unter dem Titel „Apologie der Gräfin Lichtenau gegen die Beschuldigung mehrerer Schriftsteller. Von ihr selbst entworfen. Neben einer Auswahl von Briefen an sie" erschien. Nach dieser Apologie, die noch einmal für Aufsehen sorgte, wurde es still um sie.

1809 durfte sie mit königlicher Genehmigung endlich zurückkehren nach Berlin, wo sie zurückgezogen in ihrem Haus Unter den Linden lebte. Im selben Jahr erhielt sie eine Entschädigung für alle konfiszierten Häuser und Güter, hauptsächlich durch die Intervention Napoleons, an den sie sich hilfesuchend gewandt hatte. Napoleon hatte dem Preußenkönig gesagt, als der sich über den Gebietsverlust seines Landes beklagte, daß er sich eigentlich glücklich schätzen könne, denn er habe doch mehr als die Hälfte seines Landes behalten, die Gräfin Lichtenau dagegen nichts.

Grazie mit Hyänenkopf. Zeitgenössische Karikatur auf die Gräfin Lichtenau.

1811 reiste sie nach Paris, um dem Kaiser, dem sie auch vorgestellt wurde, für seine Fürsprache zu danken.

Während die Güter Lichtenau und Breitenwerder wieder in ihren Besitz übergingen, erhielt sie für Roßwiese eine Abfindungssumme.

Am 9. Juni 1820 starb die Gräfin Lichtenau in ihrem 68. Lebensjahr, angeblich an einer Leberkrankheit. Sie hatte ihre Tochter Marianne um sechs Jahre überlebt, ihren königlichen Freund um 23 Jahre. Ihr Erbe war Friedrich Wilhelm Rietz, der Verwalter ihrer Güter und überlebende Sohn ihres Scheingemahls Johannes Friedrich Rietz, mit dem sie angeblich nie unter einem Dach gelebt hatte. Rietz jr. starb im Jahre 1837.

Eine bemerkenswerte Frau, diese Gräfin Lichtenau, die wenig im

Rampenlicht des politischen Geschehens stand, wie es ihr doch von vielen Seiten in übler Weise nachgesagt worden war. Ihre Stärken lagen auf ganz anderem Gebiet. Niemand konnte dieser Frau das Wasser reichen, weder des Königs rechtmäßig angetraute noch seine Ehefrauen zur linken Hand, ganz zu schweigen von seinen vielen Geliebten. Sie vereinte in ihrer Person eigentlich viele Eigenschaften, die eine Frau liebenswert und anziehend machen: Sie war Geliebte und Mutter seiner Kinder und begründete die eigentliche Familie Friedrich Wilhelms, die er bei ihr suchte und fand. Sie war seine Lebensgefährtin und Vertraute, seine Beraterin und Freundin, der Ruhepol in seinem Leben.

Der ihr von vielen verliehene Beiname einer preußischen Pompadour in Anlehnung an die bekannten französischen Kurtisanen, an die Pompadour und die Dubarry, gebührt ihr nicht. Denn sie war weder raffiniert noch kalt berechnend und strebte nie nach Macht und Glanz. Auch standen die Geschenke ihres königlichen Gönners in keinem Verhältnis zu den Unsummen, die andere Potentaten für ihre Mätressen ausgaben. Natürlich schlug sie sie nicht aus. Wer hätte das schon getan? Eine preußische Pompadour jedoch ist Wilhelmine nie gewesen.

Die Gräfin Lichtenau war weder intrigant noch war sie korrupt oder leichtfertig. Sie war eine kluge, im Laufe ihres Lebens auch eine gebildete Frau, die das Leben liebte und das Vergnügen. Die ihr nachgesagte Eitelkeit teilte sie lediglich mit vielen Frauen. Sie ist von daher auch nicht sonderlich hervorhebenswert.

Nach Ansicht einiger älterer Historiker war Wilhelmine weder „schön noch geistvoll", doch habe das sinnliche Weib einen guten Geschmack für die Kunst gehabt. Immerhin, etwas Gutes ließ man doch an ihr. Als Schadow, so die Begründung, der Siegesgöttin auf dem Brandenburger Tor zunächst einen unbekleideten Rücken geben wollte, entschied Wilhelmine mit den Worten: „Jottfried, so jet det nich", daß Viktoria bekleidet werde.

Das Bild Wilhelmines wurde in der Geschichte, auch in der Literatur erheblich verzerrt. Romane und Filme haben bis in unsere Zeit hinein nicht unwesentlich dazu beigetragen.

Gewiß, nicht alle Züge an dieser Frau wirken sympathisch. In einer Beurteilung von heute muß man jedoch den Zeitabstand in Rechnung stellen. Mätressen gehörten damals sozusagen zum guten Ton. Mätresse eines Souveräns zu sein, war daher eher eine Auszeichnung als ein Makel. Wenn Wilhelmine schon in eine so bevorzugte Stellung aufstieg, wenngleich sie weit mehr als eine Mätresse war, verdient es unsere besondere Beachtung, daß sie den Thronfolger und König Zeit seines Lebens uneigennützig förderte und schützte. Mätressen dienten ansonsten lediglich der Befriedigung der Eitelkeiten und der Lust der Potentaten. Als Friedrich Wilhelm wieder Lust auf andere Frauen hatte, trennte er sich nicht von seiner Wilhelmine und sie sich nicht von ihm, wie es im allgemeinen üblich war. Die Beziehungen beider zueinander, die in ihren späteren Jahren eher ein geistig-seelisches Fundament bekamen, waren eng und innig. Der König war ohne diese Frau hilflos und noch unsicherer als sonst. Dennoch wirkt vieles auf uns auch abstoßend. Wenn Wilhelmine ihm seine Geliebten aussuchte und sich die Ergüsse über seine Liebeserlebnisse anhören mußte und auch anhörte, dann ist das jenseits der Grenzen des guten Geschmacks. Daß dieser König sich auch noch besonders christlich gebärdete, wirkt abstoßend, denn was er vorlebte, war Blasphemie. So sah ihn am Ende auch sein Volk – schlimm für das Herrscherhaus der Hohenzollern, mit dem die Menschen diesen sittenlosen König identifizierten. Dies alles ging einzig und allein vom König aus, nicht etwa von Wilhelmine, der man bestenfalls die Frage vorlegen kann, warum sie diese Demütigungen ertrug, denn Demütigungen sind es auch für sie gewesen. Die Antwort liegt in der Zeit begründet. Sie selbst hatte dem Prinzen und König, diesem erotischen Nimmersatt, einen Freibrief für alle seine Frauen gegeben, versprach ihm aber ihrerseits die Treue. Ob sie das buchstabengetreu gehalten hat, ist schwer zu sagen. Als sie in ihren jungen Tagen von 1766 bis 1767 in Paris weilte, war sie perfekt von dort zurückgekehrt und hatte nicht nur ihr Allgemeinwissen und ihre gesellschaftlichen Umgangsformen ergänzt, sondern auch in der Liebe dazugelernt. Man nahm das damals alles nicht so sehr genau. Von der Prüderie des 19. Jahrhunderts war man noch weit entfernt.

Für mich bleibt Wilhelmine Enke trotz ihrer Schwächen eine bemerkenswerte Frau, deren Einfluß auf den labilen und nicht sonderlich für ein so verantwortungsvolles Amt tauglichen König nicht hoch genug eingeschätzt werden kann. Wenn sie und die Rosenkreuzer auch unterschiedliche Wege gingen, so haben sie den König doch durchweg anständig beraten und eventuell Schlimmeres verhüten helfen. Nie hat sie ihre Macht mißbraucht.

Rechtmäßige und morganatische Ehen

Die Beziehung seines Neffen zu Wilhelmine war dem König natürlich nicht verborgen geblieben. Wie nicht anders zu erwarten, lehnte er sie ab, wenngleich er Wilhelmine den Ausländerinnen von Oper und Theater vorzog, da sie, was Staatsgeheimnisse anbelangte, harmloser einzuschätzen war. Dennoch schritt er ein und glaubte, die Lösung gefunden zu haben, wenn er Friedrich Wilhelm verheiratete – was ohnehin an der Zeit war, da der alternde König in ständiger Sorge um den Fortbestand der Hohenzollern-Dynastie lebte. Außerdem, so glaubte der König, würde die Ehe Friedrich Wilhelm zwangsläufig den Armen Wilhelmines entreißen. Die Wahl der Braut behielt sich der Onkel selbst vor. Der Thronfolger bekam den Befehl, seine Cousine Elisabeth zu heiraten, eine Tochter der königlichen Schwester Philippine Charlotte und des Herzogs Carl von Braunschweig-Wolfenbüttel. Die junge Dame war hübsch, geistreich und lebhaft, und sie gefiel dem König, nicht so sehr jedoch dem Bräutigam, der nur für Wilhelmine Augen hatte. Friedrich stellte seinem Neffen nach der Heirat alle Annehmlichkeiten des Lebens in Aussicht, machte ihm aber unmißverständlich klar, daß es eine Mätresse für ihn nicht geben werde.

Was blieb dem Prinzen übrig? So wurde dann am 14. Juli 1765 im Schloß Charlottenburg geheiratet, aber Wilhelmine blieb.

Zwei Jahre nach der Hochzeit, am 17. Mai 1767, kam im Hause des Thronfolgers ein Kind zur Welt, eine Tochter, die auf den Namen Friederike getauft wurde. Daß Friedrich Wilhelms Ehefrau ihren Gemahl nicht von seiner Geliebten abzuziehen vermochte, hatte die Prinzessin längst erfahren. Aber in einem Punkte irrten Ehemann und Onkel: Die hübsche junge Prinzessin dachte nicht daran, die eheliche Untreue ihres Gemahls tatenlos hinzunehmen – sie hielt es wie ihr Mann und sich im Kreise junger Gardeoffiziere schadlos. Das allerdings war sittenwidrig, denn die Gemahlin eines Thronfolgers hatte schon allein wegen der Legitimität des männlichen Nachwuchses treu zu sein. Diese Frau wurde viel beredet, und die königlichen Brüder, Prinz Heinrich und Prinz Ferdinand, erklärten in aller Offenheit, daß sie beide nicht zugunsten irgendeines Bastards auf den Thron verzichten würden.

Am 24. Januar 1769, dem Tag des alljährlichen Gala-Geburtstagsballs des Königs, den traditionsgemäß sein Bruder, Prinz Heinrich, ausrichtete, entdeckte man dem Thronfolger die amourösen Abenteuer sei-

Elisabeth Prinzessin von Preußen – des Thronfolgers erste Frau.

ner Frau, der sofort auf Scheidung drängte. Der König kam in arge Bedrängnis und mußte nolens volens den gordischen Knoten wieder zerschlagen, den er selbst geknüpft hatte. Auf seine Anordnung wurde die Ehe des Neffen am 18. April 1769 geschieden. Der Kommentar der Prinzessin zum Verlust ihres Gemahls konnte eindeutiger nicht sein: „Ich will lieber trockenes Brot essen als länger mit meinem dicken Tölpel leben."

Sie wurde nun vom Hof entfernt, nach Küstrin verbannt und starb im hohen Alter von 94 Jahren 1840 in Stettin. Für Wilhelmine war die Scheidung ein Erfolg, weil der König sie nun als Mätresse seines Neffen duldete.

Ein Vierteljahr nach der Scheidung wurde der Thronfolger am 14. Juli 1769 ein zweites Mal verheiratet. Diesmal traf es die blasse und angeblich unansehnliche Prinzessin Friederike Luise von Hessen-Darmstadt, die Graf Schulenburg empfohlen hatte. Offenbar bemühte sich der Thronfolger aber um seine neue Frau, wofür die sechs Kinder sprechen, die aus dieser Verbindung hervorgingen. Während Wilhelmine 1770 ihre erste Tochter zur Welt brachte, wurde fast zeitgleich am 3. August desselben Jahres Friedrich Wilhelms gleichnamiger Sohn und Thronfolger geboren, zur Freude des alternden Königs in Sanssouci, der wiederum die Erziehung des künftigen Kronprinzen übernahm, das allerdings weniger zur Freude seiner Eltern. Während Friedrich der Große den jungen Prinzen im Geist des Rationalismus und der Aufklärung erziehen wollte, ging es dem Thronfolger-Vater um eine christlich-kirchliche Erziehung. Schnell geriet der Prinz zwischen diese beiden Pole. Wie sich doch alles wiederholte – denn der Thronfolger hatte in seiner Kindheit auch zwischen Vater und dem königlichen Onkel gestanden. Jetzt wurde eine unbedeutende Persönlichkeit als Hofmeister bestellt, ein Generalleutnant von Backhoff, während die Erziehung einem Geheimrat Behnisch übertragen wurde, ein eher unbedeutender, finsterer Mann. In dieser Umgebung konnten sich Selbstvertrauen und Selbstbewußtsein des kleinen Prinzen schwer entwickeln.

Friedrich Wilhelms Gemahlin, Prinzessin Friederike, muß eine merkwürdige Person gewesen sein, die ihren Mann förmlich in die Arme anderer Frauen trieb, wenn alles stimmt, was über diese Frau zu lesen ist. Der preußische Generalleutnant Friedrich August Ludwig von der Marwitz schrieb über die Verbindung: „Daß der König mit seiner Gemahlin so gut zu leben trachtete, wie es möglich war, bewiesen die sechs Kinder, die er mit ihr gezeugt hatte." Das ist wohl wahr. Aber nach diesen Kindern versagte die spätere Königin ihrem Mann die eheliche Gemeinschaft, weil man ihr eingeredet hatte, daß eine weitere Schwangerschaft tödlich enden würde. An sich war das ein Grund zur Scheidung, die sich Friedrich Wilhelm aber wegen des europäischen Hofklatsches nicht mehr leisten wollte. Er wählte einen anderen Weg. Einmal tolerierte seine Frau die Beziehung zu Madame Rietz unter der Bedingung, daß er für ihre Schulden geradestand. Zum anderen ließ sich schließlich auch ein zweites Mal heiraten, ohne die rechtmäßige Ehe lösen zu müssen. Eine morganatische Ehe war eine legitime nicht ebenbürtige Verbindung oder eine Ehe zur linken Hand, wie man es nannte.

Königin Friederike Luise – die zweite Frau Friedrich Wilhelms II.

Die Königin nahm es hin, daß ihr Gemahl seine Liebe anderen Frauen schenkte. In seinen beiden zur linken Hand angetrauten Hofdamen Julie (eigentlich: Elisabeth Amalie) von Voß und Gräfin Sophie Juliane Friederike Dönhoff sah sie keine Nebenbuhlerinnen, die ihr die Liebe ihres Mannes geraubt hatten, da sie ihm das nicht geben konnte oder wollte, was er begehrte. Für sie waren die dem König zur linken Hand angetrauten Ehefrauen nichts weiter als Mätressen. Sie aber blieb die Königin.

Ob der nachstehende Bericht, den uns ebenfalls Herr von der Marwitz hinterließ, glaubwürdig ist, läßt sich schwer sagen. Wahrscheinlich ist er auch eine Rechtfertigung für den König, „der vielfach der rohesten und ausschweifendsten Sinnlichkeit" beschuldigt wurde. Von der Marwitz schrieb: „Die Königin war eine höchst seltsame Person. Sie sah Gespenster und Geister, schlief bei Tage, wachte bei Nacht, hatte immer zu große Hitze, so daß sie nachts im Sommer und Winter im Hemde am offenen Fenster saß; wurde vor der Zeit häßlich und krumm, so daß sie

78

sich, erst einige 40 Jahre alt, schon den Kopf mit der Hand in die Höhe halten mußte, wenn sie jemanden ansehen wollte. Kurz, sie war ein unangenehmes Frauenzimmer, von niemand geliebt."

Leichtfertig sei Friedrich Wilhelm angeblich seine morganatischen Ehen nicht eingegangen, denn schließlich habe seine rechtmäßige Ehe im eigentlichen Sinne nicht mehr bestanden. So jedenfalls rechtfertigte Margarete Baumann das Handeln des Königs. Gegen jeden Anflug von Leichtfertigkeit spräche außerdem die Tatsache, daß er sich jedesmal von Geistlichen Gutachten einholte. Ich weiß nicht, ob geistliche Gutachten die Sache besser machten.

Weil der König in Glaubenssachen im allgemeinen keinen Spaß verstand, legte er in dieser delikaten Angelegenheit geradezu penibel Wert auf das Wort der Geistlichkeit und glaubte tatsächlich, sein Gewissen damit entlasten zu können.

Seine erste Angebetete war Julie von Voß, deren Tagebuch den gesamten Verlauf der Eheanbahnung und Ehevollziehung spiegelt. Warum der König Fräulein von Voß begehrte, wird nicht recht klar, wenn man zeitgenössische Beschreibungen ansieht. Mirabeau sah diese Dame so: „Fräulein Voß besitzt einen gewissen natürlichen Verstand und einige Bildung, aber eher Manien als Willensäußerungen, sie bemüht sich, ihr sehr hervorstechendes linkisches Wesen durch den Anschein von Naivität zu verbessern. Sie ist häßlich in hohem Grade, Grazie hat sie nicht, sie hat nur den Teint des Landes . . . Sie besitzt eine schöne Büste. Ihre Vestalinnenstrenge hat den König verführt. Sie findet es lächerlich, eine Deutsche zu sein, spricht etwas englisch und ist eine Anglomanin, welche meint, es gehöre nicht zum guten Tone, die Franzosen zu lieben."

Natürlich ist die Schilderung mit Vorsicht zu genießen wie alles, was aus der Feder dieses Mannes kam.

Aber auch Dampmartin fand die junge Dame nicht besonders hübsch, sanft und anständig dagegen wohl.

Julie von Voß machte ihre Entscheidung – wie der König – ebenfalls von geistlichen Gutachten abhängig, die nun alles andere als homogen ausfielen. Während einige Theologen sich auf den Standpunkt zurückzogen, daß eine Ehescheidung in der protestantischen Kirche Angelegenheit der Justiz und nicht der Religion sei, da die Ehe seit Luther nicht zu den Sakramenten gehöre, vertraten andere die Ansicht, daß es zwar Sünde sei, zwei Frauen zu haben, juristisch aber wohl nichts dagegen spräche. Von einer Scheidung Friedrich Wilhelms konnte jedoch keine

Rede sein. Einige Gutachter setzten sie voraus, andere erwarteten diese Trennung. Wozu bedurfte es für den Fall eines Gutachtens?

Auch aus der Familie der „Braut" kamen Widerstände, besonders von ihrer Schwägerin, der Ehefrau ihres Bruders, des späteren Staatsministers Otto Carl Friedrich von Voß. Am 31. Oktober 1786 lautet ihre Tagebucheintragung: „Sie (die Schwägerin – d. A.) sagt, es sei unrecht, eine Sünde. Und wenn ich auch nicht dieser Meinung bin, ich kann irren, und das wird meinen Gram noch vermehren." Der König drängte, sie aber schwankte und schrieb am 1. November 1786: „Solange die Meinungen so voneinander abweichen, kann ich mich nicht entschließen." Ihr Bruder vertrat die Ansicht, „wenn die Königin darin einwillige, (daß) er hier kein Unrecht, keine Sünde sehen könne." Dieser Brief ihres Bruders war für sie wie eine Erlösung, eine Ermunterung zum Handeln, denn jetzt schien sie zum letzten Schritt entschlossen. Allerdings knüpfte sie drei Bedingungen an den Vollzug der Ehe mit dem verheirateten Mann. Auf die Einwilligung der Königin wollte sie nicht verzichten, die auch in den darauffolgenden Tagen eingetroffen sein muß, allerdings ohne Datum und Unterschrift. War diese Einwilligung also echt? Weiterhin machte sie ihr Ja-Wort davon abhängig, daß sich der König zur linken Hand trauen ließ und sich damit zu ihr bekannte. Und schließlich verlangte sie für ihre „Kapitulation" nach dreijährigem intensiven Werben Friedrich Wilhelms, daß dieser Madame Rietz mit ihren Kindern nach Litauen schickte. Die letzte Bedingung lehnte der König rundweg ab, was für ihn spricht.

Die Königin hatte übrigens an ihre Einwilligung erneut die Bedingung geknüpft, daß ihr Herr Gemahl ihre Schulden tilge, was geschah. Außerdem hoffte sie, daß beide, sie und die Voß, die Rietz endlich entfernen könnten, was nicht geschah. Der Weg ins Eheglück schien nun geebnet. Aber wieder wurde die heiß Umworbene unsicher, zumal ihr Bruder eben doch lavierte und keine Flagge zeigte. Die erhoffte Stütze war er ihr nicht, wenn sie am 14. November 1786 ihrem Tagebuch anvertrauen mußte: „. . . er findet nicht, daß es ein Verbrechen oder Unrecht wäre, aber er sagt, ich wäre seine Mätresse und nicht seine Frau, und mein Ruf sei verloren . . . Meine Schwester (gemeint ist ihre Schwägerin – d. A.) ist ganz dagegen, tadelt es, findet es verwerflich und unrecht."

Noch einmal wurde der Oberhofprediger Friedrich Samuel Gottfried Sack konsultiert, obwohl der sich längst salomonisch aus der Schlinge gezogen hatte. So wurde dann schließlich die Meinung des greisen

Johann Joachim Spalding eingeholt, Propst an St. Nikolai und Mitglied des Oberkonsistoriums, dessen aufrichtige Frömmigkeit über jeden Zweifel erhaben war. Am 22. November 1786 traf Spaldings Antwort ein, die Fräulein von Voß ihrem Tagebuch so anvertraute: „Er sagte, er glaube, ich würde kein Unrecht tun . . . weil ich nicht die Ursache zur Scheidung des Königs wäre." Aber der König war nicht und wurde nie geschieden. Gingen alle Gutachter bewußt von falschen Voraussetzungen aus, um ihr eigenes Gewissen zu entlasten? Ein geschiedener König konnte heiraten, wen er wollte. Worin lag eigentlich das Problem für die Gutachter, wenn der König als Oberster Richter die Scheidung vollzogen hatte? Mochten die Eheleute auch getrennt leben, eine wirkliche Scheidung jedoch hat niemals stattgefunden.

Später entstand sogar die Legende (die sich teilweise bis heute hält), das Oberkonsistorium hätte seine Zustimmung zu dieser Nebenehe gegeben. Angeblich habe es sich in seinem Urteil auf Luther und Melanchthon berufen, die ebenfalls die Doppelehe des Landgrafen Philipp von Hessen abgesegnet hätten, was übrigens stimmt. Hier trieb die Phantasie der Historiker und Biographen Blüten. Das Oberkonsistorium wurde fälschlich mit der Tatsache identifiziert, daß in dieser Sache zwei Konsistorialräte um ihre Meinung befragt worden waren, mehr nicht. Ein Mitglied des Oberkonsistoriums war Spalding, der 1788 nach dem Religionsedikt all seine Ämter niederlegte. Spaldings Antwort wurde nun dem König übersandt. „Ich unterwerfe mich meinem Schicksal" – so der Kommentar im Tagebuch der Julie von Voß.

Der König wandte sich daraufhin an den Hofprediger Johann Friedrich Zöllner, der die Trauung dann vollzog, im übrigen auch die nächste. Wohl scheint ihm dabei nicht gewesen zu sein, denn im November hatte Woellner bereits in dieser Angelegenheit eine erste Anfrage an ihn gerichtet, die Zöllner so beantwortete: „Was meinen zu fassenden Entschluß betrifft, so glaube ich, verpflichtet zu sein, die Trauungshandlung vorzunehmen, sobald ich Sr. Kgl. Majestät allerhöchsten Befehl erhalte. Nach den Begriffen der protestantischen Kirche ist allerdings, wie es in der mir vorgelesenen Schrift heißt, die Ehe ein bürgerlicher Kontrakt, über dessen Beschaffenheit und Gültigkeit der kopulierende Prediger nicht zu urteilen hat, sondern worüber er sich in den gewöhnlichen Fällen bloß an die vorhandenen Gesetze halten muß. Die Bedingungen und Folgen des gegenwärtigen Falles kann nur Se. Majestät allerhöchstselbst beurteilen und darüber entscheiden . . ."

Am 26. Mai 1787 hat Zöllner, nach Fontane damals noch Diakon an St. Marien, das Verhältnis in der Charlottenburger Schloßkapelle wie eine Ehe eingesegnet.

Zöllner zog sich später aus der Schlinge, lud alle Verantwortung auf den König und ließ von dem geistlichen Charakter einer Trauung kaum etwas übrig. Für ihn war die Ehe, wie seinem frühen Brief an Woellner unschwer zu entnehmen ist, nichts als ein bürgerlicher Kontrakt, im übrigen rein sachlich richtig. Er selbst war längst zum Staatsbeamten geworden und nahm die Trauungshandlung auf Befehl Sr. Majestät vor. Letzten Endes war aber alles doch nicht so normal und selbstverständlich, wie die Beteiligten es hinstellen wollten. Denn warum fand die Trauung mehr oder weniger klammheimlich und ohne Trauzeugen statt? Fräulein von Voß war für die Welt nichts als die königliche Mätresse. Ihr Bruder hatte nicht geirrt, ebensowenig die Königin.

Was dort geschehen ist, pflegt man gemeinhin als Bigamie zu bezeichnen. Das läßt sich auch theologisch nicht verharmlosen oder beschönigen, auch wenn es juristisch legal war. Die Gutachter hätten sich und ihrer Kirche einen besseren Gefallen getan, Flagge zu zeigen, und zwar gegen dieses unwürdige Ansinnen des Königs. Auch Zöllner hätte dieses frivole Spiel des Königs nicht absegnen dürfen. Rückendeckung hätte er genug gefunden, nicht zuletzt bei Woellner und Bischoffwerder, wie bei den Rosenkreuzern überhaupt.

1787 erhob der König seine Gemahlin zur linken Hand in den Grafenstand – sie nannte sich nun Gräfin Ingenheim. Ihr Bruder, Otto Carl Friedrich von Voß, wurde Staatsminister.

Die Vetternwirtschaft funktionierte bei ihr ebenso wie später bei ihrer Nachfolgerin, der Gräfin Dönhoff, und wie sie längst bei Wilhelmine funktioniert hatte.

In den Akten des Geheimen Staatsarchivs Preussischer Kulturbesitz findet man folgende Notiz:

„Mit der Gräfin von Voß einer Schwester des Staatsministers v. Voß (Wilhelm St. No 78)
Sie erhielt den Tittel: Gräfin Ingenheim
gest. 25 März 1789 u ward auf dem Guthe ihres Bruders des . . . v Voß den Dorfe Buch ohnweit Berlin begraben.
1.) Einen Sohn n. 2 Jan: 1789, er erhielt die Nahmen Adolph Moritz Fried: Wilh. Graf von Preußen. Er lebt noch und wohnt im Voßischen Hause (Wilhelm Str. N 78) u ist königl. Kammerherr.

Kirche in Berlin-Buch, in der die Gräfin Ingenheim beigesetzt wurde.

N3 im Staatshandbuch von 1820 steht er in der Kammerherren-
liste mit den Vornahmen Gustav Adolph."

Das Ende der Voß oder Ingenheim war tragisch. Nach der Geburt ihres
Sohnes, des Grafen von Ingenheim, am 2. Januar 1789 sollte sie sich
nicht wieder erholen. Eine schwere Krankheit warf sie nieder. Die junge
Gräfin litt an der Schwindsucht. Der König, der sie einst so stürmisch
umworben hatte, vermied es, sie ferner zu besuchen. Ihn zog es jetzt
zurück zu seiner Wilhelmine. Am 25. März 1789 starb die Gräfin
Ingenheim, erst 23 Jahre alt. Der Hofklatsch wußte zu berichten, daß
Wilhelmine nachgeholfen habe und die Gräfin vergiftet wurde, angeb-
lich mit einem Glas Limonade während einer Opernaufführung. Das
Gerücht wurde dadurch noch genährt, daß der Leichnam, der im
Erbbegräbnis der Familie von Voß in der Kirche in Buch beigesetzt wur-
de, gegen alle Naturgesetze nicht verwesen wollte. Dem aber trat der
König entgegen und ordnete die Obduktion an. Gift fand man nicht,
wohl aber nach der Beschreibung eine durch Tuberkulose zerstörte
Lunge. In den Akten des Geheimen Staatsarchivs liest sich das so:

„den 25n Maerz 1789 gestorben die Gräfin Ingenheim geborene v
Vohs auf dem Schloße zu Berlin (Abends 9 Uhr) Bei der Öffnung

Sophie Gräfin Dönhoff – Friedrich Wilhelms zweite Frau zur linken Hand.

fand man das Gerücht als sei sie vergiftet worden widerlegt – Eine
Menge Geschwüre in der Lunge waren die Ursach ihres Todes . . .
unter Aufsicht der Regiments Aerzte Doctor, u des Dr. Rasch und
in Beisein des Gen: Chir: Theden und einer Kammerfrau die
Befehl hatte dahin zu sehn daß der Körper nicht mehr als noth-
wendig entblößt ward – die Leiche ward nach Buch gebracht und
daselbst mitten in der Kirche begraben im Beisein ihres Bruders
des Präsident v Vohs."
Ein Jahr nach dem Tode seiner ersten Frau zur linken Hand war Friedrich
Wilhelm abermals zur linken Hand verheiratet. Darüber findet sich in
den Akten des Geheimen Staatsarchivs folgende Notiz:
„Wie die Sage ging soll sich F. W. II vom 9^n April 1790 (recte: 11.
April – d. A.) die Gräfin Donhof an die linke Hand haben antrauen
lassen."
Diesmal wurden weder Gutachter noch Luther oder Melanchthon bemüht. Allmählich bekam man Routine. Und zur Rechtfertigung reichte
schließlich der folgende Brief von königlicher Hand: „Ich lebe getrennt
von der Königin. Ich bin Witwer von Madame Ingenheim. Ich biete
Ihnen mein Herz und meine Hand." Dieser Brief galt der 21jährigen
Hofdame der Königin, der Gräfin Sophie Dönhoff, einer prächtigen

Blondine, die ihn wegen ihrer Schönheit in seinen Bann zog. Oberst Dampmartin sah die junge Gräfin so: „Die Komtesse Dönhoff blendet durch jenes gefährliche Zusammenspiel von Reizen, Liebenswürdigkeit, Kapricen und Launen, welche die Leidenschaft noch mehr entflammen. . . . Die Gräfin maßte sich als Gemahlin des Königs auch an, als Souveränin zu sprechen. Aber der König liebte es weit mehr, sein Vergnügen durch Nachgiebigkeit zu erlangen, als sich in ermüdende Dispute einzulassen. Die Augen der Königin füllten sich mit Tränen, wenn sie der sanften Ingenheim gedachte . . ."

Außerdem spielte die Dönhoff vortrefflich Pianoforte und verfügte über eine schöne Singstimme. Sie stellte dieselben Bedingungen, die ihre Vorgängerin einst erhoben hatte: Absegnung des morganatischen Ehebundes durch die Königin und Trauung durch den Hofprediger. Am 11. April 1791 wurde die zweite Ehe zur linken Hand durch Zöllner in der Schloßkapelle zu Charlottenburg eingesegnet. Der König verlieh seiner neuen Gemahlin den Titel Gräfin von Brandenburg.

Unter der Rubrik „Natürliche Kinder Fr.: Wilh: II" ist in den Akten des Geheimen Staatsarchivs nachzulesen:

„Mit der Gräfin Dönhoff . . .

1. ein Sohn n: (24. Januar 1792 – d. A.) Graf Wilhelm von Brandenburg (: er steht 1826 als Oberst bei dem Garde du Corps:) vermählt

2. eine Tochter Julie Grafin v. Brandenburg. n. 4. Jan: 1793. Vermählt d. 20 May 1816 an den Fürsten von Anhalt Pleß; nachherig regierenden Fürsten von Anhalt Cöthen. Beide traten 1826 zur Kathol. Religion über."

Die hübsche Gräfin hatte einen großen Fehler. Sie mischte sich in die Politik ein und gab Ratschläge, um die der König sie nicht gebeten hatte, auch wenn sie klug waren. Sie warnte ihn vor der Campagne in Frankreich, die ja auch jämmerlich genug verlief. 1792 richtete sie folgenden imperatorischen Brief an ihren Gemahl zur linken Hand: „Ich gebe Sie ganz auf, wenn Sie sich mit solchem Leichtsinn in ein so gewichtiges und schweres Unterfangen einlassen. Entweder müssen Sie an der Spitze von 200 000 Preußen und 250 000 Österreichern marschieren oder auf jede Hoffnung des Sieges verzichten. Mit einer Handvoll Leute werden Sie nur Ihr Leben aufs Spiel setzen und Ihre Ehre bloßstellen. Sie werden von den Grenzen zurückgeschlagen werden. Ihre ritterliche Laune macht Sie zu einem Don Quichotte, der ebenfalls Berg und Tal durchzog, um überall das Recht wieder herzustellen, sich auf alles stürzte, was ihm in den Weg kam und losschlug, ohne auf die Anzahl und Stärke seiner Gegner Rücksicht zu nehmen." Sie war zu weit gegangen, denn diesen Brief nahm ihr der König übel. In den „Vertrauten Briefen" des Kriegsrats von Cölln liest sich das so: „Sie hatte nicht Verstand genug, den König zu fesseln und ließ sich, durch einige Schwärmer verführt, einfallen, sich in Staatsgeschäfte mischen zu wollen."

Briefe wie dieser und ähnlich geartete Äußerungen brachten der Gräfin den Ruf einer Sympathisantin mit den französischen Republikanern ein. Selbst von den Jakobinern habe sie sich bestechen lassen. Natürlich war alles aus der Luft gegriffen, traf aber bei dem königlichen Gemahl auf offene Ohren.

Am 24. Januar 1792 gebar sie ihrem Manne einen Sohn, der den Namen Wilhelm Graf von Brandenburg erhielt und am 14. Februar getauft wurde.

Am 30. Mai 1792 reiste die Gräfin unvermutet in die Schweiz, gesegneten Leibes, wie es hieß. Am 4. Januar 1793 brachte sie dort eine Tochter zur Welt, die auf den Namen Julie Gräfin von Brandenburg getauft wurde.

Die Gräfin war also nicht zu ihrer Erholung in die Schweiz gereist. Es war zugleich der drastische Bruch mit ihrem Herrn Gemahl, auch wenn sie wiederkommen sollte. Ihre Rückkehr, die sie bewußt als Überraschung inszenierte, glich einem Paukenschlag. Am Abend des 19. November 1793 traf sie gegen 19 Uhr im Neuen Garten in Potsdam ein. Während der König gerade im Musiksaal des Marmorpalais ein Konzert gab, stieß seine Gemahlin zur linken Hand die Flügeltüren auf und stürzte mit aufgelöstem Haar auf den König zu, dem sie den in Leinen gewickelten Säugling mit folgenden Worten vor die Füße legte: „Hier, nehmen Sie Ihr Eigentum zurück." Der König, Herr solcher Szenen, stand auf und sagte gelassen: „Versorgen". Das war der letzte Auftritt der Gräfin Dönhoff. Beide Kinder wurden ihr abgenommen und im Neuen Garten erzogen. Die Aufsicht erhielt, wie kaum anders zu erwarten, wiederum Wilhelmine. Die leibliche Mutter aber wurde endgültig vom Hof entfernt. Mit einer Pension von 8 000 Talern lebte sie hinfort in Angermünde in der Uckermark und starb im Jahre 1834 auf ihren Gütern bei Werneuchen.

Nach diesem Bruch mit seiner zweiten Frau zur linken Hand war

Wilhelmine wiederum zur Topfavoritin des Königs aufgestiegen. Ihr Einfluß erstreckte sich auf alles, denn sie beherrschte den König ziemlich unumschränkt.

Weitere morganatische Ehen fanden nicht mehr statt, wenngleich der König nicht viel später der Mainzer Bankierstochter Sophie Bethmann noch einmal eine Ehe zur linken Hand anbot, hier aber einen Korb erhielt.

Man kann wohl nicht davon ausgehen, daß Läuterung und christliche Moral, zumindest aber Erfahrung weitere Nebenehen verhinderten. Vielmehr war es der Gesundheitszustand des Königs, der 1793 schon teilweise bedenklich war.

Daß morganatische Ehen, das heißt nicht ebenbürtige eheliche Verbindungen zwischen zwei Partnern ungleichen Standes rechtens waren, war im „Allgemeinen Landrecht für die Preußischen Staaten" verankert. Das PrALR lag 1791 vor, trat aber erst nach entsprechender Überarbeitung, die der König verlangte, am 1. Juni im Jahre 1794 in Kraft.

Allein mehr als einhundert Paragraphen behandeln Ehen zur linken Hand. Im 9. Abschnitt des Gesetzbuches finden wir folgende Festlegung:
„§ 835 Ehen zur linken Hand sind solche, die von Personen ungleichen Standes, bloß nach den in diesem Abschnitt enthaltenen bürgerlichen Gesetzen eingegangen werden.

§ 836 Ehen zur linken Hand können nur Mannspersonen von Adel oder solche schließen, die in Königlichen Diensten einen Rats- oder demselben gleichkommenden Charakter erlangt haben.

§ 841 Alles, was zur Schließung einer vollgültigen Ehe gehört, wird auch bei der Ehe zur linken Hand erfordert."
In juristischer Sicht bewegte sich der König also auf dem Boden des Gesetzes, auch wenn das mit Moral nach christlichem Verständnis alles nichts zu tun hatte. Es soll aber nicht verschwiegen werden, daß der König diesbezüglich keineswegs ein Unikat war. Auch Graf Friedrich von Anhalt, dem Friedrich Wilhelm in jungen Jahren die Bekanntschaft mit Wilhelmine verdankte, war ein Sohn aus morganatischer Ehe. Aber Friedrich Wilhelm war eben König und als solcher nicht nur Oberster Kriegsherr, Richter und Summus episcopus, sondern auch als Landesvater Vorbild für sein Volk – zumindest sollte er das sein.

König Friedrich Wilhelm III., der aus verständlichen Gründen vieles an seinem Vater haßte, regte eine Umgestaltung des Landrechts an, wobei die Schließung einer Ehe zur linken Hand in der Neuen Ausgabe von 1806 erheblich erschwert, aber nicht verboten wurde, wie folgende Paragraphen zeigen:

„§ 836 Dergleichen Ehen sind in der Regel nicht zulässig; vielmehr erfordern sie allemal, wenn sie Statt finden sollen, die unmittelbare Landesherrliche Erlaubnis.

§ 859 Zu diesem Kontrakte müssen sie sich vor dem Gerichte oder einem Commissario desselben persönlich bekennen und die Festhaltung durch Handschlag angeloben.

§ 860 Nach dieser geschehenen Verlautbarung muß die Ehe durch die wirkliche Trauung an die linke Hand vollzogen werden."

Der Rosenkreuzerorden

Die Entstehungsgeschichte des Rosenkreuzerordens ist bis heute rätselhaft geblieben, und dennoch waren die Rosenkreuzer jeweils zu ihrer Zeit eine Gesellschaft mit unterschiedlicher geistesgeschichtlicher Bedeutung, deren Wurzeln möglicherweise bis ins Altertum zurückgehen.

Daß die Gold- und Rosenkreuzer, eine Geheimgesellschaft des 18. Jahrhunderts, im Preußen Friedrich Wilhelms II. die politische Richtung nach innen wie nach außen bestimmt haben sollen, ist immer wieder behauptet worden. Von Paul Bailleu wurde der Tag des Eintritts Friedrich Wilhelms in diesen Orden, dessen geheimnisvolle Organisation bis heute nicht enträtselt werden konnte, dann auch als *dies ater* (schwarzer Tag) für Preußen bezeichnet. Diese Charakterisierung ist nicht nur ein ziemlich vernichtendes Urteil für den König, sondern auch für den Orden, dem er angehörte. Wir kommen darauf zurück.

Zunächst wollen wir versuchen, uns ein Bild von diesem Orden zu verschaffen, von seiner Herkunft, seinen Inhalten und seinen Zielen. Das allein fällt schwer genug, da, abgesehen von den insgesamt dürftigen Quellen, die erst Anfang des 17. Jahrhunderts nachweisbar sind, auch Widersprüchliches zu lesen ist.

Der Orden erlebte im Verlaufe seiner etwa 500jährigen Geschichte, falls seine legendären Geheimgesellschaften nicht uralte Traditionen haben, mehrere Blütezeiten, um immer wieder in der Versenkung zu verschwinden. Alchimistisch, mystisch, religiös im Sinne des Urchristentums waren seine Inhalte eigentlich immer, auch wenn die Schwerpunkte nach jeder Ordensrenaissance neu gesetzt wurden. Gleichbleibend ist die Frage nach den Zusammenhängen zwischen Gott, Mensch und Kosmos.

Die Rosenkreuzer lassen sich in vier zeitlich voneinander zu trennende Geheimgesellschaften einteilen mit inhaltlich variierenden Schwerpunkten, wohl aber unter ähnlichem Namen und unter gleichbleibender Berufung auf die gemeinsame Geschichte.

Die *ersten* Rosenkreuzer, nach ihrem legendären Stifter Christian Rosencreutz (1378–1484) benannt, waren eine in sich geschlossene Bruderschaft, die die Kirche zum Urchristentum zurückführen wollte und sich der menschlichen Wohlfahrt in Staat und Gesellschaft verschrieben hatte. Christian Rosencreutz, angeblich adliger Herkunft, soll eine Wallfahrt nach dem Heiligen Grab, also nach Jerusalem, unternommen haben, auf seiner Reise in die Weisheit und die Naturerkenntnisse der Araber eingeweiht worden sein. Nach einem Aufenthalt in Ägypten kehrte er über Spanien zurück nach Deutschland und gründete mit sieben vertrauten Freunden jene Bruderschaft, die seinen Namen trug. Mit seinen alchimistischen Adepten versuchte er sich in der Kunst des Goldmachens und hinterließ vor allem ein Weisheitsbuch, auf das sich die Gold- und Rosenkreuzer des 18. Jahrhunderts, also der Geheimbund, dem Friedrich Wilhelm angehörte, nicht nur beriefen, sondern von dem sie auch vorgaben, es zu besitzen.

Während unstrittig zu sein scheint, daß Frater Rosencreutz gelebt hat und mit seinen Gesinnungsgenossen eine Darstellung der „heimlichen und offenbaren Philosophie" verfaßte, dürften alle anderen ihm nachgesagten Taten bis auf die Heilung Kranker in den Bereich der Sage oder der Legende gehören.

Ich möchte dennoch ein wenig bei diesen *ersten* Rosenkreuzern verweilen, weil ihre Geburtsstunde womöglich doch erst in das Jahr 1614 fällt. In diesem Jahr erschien nämlich in Kassel ein ganz merkwürdiges Büchlein, das unter insgesamt drei Schriften als erste die „Fama Fraternitatis oder Entdeckung der Bruderschaft des löblichen Ordens des R(osen) C(reutzes) an die Häupter, Stände und Gelehrten in Europa" enthielt, als deren Verfasser der Tübinger Theologe Johann Valentin Andreä gilt. Die „Fama" ist eine Ankündigung, ein Ruf zur allgemeinen Reformation des Lebens und der Wissenschaft. Ein Jahr später erschien von Andreä in Frankfurt die „Confessio Fraternitatis R. C. ad Eruditos Euro-

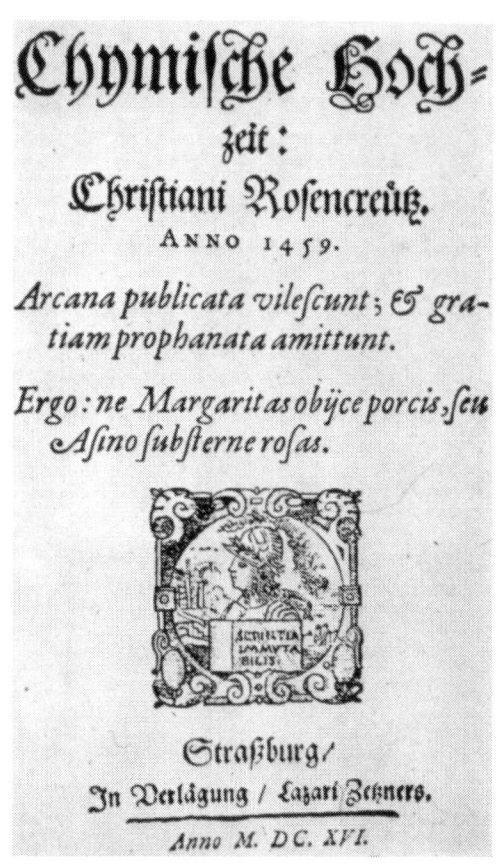

**Chymische Hoch-
zeit:**
Christiani Rosencreütz.
ANNO 1459.

*Arcana publicata vilescunt; & gra-
tiam prophanata amittunt.*

*Ergo: ne Margaritas obijce porcis, seu
Asino substerne rosas.*

Straßburg/
In Verlägung / Lazari Zetzners.
Anno M. DC. XVI.

Titelblatt der Erstausgabe der „Chymischen Hochzeit...".

pae", die besonders den Zustand der Philosophie anklagte, da diese „ganz krank und mangelhaft" sei. Auch wird die „Öffnung und Mehrung der Bruderschaft" gefordert und dazu aufgerufen, daß die „Posaune mit hellem Schall und großem Geschrei öffentlich erschallen" möge, um ebenfalls den „Nicht-Gelehrten" den Weg in die Bruderschaft zu öffnen. Der Kampf gegen das Papsttum, das in Deutschland bereits entthront sei, müsse mit Entschlossenheit zu Ende geführt werden. Die „Confessio" ist ein Bekenntnis zur Überlegenheit der Heiligen Schrift, wenn sie auch apokalyptische Züge trägt. Mit der 1616 in Straßburg herausgegebenen „Chymische(n) Hochzeit: Christiani Rosencreutz Anno 1459", eine Be-

90

zeichnung, die sich von dem bekannten Bild aus der christlichen Mystik von der Seele als der Braut Christi herleitete, vollendete Andreä seine „Rosenkreuzer-Trilogie" und gab dem Orden damit sein religiös-philosophisches Programm. Die „Chymische Hochzeit" trägt biographischen Charakter. Der „Held" ist Christian Rosencreutz, der am Beginn der Erzählung bereits 81 Jahre alt ist. Weitere anonyme Schriften aus dem Freundeskreis des Tübinger Theologen folgten. Ihr Kernstück war eine General-Reformation der ganzen weiten Welt, um die sich „. . . hoch lange bemüht hat der weiland andächtige, geistliche und hocherleuchtete Vater Fr. C. R., ein Teutscher, unserer Fraternität Häupt und Anfänger".

Die von Andreä veröffentlichten Schriften erweckten die Rosenkreuzer-Gesellschaft zu neuem Leben.

Die von Christian Rosencreutz nach seiner Rückkehr in sein Vaterland gegründete Bruderschaft sollte einhundert Jahre lang geheim bleiben, bis ein Bruder der dritten Generation nach dem Tode von Rosencreutz eine verborgene Tür im „Bruderhaus zum Heiligen Geist" entdeckte, auf der zu lesen stand: *post CXX annos patebo* (nach 120 Jahren werde ich offenstehen). Und das geschah. Er öffnete die Tür und fand angeblich den unversehrten Leichnam des Ordensstifters.

Folgt man dieser Geschichte oder Legende, dann hat man die Verbindung von den *ersten* Rosenkreuzern bis in die Zeit ihrer Wiederbelebung zu Beginn des 17. Jahrhunderts. Rosencreutz, so erfahren wir bei Andreä, wurde 1378 geboren und schloß nach einem fast biblischen Alter von 106 Jahren 1484 seine Augen. Rechnen wir die 120 Jahre bis zur Öffnung seines Grabgewölbes hinzu, dann schreiben wir schon das Jahr 1604.

Um diese Zeit begann der spätere große Gottesmann Andreä mit seinen ersten Schriften, die dann 1614 bis 1616 gedruckt erschienen.

Die Ziele und Inhalte der *wahren* Rosenkreuzer um Andreä – ich nenne sie ganz bewußt die *wahren* Rosenkreuzer –, aber auch die des alten Geheimbundes, sollte es ihn wirklich gegeben haben, sind bis heute nachvollziehbar und dienten durchweg humanitären Zwecken. Sie sind auf eine Verbesserung der Welt angelegt, die nach den Vorstellungen der Rosenkreuzer durch eine Vereinigung der Wissenschaften (oder was man damals dafür hielt) mit der Religion zu einer Gesamtwissenschaft am tiefsten zu durchdringen und zu erkennen war. Gott und das Weltall, besonders die belebte Natur waren an sich identisch. Heute würden wir die Weltbetrachtung der Rosenkreuzer wohl pantheistisch nennen, da sich Gott für sie im Makro- wie im Mikrokosmos offenbarte. In Rosenkreuzerkreisen sprach man von Pansophie. Die Pansophie der Rosenkreuzer war eng verwandt mit den Ideen des bekannten protestantischen Schriftstellers und General-Superintendenten des Fürstentums Lüneburg, Johann Arndt (1555–1621), dessen Bücher die Tübinger „Feuerköpfe" kannten, und den Andreä sehr verehrte. Arndt wandte sich gegen die zu seiner Zeit bereits in dogmatischen Formeln erstarrte lutherische Orthodoxie, forderte ein Christentum des Herzens und der Tat und wurde damit zu einem Vorläufer des Pietismus. In seinem vierten Buch „Vom wahren Christentum" sieht er die Offenbarung Gottes in der Natur, wenn er schreibt: „Ich sage Dir, es ist der tausendste Teil der Kräuter Kraft noch nie ergründet. Wo Du nun nicht allein die äußerliche Form . . . erkennst, sondern die innerliche verborgene Form, so wirst Du erst die Güte des Schöpfers schmecken in seinem Werk." Das ist echt rosenkreuzerisch.

Arndt gab 1615 eine Predigtsammlung, die „Postille", und ein Jahr später die „Auslegung des Katechismus Lutheri" heraus. Seine Werke erlebten viele Neuauflagen und wurden in fast alle europäischen Sprachen übersetzt. Viele evangelische Theologen schöpften zuverlässig aus Arndts Schriften, nicht allein Paul Gerhardt, der seinen Liedern teilweise Arndts poetische Gebete zugrundelegte. 1859 gab Paul Neumann, Superintendent der Diözese Bergen und Regierungsrat zu Stralsund, eine vollständige Neubearbeitung von „Johann Arndt's Katechismus-Predigten" heraus, deren „Tiefe, Innigkeit, Kraft und Lehrhaftigkeit" er besonders hervorhob. Neumann schrieb dazu: „Die kernigen Gedanken Arndt's sind mir zu lieb geworden, als daß ich auch nur Einen hätte übergehen mögen."

Ob Arndt von der Existenz der Rosenkreuzer wußte, ist schwer zu sagen. Daß aber die Rosenkreuzer sich auf ihn beriefen, scheint unstrittig zu sein. Allein diese Tatsache spricht für die Seriosität des *wahren* Rosenkreuzerordens mit seinem christlich-pansophischen Programm.

Eindeutig bekannten sich die *wahren* Rosenkreuzer zum lutherischen Glauben, wobei sie die von ihnen gepriesene Reformation auf anderen Gebieten und mit anderen Mitteln fortsetzen wollten. Der falschen Alchimie erteilten sie eine Abfuhr, in dem sie sich gegen das „gottlose und verfluchte Goldmachen" wendeten. Sie verpflichteten sich zu strenger Sittlichkeit, stellten ihre Aufgaben in den Dienst der Nächstenliebe, hoben besonders den moralischen Stellenwert der Krankenpflege hervor und entsagten sich aller weltlichen Ehren. Kurzum: Das Programm der *ersten* und der *wahren* Rosenkreuzer, wenn vielleicht auch von Andreä und seinem Freundeskreis erstmals formuliert, war weit entfernt von späteren mystischen Entartungen mit Geheimbünden, Heuchlern, Gauklern und Geschäftemachern. Es war eine philantropische Gesellschaft und forderte Tatchristentum.

Den klangvollen Namen Rosencreutz, der erst seit Anfang des 17. Jahrhunderts belegt ist, leitet Edighoffer – aber nicht nur er – aus dem Familienwappen der Andreäs ab, das ein schräg liegendes rotes Andreas-Kreuz mit vier roten Rosen zwischen den Balken zeigt. Rose und Kreuz sind allerdings keine Erfindung Andreäs, sie sind ein altes christliches Symbol. Denken wir nur an Luthers Siegelring, der ein schwarzes Kreuz auf einem roten Herzen inmitten einer weißen Rose als Wappen trug.

Auf jeden Fall erlebte die *wahre* Rosenkreuzer-Gesellschaft ihre erste allgemeine Verbreitung, leider auch ihre ersten Verirrungen, in dem die von Andreä angeregten Ideen und Programme von Betrügern und Heuchlern aufgegriffen werden konnten und damit der Mystifikation und alchimistisch-theosophischen Schwärmerei der Boden bereitet wurde. Die Pseudowissenschaften suchten ihr Heil in der Magie, in der Astrologie und Alchimie, wobei ihre Ergebnisse zwangsläufig zu einem spekulativen Weltbild führen mußten.

Von den *wahren* Rosenkreuzern abzugrenzen ist der Orden der Gold- und Rosenkreuzer des 18. Jahrhunderts, eine überwiegend deutsche Erscheinung, der seine Blütezeit in Preußen zwischen 1756 und 1787 hatte. Dieser Orden, der sich auch auf Christian Rosencreutz berief, blieb hinsichtlich seiner Ziele, seiner Wirkung, vor allem aber seiner geheimnisvollen Organisation bis heute eigentlich im Dunkeln. Nichtsdestoweniger soll er angeblich über zwei Jahrzehnte einen erheblichen politischen Einfluß, besonders im Preußen Friedrich Wilhelms II., gehabt haben, so daß jener rosenkreuzerische Geheimbund im folgenden eine gesonderte Darstellung erfährt.

Diese *verirrten* Rosenkreuzer, wie ich sie nennen möchte, hatten sich der Mystik und Magie verschrieben, glaubten an geheime Naturkräfte und Geisterbeschwörungen, und waren ausgesprochen elitär. „Daß diese jüngeren (*verirrten* – d. A.) Rosenkreuzer ganz andere Leute sind, als die alten, die kein papistisches Mitglied unter sich duldeten", hat Fontane in seinem „Havelland" treffsicher von Johann Salomo Semler übernommen.

Keineswegs sollte man die Bedeutung der Rosenkreuzer-Bewegungen insgesamt gering schätzen. Das trifft nicht allein auf mögliche politische Einflüsse dieses Ordens zu, die am ausgeprägtesten bei den Gold- und Rosenkreuzern waren, sondern in viel stärkerem Maße auf seine eigentlichen Inhalte. Wenn im „Turris Babel" von 1619 zu lesen ist: „Ich aber, mögen sie nun sein oder nicht sein (Hoffnung und Glückseligkeit – d. A.), werde streben, Christus und jedes guten Christen Bruder zu sein . . . Jesus mihi omnia" – dann ist dieses Bekenntnis das Rosenkreuzer-Stichwort schlechthin. (Die Inschrift fand man angeblich auf dem runden Altar des Grabgewölbes von Christian Rosencreutz.)

Überschätzen sollte man jedoch das gesamte Rosenkreuzertum dennoch nicht. Wenn ihm von einigen Seiten nachgesagt worden ist, daß es die Kraft zu einer dritten christlichen Lehre im Sinne eines hohen reformatorischen Gedankengutes neben den beiden großen christlichen Konfessionen gehabt habe, dann sind solche Aussagen eine grobe Fehleinschätzung, zumal die Rosenkreuzer immer nur eine begrenzte „Gemeinde" bildeten, und ihre Ideen zu keiner Zeit von der Sehnsucht eines ganzen Volkes getragen wurden wie die Martin Luthers etwa zu Zeiten seines größten Ruhms in Deutschland in den Jahren 1520 und 1521.

Das Rosenkreuzertum konnte auch nach dem Untergang des Gold- und Rosenkreuzerordens nicht zu Grabe getragen werden. Im 20. Jahrhundert lebte es erneut auf, so auch bei Rudolf Steiner, der zu den rosenkreuzerischen Quellen Andreäs zurückging und ihre geistigen Ansätze schon im 4. Jahrhundert zur Zeit Konstantins des Großen zu finden glaubte.

Man könnte diese Strömungen als *moderne* Rosenkreuzer bezeichnen, die sich unter anderem in der fast weltweiten Internationalen Schule des Rosenkreuzes wiederfinden. Sie verkünden in vielen Schriften ihre Lehre und Ziele und sind tief im Christentum verwurzelt, wenn es bei ihnen heißt: „Denn das wahre Rosenkreuz und seine Arbeit beginnen erst dort, wo diese Welt, ihr Können und ihre Absichten aufhören; wo alle Anstrengungen und Versuche, Welt und Menschheit zu verbessern, zu erneuern oder in ein höheres Leben zu erheben, naturgesetzmäßig am Eigennutz und am angeborenen Egoismus des irdischen Menschentyps scheitern müssen; da erst beginnt das Wirken der Bruderschaft des Rosenkreuzes." Wem kommen da nicht Assoziationen zu dem Christus-Wort: „Mein Reich ist nicht von dieser Welt." Ein Geistfunken dieses

Wortes, so die *modernen* Rosenkreuzer, sei in jedem Menschen vorhanden, wenn auch durch Egoismus zugedeckt. Aber dieses „atomare Etwas" war einst „in seiner vollen Entfaltung der Mensch der göttlichen Natur. Um ihn wiederzubeleben, wurde der irdische Mensch ins Leben gerufen, um mit seiner Hilfe die Wiedergeburt des göttlichen Wesens durchzuführen."

Der Anspruch der *modernen* Rosenkreuzer bewegt sich inhaltlich weit über dem seiner Vorgängerorden, die niemals von sich gesagt hatten, „daß diese 'Rosenknospe der Rosenkreuzer' sich wieder zu einem Geistmenschen entfalten muß, ja, das dieses der Sinn seiner Existenz auf dieser Erde ist."

Geheimbünde des 18. Jahrhunderts

Daß der Gold- und Rosenkreuzerorden überhaupt eine historische Bedeutung erlangen sollte, hing fraglos mit seinem prominentesten Mitglied, mit König Friedrich Wilhelm II. von Preußen, zusammen.

Bevor wir uns diesem Geheimbund nähern, den ich als *verirrte* Rosenkreuzer bezeichnet habe, will ich versuchen, ein wenig Transparenz in die Ordenslandschaft und Geheimbünde zu bringen, die im 18. Jahrhundert förmlich wie Pilze aus dem Boden schossen. Neben den Freimaurern, den Illuminaten und den Rosenkreuzern gab es die Gasnerianer und Mesmerianer, die Kabbalisten und Somnambulisten, die Dukatensozietät und den Harmonikaorden, um nur die bekanntesten zu nennen.

Die Ursache für diesen Reichtum in der Ordenslandschaft war ebenso einfach wie verständlich: Aus der Zeit der Aufklärung, die die Vernunft des Menschen über Gebühr strapazierte und keinen Freiraum mehr für all das lassen wollte, „was die Welt im Innersten zusammenhält", mußte naturgemäß eine Gegenbewegung entstehen, die die Phantasie des Menschen und seinen Glauben ansprach, „die überall ein Rätsel, ein Wunder, ein direktes Eingreifen Gottes sehen" wollte, wie Fontane schrieb, der diese Menschen für die „phantasiereicheren, höher angelegten Naturen" hielt, im Gegensatz zu den ewigen „Nüchternheitsmenschen".

Daß ein Orden häufig den anderen bedingte, ihn als Gegen-Bewegung auf den Plan rief, war verständlich, um nicht zu sagen die natürliche Folge. Allen Orden gemein war bestenfalls, daß sie und ihre Inhalte wenig bekannt geworden sind. Und diese Isolierung und Diskretion umgab sie alle mit einem Zauber des Geheimnisvollen, ja auch des Mystischen, was zwangsläufig dazu führen mußte, daß man in diese Gesellschaften etwas hineingeheimniste, und demzufolge eigentlich Vorbehalte gegen alle hatte, insbesondere die katholische Kirche, die sich schon früh gegen die Freimaurerei wandte.

Daß diese Orden im Verborgenen blühten und absolute Diskretion an ihre Fahnen hefteten, war jedoch nicht nur Ausdruck einer von Haus aus so gearteten Mentalität ihrer Mitglieder, sondern auch Vorsicht, da ihre Programme der offiziellen Staatsraison häufig zuwiderliefen. Demokratisches Gedankengut vertrug sich schlecht mit einem absolutistischen Staat. Auch das Programm der Gold- und Rosenkreuzer war im friderizianischen Preußen, dessen Monarch sich ganz den Ideen der Aufklärung verschrieben hatte, alles andere als genehm: Das heißt, diese Gesellschaften waren häufig gezwungen, zu Geheimbünden zu werden, die einen wie die anderen.

Mutter aller Orden im 18. Jahrhundert waren fraglos die Freimaurer, selbst wenn sie später teilweise von den Rosenkreuzern beherrscht wurden. Aber dennoch hatten sie etwas miteinander zu tun, denn alle Rosenkreuzer waren auch Freimaurer, zumindest kamen sie aus deren Schule. Innerhalb der vielen Freimaurer-Logen gab es verschiedene Bewegungen, so das System der Strikten Observanz, des mehr oder weniger blinden Gehorsams, dem viele spätere Rosenkreuzer angehört hatten. Aus den Freimaurern, vor allem aber aus der Aufklärung, der sie nahestanden, entwickelte sich der sogenannte Illuminatenorden, der zum Hauptfeind des Gold- und Rosenkreuzerordens wurde, wobei einer den anderen bedingte und demzufolge mit ihm starb.

In diese Ordenslandschaft gehört ebenso der neue Templerorden, der vielleicht die Gold- und Rosenkreuzer mit auf den Plan gerufen hat. Die Mitglieder der Gold- und Rosenkreuzer hatten immer bereits irgendwelchen anderen Orden angehört, und wenn sie sich auch auf die *ersten* und die *wahren* Rosenkreuzer, zumindest auf den legendären Stifter Christian Rosencreutz, beriefen, entstanden sie doch in gewisser Weise als Neugründung und als Gegenreaktion auf andere Geheimbünde ihrer Zeit.

Zum besseren Verständnis ist es notwendig, die bekanntesten Orden, ihre Herkunft und ihre Inhalte, soweit wir heute Einblick haben, näher kennenzulernen.

Beginnen wir mit den Freimaurern. Wer oder was waren die Freimaurer, denen auch Friedrich der Große angehörte? Woher rührt ihr Name?

Die moderne Freimaurerei geht vornehmlich auf die mittelalterlichen Steinmetzbruderschaften in England zurück, die Kirchen und andere sakrale Gebäude errichteten. Der Begriff Freimaurer wurde dem Englischen entlehnt, wo diese Berufsgruppe als freemasons (korrekt: freestone-masons) bezeichnet wurde. Ein Freimaurer oder Mitglied dieser Steinmetzbruderschaften mußte frei geboren sein. Leibeigenschaft schloß eine Mitgliedschaft aus.

Der Begriff freemason tauchte erstmals am 9. August 1376 auf einer Londoner Urkunde auf, der Begriff Lodge, der dann ins Deutsche mit Loge übertragen wurde, schon im Jahre 1278.

Bereits seit dem 14. Jahrhundert genossen diese Steinmetzbruderschaften bestimmte Privilegien. Sie gaben sich Statuten, in denen sie die Rechte und Pflichten ihrer Mitglieder festschrieben, die entweder Lehrlinge, Gesellen oder Meister waren. Zeitgleich etwa entstand eine Organisation für Kranke, Waisen und Witwen. Der soziale Charakter war früh ausgeprägt. Allerdings fällt auf, daß die Mitglieder der ersten Bruderschaften sich untereinander durch Zeichen, Kennworte und bestimmte Handgriffe verständigten und zu erkennen gaben, das heißt, sie umgaben sich von Anfang an mit einem Geheimnis. Dem Ruf der Freimaurerei hat das immer geschadet, im Grunde bis heute.

Als das Zeitalter der großen gotischen Dombauten endete, verfielen die Steinmetzbruderschaften, wobei ihre bruderschaftlichen Traditionen von einigen Zirkeln bewahrt wurden, die sich jetzt Logen nannten. Diese Logen wurden merkwürdigerweise von Intellektuellen „unterwandert", überwiegend von Adligen, Offizieren, Ärzten und Beamten, wobei die ursprüngliche Schicht der Steinmetz-Bauleute immer unbedeutender wurde. Mit den neuen Logenbrüdern wandelte sich auch der Inhalt – anstelle des materiellen Bauens von einst trat nun die geistige, symbolisch bauende Gemeinschaft.

Am 24. Juni 1717 schlossen sich in London vier kleine Logen zu einer Großloge zusammen. Das war der Beginn der geistigen oder der spekulativen Maurerei, deren sogenannte Alte Pflichten von 1723 folgenden Inhalt haben: Religiosität ohne konfessionellen Zwang, Toleranz gegen alle, besonders gegen Andersdenkende und eine anständige Lebensführung. Im Kern ging es den Logenbrüdern darum, ihre eigene Persönlichkeit zu formen. Auf die geistige Elite übten diese Logen häufig eine magische Anziehungskraft aus. Die Logenbrüder wandten sich immer gegen die Ungerechtigkeiten ihrer Zeit. Sie traten für die Selbstbefreiung aus geistiger Abhängigkeit ein, im Zeitalter des Absolutismus für dessen Überwindung, wobei die humanitären Forderungen der Renaissance immer ihr Idol blieben, wie sie sich überhaupt gern an das klassische Altertum anlehnten. Damit standen sie zwangsläufig der Aufklärung nahe. Auf dem europäischen Festland trachteten später viele Logen danach, die Ideale der Französischen Revolution Freiheit, Gleichheit und Brüderlichkeit zu verwirklichen.

Das alles sind große Ziele. Die Umsetzung aber blieb merkwürdig. Nie trat eine Loge als Gruppe oder gar als Partei in Erscheinung, nie gab es Programme oder Resolutionen. Immer beschränkten sich der Einfluß und das Wirken der Freimaurer auf Einzelpersönlichkeiten und -aktionen, deren gesellschaftliches Gewicht je nach Stellung und Beruf des Logenbruders schwankte.

Die erste deutsche Loge wurde am 7. Dezember 1737 in Hamburg gegründet. Sie nannte sich „Loge d' Hambourg", seit 1764 „Absalom", bis sie schließlich den Namen „Absalom zu den drei Nesseln" erhielt. Dieser Loge gehörte auch Friedrich der Große an, der in der Nacht vom 14. zum 15. August 1738 als Kronprinz in Braunschweig aufgenommen wurde. Eigens zu seiner Aufnahme war eine Delegation von Hamburger Brüdern mit den notwendigen Ausstattungsgeräten nach Braunschweig gereist. Der preußische Kronprinz wurde Lehrling, dann Geselle und schließlich Logenmeister. An die Aufnahmeloge schloß sich die Tafelloge. Um 4 Uhr morgens ging man auseinander. Der spätere Preußenkönig soll tief beeindruckt von dem Symbolcharakter gewesen sein und veranlaßte noch in seinem Aufnahmejahr eine weitere Logengründung in Rheinsberg .

Überhaupt schossen deutsche Logen nun wie Pilze aus der Erde: 1738 in Dresden und wie erwähnt in Rheinsberg, 1740 in Berlin, 1741 in Breslau und in Leipzig, 1742 in Frankfurt/a.M. und Wien und 1746 in Königsberg und Hannover.

Im Jahre 1740 wurde am Hofe Friedrichs II. durch den Geheimen Rat Etienne Jordan in Berlin die Loge „Zu den drei Weltkugeln" gegründet, die sich 1744 zur „Großen National-Mutterloge" erklärte und weitere Logen stiftete.

In der zweiten Hälfte des 18. Jahrhunderts blühte die Freimaurerei förmlich auf – es war überhaupt ihre glanzvolle Zeit. Nie war die gesellschaftliche Anerkennung der Logenbrüder größer. Im Verlaufe ihrer Entwicklung erlangten selbst Kaiser, Könige und Fürsten hohe freimaurerische Würden, und in den Reihen der Großmeister fanden sich nicht selten Geistliche, jedoch nie Würdenträger der katholischen Kirche. Papst Clemens VII. hatte die Freimaurerei bereits in der Bulle „In eminenti" vom 28. April 1738 verurteilt.

Unter dem Einfluß von J. W. Kellner von Zinnendorf, Meister vom Stuhl, fand das System der Strikten Observanz Eingang in die Freimaurerei. Die Strikte Observanz war ein Hochgradsystem des 18. Jahrhunderts, das auf die Tempelritter zurückgeführt wurde. Auf dem Großlogen-Konvent in Wilhelmsbad kam im Jahre 1782 das Ende dieser von den Freimaurern heute als Irrweg bezeichneten Richtung, die einen besonderen Hang zum Mystischen hatte.

Später, wenn wir Woellner näher betrachten, wird die Beziehung zwischen Freimaurerei, Strikter Observanz und Rosenkreuzertum deutlich.

Viele bekannte deutsche Persönlichkeiten sind Freimaurer gewesen, wie Gebhard Leberecht von Blücher, Alfred Brehm, Adalbert von Chamisso, Matthias Claudius, Lovis Corinth, Johann Gottlieb Fichte, Ferdinand Freiligrath, Friedrich der Große, Friedrich III., Deutscher Kaiser und König von Preußen, August Neithardt von Gneisenau, Johann Wolfgang von Goethe, Joseph Haydn, Johann Gottfried Herder, August Wilhelm Iffland, Gotthold Ephraim Lessing, Albert Lortzing, Wolfgang Amadeus Mozart, Gerhard David von Scharnhorst, Gustav Stresemann, Kurt Tucholsky, Wilhelm I., Deutscher Kaiser und König von Preußen. Die Aufzählung erhebt natürlich keinen Anspruch auf Vollständigkeit.

Im Dritten Reich war die Freimaurerei verboten. Ihre Logenhäuser und ihr Vermögen wurden beschlagnahmt.

Nach 1945 fanden sich in Deutschland von den ehemals 80 000 Freimaurern noch 5 000 zusammen, die einen Neuanfang wagten und sich 1949 in der Frankfurter Paulskirche neu formulierte Grundsätze gaben.

Jürgen Holtorf definiert die Freimaurerei von heute lexikongerecht: „Tritt ein für Toleranz, Freiheit und Menschenwürde. Gliederung in

Logen und Großlogen. In allen Ländern mit freiheitlicher Verfassung verbreitet, in Diktaturen wegen des Eintretens für Geistesfreiheit verboten."

Mit einem bis heute immer wiederkehrenden Mißtrauen haben die Freimaurer zu leben gelernt, selbst in Ländern mit freiheitlich-rechtlicher Grundordnung. Die in ihrer langen Tradition geübte Geheimhaltung des Bundes war sicher wenig förderlich und hat in der Gesellschaft immer wieder zu Mißverständnissen geführt.

Der Rechtsprofessor Adam Weishaupt gründete in den 70er Jahren des 18. Jahrhunderts in Ingolstadt einen Antijesuitenorden, den er Illuminatenorden nannte. Die Gründung war auch eine Reaktion auf das rosenkreuzerische Wirken seiner Studenten. Weishaupt selbst hatte ein Jesuiten-Kolleg durchlaufen und wollte eine „Geheime Weisheitsschule" ins Leben rufen. Dazu gründete er am 1. Mai 1776 mit vier Mitgliedern den „Orden der Illuminaten", die Streiter gegen die Finsternis sein wollten. Der Orden, dessen Mitglieder sich ähnlich wie die Rosenkreuzer Pseudonyme gaben, blühte schnell auf und zählte so bekannte Männer in seinen Reihen wie Goethe, Herzog Ferdinand von Braunschweig, Herzog Karl August von Weimar und Reichsfreiherr Karl von Dalberg.

Weishaupt selbst wurde erst 1777 in eine Freimaurerloge aufgenommen, wo er den Freiherrn Adolph von Knigge kennenlernte, der bald eine führende Rolle bei den Illuminaten spielen sollte. Knigge schuf einen neuen Ordensplan mit verschiedenen Stufen. Aber das Licht dieses Ordens glich einem Strohfeuer, das 1785 schon wieder erlosch. Den vielen gegen ihn erhobenen Verdächtigungen vermochte er nicht standzuhalten, und so erlag er dem regelrechten Kesseltreiben gegen ihn. Seine Hauptwidersacher aber waren die Gold- und Rosenkreuzer, die uns im folgenden beschäftigen sollen.

Die Gold- und Rosenkreuzer

Im Jahre 1777 wurde innerhalb der Berliner National-Mutterloge „Zu den drei Weltkugeln", deren Großmeister Herzog Friedrich August von Braunschweig-Oels war, der Orden der Gold- und Rosenkreuzer alten Systems gegründet, im folgenden kurz Rosenkreuzer genannt.

Wie die zwischen 1756 und 1769 in Süddeutschland und fast zeitgleich im übrigen Deutschland, so auch in Preußen, aufblühenden Geheimbünde der Gold- und Rosenkreuzer, berief sich der Berliner Zirkel auf die *ersten* Rosenkreuzer und verlegte seinen Ursprung weit zurück in die Vergangenheit – ein Anspruch, den auch die gesamte Freimaurerei für sich erhob.

Rosenkreuzer-Zirkel entstanden fast zeitgleich in Berlin, in Potsdam, Bayreuth, Augsburg, München, Leipzig, Hamburg und in Kassel. Ihre Mitglieder stammten durchweg aus dem System der Strikten Observanz, d. h. der Bruder des Gold- und Rosenkreuzes rekrutierte sich aus der konservativen Richtung der Freimaurer.

Die Rosenkreuzer hielten sich von Anfang an für die Elite der Freimaurer, die die Geschichte ihres Ordens sogar bis auf Adam zurückführten, die Bezeichnung Freimaurerei Oliver Cromwell als Irrtum anlasteten, in deren Graden sie bestenfalls den „Schein des Lichts" erkennen konnten. Die drei untersten Grade der Freimaurerei waren für die Rosenkreuzer nicht mehr als die „Pflanzschule der höheren Wissenschaften", denn nur sie allein konnten die „Meister vom Schein des Lichts und des verlorenen Worts" sein.

Dieser elitäre Anspruch der Rosenkreuzer führte viele Naturwissenschaftler, Ärzte, Offiziere, hohe Staatsbeamte und weite Kreise des Adels in ihre Reihen, die wenig Geschmack an Aufklärung und Rationalismus finden konnten, die die Maximen des großen Königs waren.

Prominente und teilweise heute noch bekannte Männer wurden Rosenkreuzer, so der sich seinerzeit wegen seines wissenschaftlichen Rufes allgemeiner Wertschätzung erfreuende Marburger Medizinprofessor Wilhelm Schröder und der schwäbische Prälat und Theosoph Friedrich Christoph Oetinger.

Die Rosenkreuzer versuchten, sich der Freimaurerei mit ziemlich gutem Erfolg zu bemächtigen und hatten den Kampf gegen die Aufklärung und damit gegen die Illuminaten an ihre Fahnen geheftet. Ihre mystisch-phantastischen, spiritistisch-okkultistischen und alchimistischen Übungen haben dem Orden herbe Kritik eingebracht. Vom *wahren* Rosenkreuzertum war er durch seine Geisterbeschwörungen, durch sein raffiniert angelegtes, dunkles und undurchschaubares System der Ordenshierarchie, in der niemand den ihm vorgesetzten höheren Ordensgrad kannte, ganz zu schweigen von den imaginären Ordensoberen, erheblich abgewichen.

Im Kern aber blieb auch dieser Orden, der sich als auserlesener Bund verstand und demzufolge weit entfernt davon war, Krethi und Plethi aufzunehmen, dem Rosenkreuzersystem treu und bestand nicht nur aus raffinierten Gauklern und Betrügern. Sein Kernsatz: „Kunst, Weisheit und Tugend zu erlangen, Gott zu gefallen, und dem Nächsten zu dienen" erinnert durchaus an die *wahren* Rosenkreuzer um Andreä. Und so verlangten denn auch die seriösen Ordensbrüder unter ihnen den Glaubensinhalt vergangener Jahrhunderte zurück. Von daher muß auch ihnen Gerechtigkeit widerfahren, denn: „Wer hat den Mut, die Glaubenskraft des Menschen unter die Verstandeskraft zu stellen?", wie Theodor Fontane es formulierte.

Auch in England und in Holland scheint dieser Geheimbund, der als *verirrter* Rosenkreuzerorden vielleicht am besten charakterisiert ist, Fuß gefaßt zu haben.

Da der Gold- und Rosenkreuzerorden, dem König Friedrich Wilhelm II. angehörte, Preußen einige Jahre dominiert haben soll, bedarf er der ausführlicheren Darstellung, zumal die engsten Berater des Königs, Woellner und Bischoffwerder, die aktivsten Rosenkreuzer waren. Mit dem Tode Friedrich Wilhelms II. starb auch der *verirrte* Rosenkreuzerorden und seine einstige, wenn auch angeblich überwiegend negative Ausstrahlung war schnell dahin, selbst wenn er zwölf Jahre ein politisches Machtinstrument am preußischen Hofe gewesen sein mag oder doch wohl hauptsächlich deswegen, denn die leitenden Stellungen im Preußen Friedrich Wilhelms II. hatten die Rosenkreuzer inne, nicht allein Bischoffwerder und Woellner, neben Herzog Friedrich August wohl die eigentlichen Gründer und Initiatoren dieses Ordens.

Über die Ordensoberen ist merkwürdigerweise so gut wie nichts überliefert worden. Offenbar waren sie fanatische religiöse Schwärmer und christliche Mystiker, in deren Reihen ein jesuitischer Einfluß nicht auszuschließen war. Auch das unterschied sie von den *wahren* Rosenkreuzern, die sich streng zum lutherischen Glauben bekannt hatten und kein „papistisches Mitglied" in ihren Reihen duldeten.

Obwohl auch sie ihre Mitglieder zum Geist und Glauben des Urchristentums zurückführen wollten und von daher schon in der Tradition der *ersten* und der *wahren* Rosenkreuzer standen, dürfen fanatische Auswüchse, wie der folgende Ausspruch aus einem Hirten-Brief an „die wahren und ächten Freymäurer" nicht übersehen werden: „Der ganze Orden ist auf Jesus allein gebauet, es ist ein Jesusorden, die

„Philosophische Tafel", an der „Der Würdigste" seinen Platz hat – 4. Grad der Gold- und Rosenkreuzer.

Das Tableaux beinhaltet den Zusammenhang des ganzen philosophischen Systems der Welt – 2. Grad der Gold- und Rosenkreuzer.

Mitglieder sind kleine Jesus; Christus selbst wohnt in dem Kreisdirektor".

Aufbau und Rituale des Gold- und Rosenkreuzerordens sind bis heute nicht bis ins letzte bekannt geworden. Fest steht, daß die freimaurerischen Johannisgrade die Vorstufe für den Inneren Orden bildeten, wenn es zum Beispiel heißt: „Die geheime Freymaurerey ist und bleibt die Pflanzschule des hohen Ons (Ordens – d. A.). Ihr Ursprung kommt aus der heiligen Quelle. Sie ist der Vorhof des Ons!" Dies belegt, daß jeder Rosenkreuzer zunächst Freimaurer sein mußte, bevor ihm die Pforte für den höheren Orden geöffnet werden konnte. Insgesamt aber wurde die Freimaurerei von den Rosenkreuzern eher als Bagatelle behandelt. Niemand von den Freimaurern durfte in die Rosenkreuzer-Stufen eingeweiht werden, der nicht mindestens Logen-Meister oder wie man es damals sagte „Meister vom Schein des Lichts und des verlorenen Worts" war.

104

Symbol für den „Nothwendigen Unterricht wahrer Philosophischer Brüder und Meister des Hocherleuchteten und preißwürdigsten Ordens" – 4. Grad der Gold- und Rosenkreuzer.

Der Orden war bis ins letzte perfekt durchorganisiert und hinsichtlich seines hierarchischen Aufbaus so ausgefeilt und psychologisch klug durchdacht, daß er seine eigenen Brüder in Unwissenheit und damit auch in Unruhe hielt.

Einen örtlichen Zusammenschluß von Ordensbrüdern bezeichnete man als Zirkel, an dessen Spitze ein Zirkel-Direktor stand. Die Versammlungen eines Zirkels hießen Konventionen. Ein Zirkel durfte nicht mehr als 9 Mitglieder haben, was aus der heiligen Zahl 3 mal 3 hergeleitet wurde. Außer dem Zirkel-Direktor gehörten zu dieser untersten Gliederung des Ordens ein Senior, der das Amt des Justiciarius bekleidete, ein Actuarius oder Sekretär sowie ein Bruder Redner und ein Bruder Kassierer.

Mehrere Zirkel unterstanden einem Haupt-Direktor, der wiederum einem Ober-Haupt-Direktor unterstellt war. Dessen Vorgesetzte bildeten das Groß-Priorat. Dann folgten in der Ordensleiter aufwärts das Vize-Generalat, das Generalat und schließlich der Magus.

Der Aufbau des gesamten Inneren Ordens gliederte sich in 9 Stufen oder Graden mit unterschiedlichen Geheimschriften, -zahlen und Chiffren. Die höheren Ordensgrade verständigten sich nicht über Geheimschriften, sondern über Geheimzahlen, die von den niederen

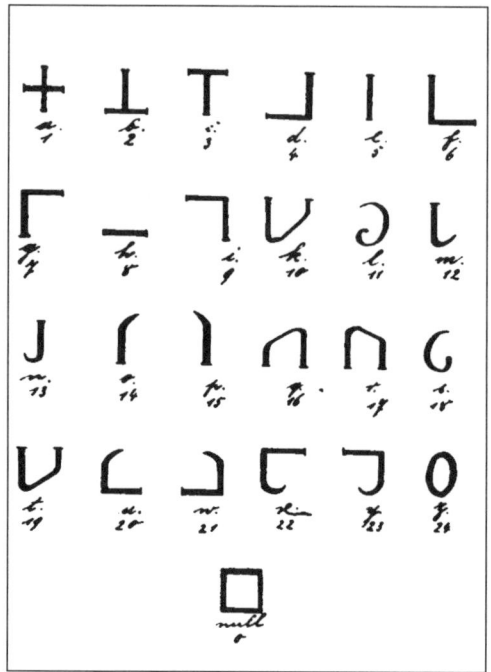

Chiffre der 4. Klasse.

Graden nicht zu entschlüsseln waren, das heißt, die eigentlichen Ordensoberen blieben in einer ewigen Grauzone.

Geheimschriften, -zahlen, Abkürzungen und Kennworte garantierten die Diskretion über Informationen und erschwerten die Verständigung zwischen den verschiedenen Ordensgraden, ganz abgesehen davon, daß durch das perfekt aufgebaute Informations- und Kommunikationssystem nichts nach außen dringen konnte. Wer vermutete schon, wenn er nicht zu den Eingeweihten zählte, hinter der Buchstabenfolge G.U.S.W. M.U.S. den Bittruf „Gott Und Seine Weisheit Mit Uns Sei", mit der alle Briefe beendet werden mußten.

Der Innere Orden, der sich auf den drei freimaurerischen Johannisgraden aufbaute, bestand aus folgenden 9 Graden: Den 1. Grad bildeten die Juniores, den 2. die Theoretici. Wer den 3. Grad erreicht hatte, gehörte zu den Practici, den 4. zu den Philosophi. Den 5. Grad bildeten die Minores, den 6. die Majores. Die Inhaber des 7. Grades gehörten zu den

106

Adepti Exempti, die des 8. Grades zu den Magistri Exempti. Den 9. und höchsten Grad endlich bildeten die Magi.

Alle 9 Grade hatten ihre eigenen Titulationen mit schwülstigen Anreden. Der Träger des 1. Grades war ein Würdiger, der des 2. ein Wohlwürdiger, der 3. Grad war ein Sehrwürdiger. Dem 4. Grad stand die Anrede Ehrwürdiger, dem 5. Wohlehrwürdiger zu. Dem 6. Grad gebührte der Titel Sehrehrwürdiger, dem 7. Hochehrwürdiger. Wer den 8. Grad erreicht hatte, war schließlich schon ein Hochwürdig Weiser, während der Inhaber des letzten und höchsten Grades, also der Magus, der Hochwürdigst Weiseste war.

Der hochwürdigst weiseste Magus war für jedermann tabu. Voller Ehrfurcht sprach man von ihm wie von einem Religionsstifter, den niemand kannte und je gesehen, denn gesprochen hatte. Im Hauptplan des Ordens von 1777 heißt es über die Magi: „Diesen Brüdern ist außer denen göttlichen Kräften und Geheimnissen in der Natur nichts verborgen, und vermöge dieser Kenntnis sind sie gleich wie Moyses, Aaron, Hermes, Salomon, Hiram Meister über Alle."

Der Nimbus, mit dem der Magus sich umgab oder mit dem andere ihn umgaben, war selbst für hochgestellte Persönlichkeiten beeindruckend, ja furchteinflößend, so auch für Friedrich Wilhelm II., dem im Laufe der Jahre doch ernsthafte Zweifel an der Existenz dieses Ordensoberen kamen, der selbst ihm, dem König, nie eine Audienz gewährte.

Über Geheimschrift und -zahl hinaus hatte jeder Rosenkreuzer auch seinen eigenen Ordensnamen, sein rosenkreuzerisches Pseudonym. Während Friedrich Wilhelm den Namen Ormesus Magnus trug, hieß Herzog Friedrich August Rufus. Hans Rudolph von Bischoffwerders Name war Farferus, während Woellner sogar über zwei Namen verfügte, Heliconus und Chrysophiron. Baron von Gugomos war Theophilus, der Reichsfreiherr von Hund Carolus.

Der Gold- und Rosenkreuzerorden erlebte seine Blütezit in Preußen ab 1756, löste sich aber merkwürdigerweise ab 1787 auf, anstatt noch einmal aufzublühen durch den maßgebenden Einfluß Woellners und Bischoffwerders.

Woellner, Bischoffwerder und weitere prominente Rosenkreuzer wie der Breslauer Theologe Hermes und selbstverständlich der König müssen als Ordensbrüder näher vorgestellt werden. Doch zuvor noch ein zusammenfassendes Wort zu Wesen, Zielen und Ritualen dieses Ordens. Es handelte sich nach meinen Studien um weit mehr als um eine rein christliche Sekte. Die Rosenkreuzer waren ein Mysterienbund, dem der Aufstieg der Seele zu Gott im Kern innerstes Anliegen war, abgesehen von allen Verirrungen und Auswüchsen. So wurden die Schriften der Kabbalisten (Vertreter der jüdischen Geheimlehre) ebenso herangezogen wie das biblische Christentum bis hin zu seiner späteren Mystik. Auch die Theosophie Jakob Böhmes begegnet uns auf Schritt und Tritt.

Die Rosenkreuzer lebten in einer Welt des Übersinnlichen. Bei derart angelegten Naturen findet auch der Aberglaube einen fruchtbaren Boden. Aber- und Geisterglaube waren eine Art Ventil für diese Ordensbrüder, wenn auch in praxi der blanke Unfug damit betrieben wurde.

Daß Friedrich Wilhelm diesem Orden nahestand und später angehörte, hat ihm und seiner Regierungszeit herbe Kritik eingebracht. Sein Amtsvorgänger war aus ganz „anderem Holz geschnitzt" gewesen, durchdrungen von der Aufgabe zur Pflicht, und hatte sich durch keine Geisterwelt und Spekulation den klaren Blick verstellen lassen. Auch Friedrich Wilhelms Sohn, König Friedrich Wilhelm III., ging zu seinem Vater auf Distanz und ließ sogar, was den Einfluß und das Wirken renommierter und einflußreicher Rosenkreuzer unter Friedrich Wilhelm II. anbelangte, eine Untersuchungskommission einsetzen. Die Zeit des Ordens war damit endgültig abgelaufen, wenngleich der neue König Milde walten ließ.

Bischoffwerder war fraglos eine Führungsgestalt unter den Rosenkreuzern. Hat er den Preußenkönig beherrscht und die Außenpolitik unter Friedrich Wilhelm II. bestimmt, wie es ihm bis heute nachgesagt wird?

Hans Rudolph von Bischoffwerder

Historisch nicht zu leugnen ist, daß Bischoffwerder der Günstlingsgeneral des Königs war und gleichzeitig über Jahre eine Schlüsselrolle am preußischen Hofe innehatte, von der er, der sich stets bedeckt und vornehm zurückhielt, nie öffentlich Gebrauch machte. War er demnach so etwas wie die graue Eminenz unter dem labilen König?

Wer war Bischoffwerder? War sein Einfluß durchweg negativ und er selbst die Verkörperung des Bösen?

Friedrich Wilhelm II. als Nachlaßverwalter des großen Königs hat sich in der Geschichte, besonders nach der Katastrophe von Jena und

Generalleutnant Hans Rudolph von Bischoffwerder.

Auerstedt im Jahre 1806, also noch lange nach seinem Tode, vernichtende Beurteilungen gefallen lassen müssen und mit ihm selbstverständlich seine engsten Ratgeber, denn ihre angeblich dunklen Manipulationen, und die Bischoffwerder und Woellner unterstellten höfischen Intrigen, hättcn den willensschwachen König vollends beherrscht und den preußischen Staat an den Rand des Abgrunds gebracht.

Zunächst wollen wir also, bevor wir uns Woellner und weiteren aktiven Rosenkreuzern, besonders aus dem Breslauer Umkreis zuwenden, den einflußreichsten Günstling des Königs näher betrachten, über den in einem modernen Lexikon von heute zu lesen ist: „Hatte entscheidenden Einfluß auf König Friedrich Wilhelm II.; wurde 1789 dessen Generaladjutant; seit 1791 eigentlicher Leiter der preußischen Außenpolitik." Damit wird ihm noch heute eine Machtfülle und eine politische

109

Bedeutung beigemessen, die sich mit dem zurückhaltenden Wesen Bischoffwerders eigentlich schwer in Einklang bringen läßt. Wie auch immer: Die Rosenkreuzer beherrschten offenbar den König nach innen (Woellner) wie nach außen (Bischoffwerder).

Hans (eigentlich Johann) Rudolph von Bischoffwerder wurde am 13. November 1741 in Ostramondra im thüringischen Amt Eckartsberga als Sohn des kursächsischen Rittmeisters Hans Rudolph von Bischoffwerder und dessen Ehefrau Henriette Wilhelmine von Bünau geboren. 1743 nahm der Vater seinen Abschied in Sachsen und stand zuletzt als Oberst in holländischen Diensten, wo er 1754 im Haag verstarb, fernab von der Heimat also.

Aus Bischoffwerders Jugendzeit ist wenig bekannt, zumal seine Mutter bereits 1762 ihrem Manne in den Tod folgte.

1756 nahm Hans Rudolph von Bischoffwerder an der Universität Halle ein Studium der Rechte auf, das er 1760 abbrach, da es seinen Neigungen nicht entsprach, die ihn mehr zur Soldatennatur bestimmten. So finden wir ihn bereits 1760 als Soldat des preußischen Kürassier-Regiments Nr. 11, wo er schon ein Jahr später unter Friedrich dem Großen zum Kornett avancierte. Nach dem Frieden von Hubertusburg erhielt Bischoffwerder im Juli 1763 seinen Abschied.

Daraufhin zog er sich auf seine ererbten Güter zurück, um sich ganz der Landwirtschaft zu widmen. Am 1. März 1764 heiratete Bischoffwerder Luise Christiane von Wilcke, die Tochter eines kursächsischen Kammerherrn.

Noch in den 60er Jahren folgte sein Eintritt in die Dienste des kursächsischen Hofes, um als Kammerherr und Stallmeister in eine dauernde Verbindung mit dem Herzog Karl von Kurland zu treten.

Bis zum Jahre 1774 legte sich der Mantel des Schweigens über Bischoffwerders Lebensweg, bis er durch seine Anwesenheit bei einer aufsehenerregenden Selbstmordaffäre wieder hervortrat. Jetzt wurden die Konturen seines Lebens schärfer, in demselben Maße zugleich auch nebulöser, denn ab jetzt war seine Biographie unlösbar mit der Geschichte eines Geheimen Ordens verbunden.

Bischoffwerder war schon vor dieser Begebenheit Mitglied des Freimaurerordens vom System der Strikten Observanz gewesen, dessen Oberer in Sachsen der Herzog Karl von Kurland war, ein Vertrauter also.

Bischoffwerders ehrgeiziges Streben, das einherging mit einem stark ausgeprägten Wunderglauben, legt die Vermutung nahe, daß er bereits vor 1772 Kontakt zu dem Orden suchte, dem Jahr, in dem der Herzog von Kurland Freimaurer wurde.

Das System der Strikten Observanz war über ganz Deutschland verbreitet. Es knüpfte an den mittelalterlichen Tempelherrenorden an und gab vor, die geheimen göttlichen Offenbarungen jenes alten Ordens zu besitzen. Beim Aufstieg in die höchsten Ordensgrade sollten sich den Gläubigen die geheimnisvollen Mysterien öffnen, die angeblich von den höchsten Oberen bewahrt wurden.

Fest steht, daß diese Ordensrichtung, der erste Gesellschaftskreise zuströmten, eine starke Gegenbewegung gegen den Atheismus und die Aufklärung bildete. Gleichzeitig war der Orden wegen seiner geheimnisvollen Mysterien und der naiven Glaubensbekenntnisse ein ideales Feld für geschickte Schwindler, Gaukler und Phantasten, wie beispielsweise für den Leipziger Kaffeehauswirt Johann Georg Schrepfer, der vorgab, alle Geheimnisse der Freimaurerei zu besitzen und überzeugend und erfolgreich Geisterbeschwörungen veranstaltete. Schließlich ereignete sich folgendes: Schrepfer erschoß sich in Rosenthal bei Leipzig in Gegenwart seiner Freunde, wohl weil er sich selbst übernommen hatte und mit seinem rosenkreuzerischen „Latein" am Ende war. Darüber hinaus war er auch hoch verschuldet, und seine Gläubiger machten ihm arg zu schaffen.

Unter den Anwesenden dieses spektakulären Ereignisses befand sich leider auch unser Bischoffwerder, was sein Ansehen schwerlich mehren konnte. Denn jetzt galt auch er als Abenteurer mit einem höchst zweifelhaften Charakter. Die Phantasie der Gegenseite trieb nun ihrerseits Blüten, und so wurde Bischoffwerder nachgesagt, er habe als gläubiger Schüler Schrepfers den „Apparat" geerbt, mit dem Schrepfer seine Geister rief und zur Erscheinung brachte. Ja, man ging soweit, Bischoffwerder zu unterstellen, daß er diesen „Apparat", was immer man auch darunter verstehen mochte, zum Betrug des Königs später nach Berlin transferierte. (Fontane erwägt vier Möglichkeiten als gegenständliche Grundlage für die Geisterbeschwörungen, wobei Schrepfers „Apparat" ein „Hohlspiegelbild auf Rauch und Qualm" gezaubert haben könnte.)

Festzustehen scheint, daß Bischoffwerder ebenso wie Herzog Karl ein gläubiger Verehrer und Anhänger des doch wohl eher psychisch auffälligen Schrepfer war, der den Glauben und die Überzeugung an die Möglichkeit geheimnisvoller Darbietungen und Geisterbeschwörungen ausstrahlte.

Für die weitere Entwicklung des Ordens der Strikten Observanz sollte ein Konvent bedeutsam werden, der im Juni 1772 im Schloß des Grafen Brühl zu Kohlo in der Niederlausitz stattfand. Der Orden umfaßte neun Provinzen. Großmeister aller Logen war Herzog Ferdinand von Braunschweig, National-Großmeister für alle preußischen Staaten Herzog Friedrich August von Braunschweig-Oels, ein preußischer General. Zu den führenden Persönlichkeiten auf dem Konvent in Kohlo gehörte längst Bischoffwerder. Durch seine Ausstrahlung, seinen gläubigen Eifer und seine besondere Neigung für alle mystischen Erscheinungen erlangte Bischoffwerder bald die angesehenste Stellung im Kreise seiner Brüder.

Seine religiösen Vorstellungen waren verwoben mit einem Wunderglauben an Zeichen und Erscheinungen aus der anderen Welt. Besonders verlockend erschien ihm und den Seinen der Verkehr mit der Geisterwelt, wie ihn Schrepfer aufgezeigt hatte. Es scheint tatsächlich so gewesen zu sein, daß Bischoffwerder auf diesem Gebiet nach den Schriften Schrepfers weiter gearbeitet hat und nun selbst magische Versuche anstellte, bis hin zu Geisterbeschwörungen.

Schwindler scheinen Bischoffwerder und andere, so auch das hoch angesehene Mitglied der Strikten Observanz, Christoph Emanuel Froelich, ein Kaufmann aus Görlitz, dennoch nicht gewesen zu sein. Sie glaubten ganz einfach an geheimnisvolle Vorgänge, die sie „sichtbar" machen wollten und verfügten über eine kaum nachzuvollziehende Einbildungskraft.

Durch seine tiefe gutturale, etwas undeutliche Stimme erhielt Bischoffwerder einen geheimnisvollen Anstrich. „Er war ein stattlicher Mann", wie Fontane schrieb, „von regelmäßigen und ansprechenden Gesichtszügen, in allen Leibesübungen und ritterlichen Künsten wohl erfahren, ein Meister im Fahren und Fechten, im Schießen und Schwimmen, von gefälligen Formen und bei den Frauen wohlgelitten. Er blieb bis zuletzt ein 'schöner Mann'."

Nach Zwischenaufenthalten in Dresden und Elsterwerda war Bischoffwerder auch im August und September 1776 auf dem Konvent in Wiesbaden zu finden, wo er mit der neuen Lehre des Barons von Gugomos (als Rosenkreuzer Theophilus) bekannt wurde. Eigentlich entscheidend für seinen rosenkreuzerischen Lebensweg aber wurde für ihn die Bekanntschaft mit dem Großmeister der National-Mutterloge „Zu den drei Weltkugeln", Herzog Friedrich August.

Bischoffwerders Neigungen drängten ihn nach Preußen, und so folgte er 1778 den preußischen Fahnen, als man dort gegen Österreich rüstete. Durch Empfehlung des Herzogs Friedrich August wurde er Adjutant des Prinzen Heinrich, Bruder des großen Königs. Prinz Heinrich übertrug ihm das Kommando über ein sächsisches Jägercorps und ernannte ihn zum Major.

Nach dem Teschener Frieden am 13. Mai 1779, der den Bayerischen Erbfolgekrieg beendete, nahm Bischoffwerder 1780 „mit zwei Dienern und zwei Pferden" seinen Wohnsitz in Potsdam in der Nähe des Schlosses. Von seiner Frau, die mit zwei Töchtern in Dresden wohnte, lebte er getrennt. Damit wurde nun Preußen sein andauerndes Wirkungsfeld.

Jetzt erst, genau am 24. Dezember, also am Heiligen Abend des Jahres 1779, schloß sich Bischoffwerder aktiv dem Rosenkreuzer-Zirkel in Berlin an, dessen Oberhaupt Herzog Friedrich August war, aber auch Woellner gehörte längst zur Führungsspitze. Sein innigstes Anliegen, das er mit diesem Schritt verknüpfte, formulierte Bischoffwerder so: „Ein wiedergeborener Christ zu werden, ist das, worum ich täglich und stündlich den Ewig-Allmächtigen bitte."

Der Einfluß Bischoffwerders auf den Thronfolger hatte in dem Maße zugenommen, wie die Übernahme des Königsamtes immer näher rückte, die er mit Woellner seit 1780 gemeinsam vorbereitet hatte. Als Friedrich Wilhelm 1786 König wurde, übte Bischoffwerder unter allen Rosenkreuzern bereits den größten Einfluß auf den neuen Monarchen aus – er war der „eigentliche wahre Vertraute des Königs" und blieb es auch. Seit dieser Zeit finden wir Bischoffwerder als ständigen Begleiter seines Herrn; auf allen Reisen und in den Feldzügen war er der engste Vertraute und Berater Friedrich Wilhelms. Auf der militärischen Stufenleiter ging es nun rasch aufwärts für Bischoffwerder. Am 30. Mai 1787 wurde er Oberst, am 17. Juni 1789 Generaladjutant, am 18. August 1791 Generalmajor bis am 1. Januar 1796 seine Beförderung zum Generalleutnant erfolgte.

Ein Ministeramt hat Bischoffwerder nie angestrebt. Er wollte im Auftrag seines Ordens den neuen Monarchen beraten, nur darin sah er seine Aufgabe. So leitete er seinen König jahrelang aus dem geheimnisvollen Dunklen, das allerdings so geschickt, daß er nie öffentlich wirksam werden mußte. Die Stimme Gottes – oder sollte man korrekter von der Stimme der Ordensoberen sprechen? –, durch Bischoffwerder verkündet, und die Geheimsitzungen, in denen nicht selten Somnambulen (Schlafwandler) zu dem König sprachen, fanden bei Friedrich Wilhelm II. nicht nur Gehör, sie waren ihm auch Wegweiser für sein Handeln. Bischoffwerders Grundsatz, nach Art der Rosenkreuzerpraxis aus dem Verborgenen zu wirken, ging auf.

Woellner verdankte Bischoffwerder sein späteres Ministeramt, und weitere wichtige Positionen im Staat gingen an die Rosenkreuzer, die die politische Einflußnahme ihres Ordens als Triumph für sich verbuchen konnten. Bischoffwerder selbst leitete spätestens ab 1789 die preußische Außenpolitik, nicht als Minister – er wirkte lieber hinter den Kulissen. Das spricht gegen die Bischoffwerder oft unterstellte Eitelkeit, auf jeden Fall aber für sein diplomatisches Geschick, denn so war er von keiner Seite anfechtbar und vor jedem Sturz sicher. Wie groß Bischoffwerders politische Macht tatsächlich gewesen ist, vermögen bis heute nicht einmal die Historiker einzuschätzen. Einigkeit besteht lediglich in dem Punkt, daß außenpolitisch im Preußen Friedrich Wilhelms II. nichts geschah, das Bischoffwerders Interessen und Intentionen zuwiderlief.

Welche Bedeutung die Rosenkreuzer hatten und wie sie es verstanden, ihr politisches Programm unter Friedrich Wilhelm II. zu verwirklichen, sieht man auch daran, daß Heinrich Christian Kurt Graf Haugwitz ab 1792, nach dem Sturz des friderizianischen Ministers Ewald Friedrich Graf Hertzberg, dem Kabinett vorstand – und selbstredend war auch er ein Rosenkreuzer. So also hatten sich unter König Friedrich Wilhelm II. die Dinge in Preußen politisch und personell entwickelt: An der Spitze des Kabinetts stand Graf Haugwitz, die eigentliche Außenpolitik lag in den Händen Bischoffwerders, und die Belange der Religion und Innenpolitik waren Woellners Angelegenheiten – das heißt: Preußen befand sich in der Hand der Rosenkreuzer bis hin zu seinem König, der schon seit 1781 aktives Ordensmitglied war.

Amtsmißbrauch jedoch – ein Begriff, der heute ständig durch die Presse geht – hat Bischoffwerder nie betrieben. Seine Stellung als Günstlingsgeneral des Königs hat er zu keiner Zeit dazu genutzt, sich ganz persönlich zu bereichern. Offenbar bezog er in den ersten zehn Regierungsjahren Friedrich Wilhelms II. nichts als sein eigentliches Gehalt. Für seine Repräsentationspflichten hatte ihm der König jährlich 1500 Taler Tafelgelder zugestanden, eine Summe, die angesichts seiner notwendigen Ausgaben, allein für ausländische Gäste, niemals reichte.

1795 ergab sich für Bischoffwerder die günstige Gelegenheit, das Gut

Marquardt: Dieser Teil des Gebäudes ist das alte Bischoffwerder-Schloß.

Marquardt bei Potsdam zu erwerben. Über die notwendigen 30 000 Taler verfügte er jedoch nicht. So wandte er sich vertrauensvoll an den Kämmerer Rietz, der Bischoffwerder besonders zugetan war und sich stets als treuer Freund und Helfer des königlichen Günstlingsgenerals erwiesen hatte. Er schrieb dem Kammerherrn, der ähnlich wie er selbst und Woellner ständigen Intrigen und Verdächtigungen am Hofe ausgesetzt war: „Nachdem mir der König mehr als einmal gesagt hat, daß es ihm nicht unangenehm wäre, wenn ich in seinen Staaten ein Landgut erwürbe, wage ich zu vermuten, daß S. M. mir die Zahlungsmöglichkeiten erleichtern will." Er bat Rietz aber, sehr vorsichtig zu Werke zu gehen und teilte ihm im gleichen Atemzuge mit: „. . . denn nichts würde mich mehr betrüben, als meinen guten und gnädigen Herrn beunruhigt zu haben." Der Kammerherr Rietz trug diese Situation am 25. März 1795 dem König vor, der Bischoffwerder schon zwei Tage später aus der Verlegenheit half, aber dabei so taktvoll und geschickt zu Werke ging, daß Bischoffwerder sich niemals Selbstvorwürfe machen mußte. Folgender eigenhändiger Brief des Königs begleitete die Schenkung:

„Mein lieber Generall Major und Generall Adjutant von Bischoffwerder. Um Euch einen Beweis Meines Wohlwollens zu geben, Habe ich

Marquardt: Blick von der Terrasse auf Park und Schlänitzsee.

unterm heutigen datum Meinem Geh. Etats Ministre von Struensée anbefohlen, Euch Mein Lieber Generall dreyßig Tausend Thaler zu Zahlen, unter der Rubrik, zu einem gewißen Behuf. Ihr werdet dadurch in den Stand gesetzt, Euch ein Landguth in hiesiger Gegend zu Acquiriren, um zu Eurer Recréation dann und wann die Landluft zu genießen. Ich hoffe hiedurch, daß Ihr die Freundschaft so Ich für Euch Hege, mehr und mehr erkennet und Euch stets das Wohlwollen erinnert Eures Wohl Affectionirten Königs.

Potsdam, den 27. Märtz 1795.

Frd. Wilhelm."

Bereits vier Tage später, am 31. März 1795, kam der Kauf Marquardt „für 32 000 Taler in jetzigem Kurant und 100 Dukaten Schlüsselgeld" zustande.

Bischoffwerders Bescheidenheit haben selbst seine Neider ihm gelassen. Es war angeblich das einzige Mal, daß er sich wegen persönlicher Dinge an seinen Souverän wandte, nicht einmal das gewünschte, weil gesundheitlich notwendige Urlaubsgesuch erreichte je den König. Charakterlich im Sinne der hohen Dienstauffassung und Pflichterfüllung war Bischoffwerder ein typisch preußischer Beamter.

Der Geisterbeschwörer. Radierung von Daniel Chodowiecki.

Das am Schlänitzsee malerisch gelegene Schloß Marquardt, dessen
prächtiger Park leicht zum Ufer hin abfällt, hat einst viele Gäste gesehen,
unter ihnen auch den Ranghöchsten, nämlich König Friedrich Wilhelm
II. Bischoffwerder war der erste, der Marquardt zu einem idealen
Herrensitz mit idyllischem Park umgestaltete. Auf ihn geht auch die
Anlage des 1795 bereits geschaffenen Königswegs zurück, der parallel
zum Seeufer verläuft und als Fahr- und Reitweg im 18. und 19. Jahrhundert eine Verbindung zwischen den preußischen Königsschlössern
von Potsdam und Paretz bildete. Den Königsweg, den nicht nur der
zweite Friedrich Wilhelm bei seinen Besuchen in Marquardt benutzte,
sondern nach ihm auch sein gleichnamiger Sohn und Enkel, gibt es noch
heute. Der von Bischoffwerder angelegte Park erfuhr unter seinem
gleichnamigen Sohn wenige Jahrzehnte später seine erste große Um-

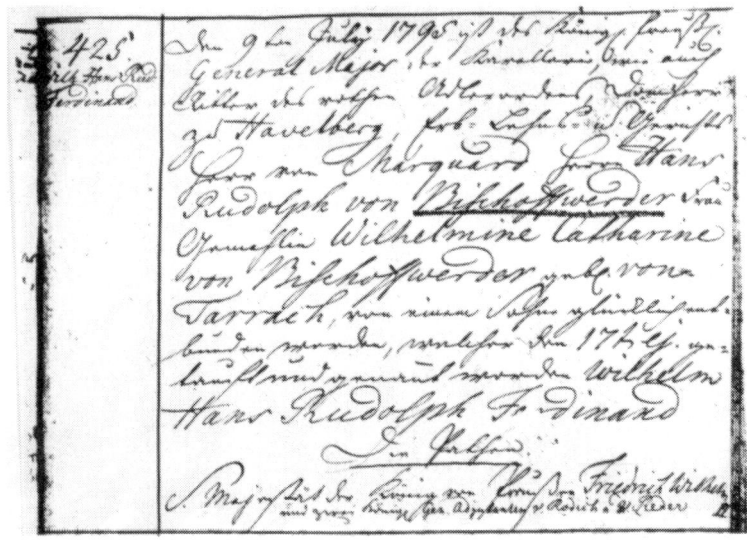

Auszug aus dem Kirchenbuch von Marquardt: Taufe von Wilhelm Hans
Rudolph Ferdinand von Bischoffwerder – der König ist Pate.

gestaltung durch Peter Joseph Lenné, was eine Skizze vom September
1823 belegt.

Daß besonders in Marquardt, in der eigens für diese Zwecke zwischen Schloß und See in einen mit Akazien bepflanzten Hügel eingelas-
senen „Blauen Grotte" rosenkreuzerischer Schwindel betrieben und
Geisterbeschwörungen durchgeführt wurden, an denen auch der König
teilnahm, wird später beschrieben.

Bischoffwerders erste Ehe wurde nach einer Verhandlung am 18.
Januar 1793 in Frankfurt am Main und einer weiteren am 3. Februar des-
selben Jahres in Dresden geschieden. Am 22. Februar 1793 heiratete
Bischoffwerder in Frankfurt am Main die verwitwete Wilhelmine
Catharine Gräfin Pinto, geborene von Tarrach. Nach dem Register der
Potsdamer Garnisonskirche handelte es sich um eine Kriegstrauung
während eines Feldzugs.

Als Bischoffwerder Marquardt erworben hatte, wurde der Wunsch
nach einem Sohn besonders stark in ihm, und so war seine Freude groß,
als am 9. Juli 1795 ein Stammhalter geboren wurde. Unter Nr. 425 im
Kirchenbuch von Marquardt ist folgende Eintragung zu finden:

„den 9ten July 1795 ist des Königl. Preyß. General Major der Kavallerie, wie auch Ritter des rothen Adlerordens, Domherr zu Havelberg, Erb= Lehns= u Gerichts Herr von Marquard Herrn Hans Rudolph von Bischoffwerder Frau Gemahlin Wilhelmine Catharine von Bischoffwerder geb. von Tarrach, von einem Sohn glücklich entbunden worden, welcher den 17ten July getauft und genannt worden Wilhelm Hans Rudolph Ferdinand

Die Pathen

S. Majestät der König von Preußen Friedrich Wilhelm II. und zwei Königl. Gen. Adjutanten v. Rodich u v. Reder."

Der generöse und der Familie von Bischoffwerder besonders zugetane Hausherr des Marmorpalais im Neuen Garten von Potsdam hatte seinem Patenkind als Taufgeschenk eine einträgliche Domherrn-Präbende ins Taufkissen gesteckt. Die Taufe im Beisein des Königs war die erste Amtshandlung des Pfarrers Stiebritz in Marquardt – seine letzte sollte ebenfalls der Familie von Bischoffwerder gelten. Es war die Beerdigung einer Tochter aus Bischoffwerders erster Ehe, die ebenfalls in der Rundgruft ihres Vaters beigesetzt wurde. Und wiederum war ein König zugegen, diesmal der vierte Friedrich Wilhelm, der in die Gruft hinabstieg, die wegen „Überfüllung" nach dieser letzten Beisetzung geschlossen wurde.

Außer dem Sohn gingen aus Bischoffwerders zweiter Ehe noch drei Töchter hervor. Hans Rudolph von Bischoffwerder Junior war im Revolutionsjahr 1848 Oberst der Gardekürassiere und ließ sein Regiment am 18. März auf dem Berliner Schloßplatz so kräftig gegen die Revolutionäre vorrücken, daß man ihn aus Sicherheitsgründen aus dem Blickfeld ziehen mußte. Es erfolgte so etwas wie eine Strafversetzung nach Breslau. 1853 nahm er als Generalleutnant seinen Abschied, zog sich zurück nach Marquardt, wo er im Jahre 1858 starb. Mit ihm erlosch die Familie von Bischoffwerder im Mannesstamm. Neben der Kirche finden wir heute noch seine letzte Ruhestätte; ein schlichtes gußeisernes Kreuz trägt seinen Namen und seine Lebensdaten, die Rückfront aber lautet: Der Letzte seines Namens.

Die Herrschaft Marquardt ging an Ferdinand von Damnitz über, aber doch nur für zwei Jahre. Dann wechselten bürgerliche Besitzer einander ab. Von 1892 bis 1942 gehörten Schloß und Gut dem Geheimen Kommerzienrat Louis Ferdinand Auguste Ravené. In der von ihm erbauten und 1901 eingeweihten Kirche befindet sich das Erbbegräbnis gegenüber der ehemaligen Patronatsloge.

Bischoffwerder war es, der im Oktober und November 1797 den Kronprinzen täglich über das gesundheitliche Befinden seines Vaters in Briefform informierte. Er selbst überbrachte dem Sohn die Todesnachricht am 16. November, und der neue König, Friedrich Wilhelm III., dankte ihm für die Verdienste, die er sich um seinen Vater erworben hatte, mit der hohen Auszeichnung des Schwarzen Adlerordens, obwohl er selbst dem Rosenkreuzertum nicht nur skeptisch, sondern ablehnend gegenüberstand.

Das Verhalten des jungen Königs Bischoffwerder gegenüber zeigt aber die menschliche Größe Friedrich Wilhelms III. und spricht vor allem für Bischoffwerder selbst, wenngleich dessen Zeit mit dem Tode von Friedrich Wilhelm II. endgültig abgelaufen war. Auch wenn ihm der neue König schrieb: „Sie können sich gewiß jeder Zeit meiner Achtung und Wertschätzung erfreuen", so teilte er ihm andererseits mit: „Es ist wahrlich nicht aus üblen Absichten geschehen, daß ich Sie auf die etatsmäßige Generalleutnants-Pension gesetzt habe", und vermied es geflissentlich, bei seinen vielen Reisen nach Paretz, die ihn in einem Korbwagen über den Königsweg führten, Bischoffwerder auch nur ein einziges Mal in Marquardt zu besuchen, obwohl der vor Jahrzehnten dem damaligen Kronprinzen das ländliche Anwesen Paretz vermittelt hatte. Auch weilte der neue König durchaus gelegentlich in Marquardt, aber doch erst nach dem Ableben Bischoffwerders.

Nun war Bischoffwerder wieder, was er schon einst gewesen war: nämlich Gutsherr, eine Eigenschaft, in der er sich geradezu beispielhaft durch Verbesserung der Verhältnisse für die Bauern und der ihm obliegenden Landwirtschaft bewährte. Durch einen von ihm angestrengten Separationsrezeß von 1797 erreichte er aber auch die Umsetzung einiger Bauernhöfe, um seinem Ziel, einen englischen Garten anzulegen, näher zu kommen. Bischoffwerder trat den Bauern das Land ab, das sie bewirtschafteten, machte es zu ihrem Eigentum und erhob nur wenige Abgaben und Spanndienste. Kein Wunder, daß die Dorfbevölkerung noch Generationen später seiner anerkennend und dankbar gedachte.

Seiner zweiten Frau, angeblich eine fanatische Katholikin, sagte man nach, daß sie ihren Mann vollends beherrscht habe, trotz allem war sie wohlgelitten und besonders bei der Dorfbevölkerung beliebt. Daß die alte „Gräfin" noch heute im Schloß umgeht, gehört zu den überlieferten

Legenden, auf welche auch Theodor Fontane in seinen „Wanderungen"
Bezug nimmt.

Am 30. Oktober 1803 starb Hans Rudolph von Bischoffwerder in sei-
ner Wohnung in Potsdam und wurde in der von ihm angelegten
Rundgruft, zwischen Schloß und Schlänitzsee gelegen, beigesetzt. Im
Kirchenbuch von Marquardt ist nachzulesen:

„Den 4. 9br 1803, Vormittags um 10 Uhr, wurden Sr. Excellenz,
GutsHerr v. Marquard, Uetz u Paaren der Kirchenpatron Hans Rudolph
v. Bischoffwerder, in der herrschftl. Gartengruft, mit einer Standrede, in
einem ruhmvollen Alter von 62 Jahren 11 Monaten und 19 Tagen, beigesetzt. Sie waren in Potsdam den 30ten 8br im Herrn entschlafen und der
entseelte Leichnahm Von dorther am erwähnten Beisetzungstage mit
einem sechsspännigen Leichenwagen anhergefahren worden."

Bischoffwerder bleibt für mich trotz aller sympathischen menschlichen Eigenschaften, über die auch Fontane ihn zu rehabilitieren sucht,
eine zwielichtige Gestalt, dessen mystische Wahnideen und Neigungen
zu allem Geheimnisvollen und dessen abergläubische Vorstellungen bis
hin zu den mehr als spektakulären Geisterbeschwörungen, nachweislich
in Marquardt, ihren doch wohl eher destruktiven Einfluß auf den für
alles Übernatürliche angelegten labilen König nicht verfehlten.

Die Kritik Freiherr vom Steins an Bischoffwerder scheint mir dennoch zu hart und von ganz persönlicher Abneigung überschattet, wenn er
schrieb: „Bischoffwerder ist schlau, beobachtend, verschlossen, phanta-
stisch, bequem, genußliebend, weder durch Kenntnisse noch durch
Beruf für Geschäfte vorbereitet."

Wenn der Besucher heute Marquardt betritt, findet er dann noch
Bischoffwerders Anwesen, wie er es einst verließ? Kaum, denn es sind
nicht allein 200 Jahre ins Land gegangen, sondern immer wieder vorge-
nommene Umgestaltungen gaben der Herrschaft ein ganz anderes
Gesicht.

Wie kommt der ungewöhnliche Ortsname Marquardt zustande?
Ursprünglich entstand das Dorf aus einer altwendischen Fischersiedlung
Skoryn bzw. Schorin mit der ersten großen Hofstelle des Zabel von
Schorin zwischen 1313 und 1378. Von 1688 bis 1704 hieß der Besitzer
von Schorin Wolf Georg von Wartenberg. Als der ohne Erben starb, ver-
lieh König Friedrich I. seinem Obermarschall und Geheimen Etatsrat
Marquardt Ludwig von Printzen im Jahre 1704 die Herrschaft, nach des-
sen Vornamen der Ort Marquardt genannt wurde, wie er bis heute heißt.

Ich hatte das Glück, in Tierarzt Dr. Wolfgang Grittner einen ausgesprochen sachkundigen und freundlichen Ortschronisten zu finden, der mit der Geschichte ebenso vertraut ist wie mit der Gegenwart und darüber hinaus auch die Dorflegenden kennt und deren inhaltlichen Wert richtig einzuordnen weiß. Beginnen wir mit Theodor Fontane, der 1869 Marquardt besuchte und später der Geschichte des Ortes und insbesondere Bischoffwerder sowie den Rosenkreuzern einen breiten Raum in seinem „Havelland" einräumte.

Fontane will noch Reste der „Blauen Grotte" gefunden haben. Aber sicher ist das nicht, denn die Grotte wurde von dem Rittergutsbesitzer Paul Tholuck nach 1860 abgetragen. Dem Ortschronisten ist es zu danken, daß wir heute mit hoher Wahrscheinlichkeit den richtigen Hügel ausmachen können, der den Standort der Grotte bezeichnet. Akazien finden sich zwar nicht mehr auf der kleinen Erhebung, dafür treten aber immer noch blaue Lasursteine zutage. Ansonsten aber dürfte Fontane bis auf unwesentliche Änderungen das Schloß Bischoffwerders im Original noch vorgefunden haben, natürlich in dem durch Lenné veränderten Park, wenn auch an der Rückfront des Herrenhauses zur Parkseite hin die Kanone noch gestanden haben wird, die ein Geschenk Friedrich Wilhelms II. war. Die heutige Gestalt erhielt das Schloß unter Louis Ravené, der 1892 Gut und Schloß als Sommersitz erwarb. Bis zum Jahre 1912 erfolgten der Anbau des Westflügels mit dem repräsentativen Saal und der davor liegenden Terrasse sowie die Täfelung der Räume im Erdgeschoß und die Aufstockung des Herrenhauses. Das Parkgelände wurde durch Ankauf und Abriß sowie durch Flächentausch nach Süden um das Doppelte erweitert. 1932 wurde das Schloß von der jüdischen Hotel- und Restaurantfirma Kempinski & Co. gepachtet und entwickelte sich alsbald zum beliebten Anziehungspunkt, insbesondere für Berliner. Im Dritten Reich wurde das Restaurant in Folge der „Arisierung" von der Firma Aschinger übernommen. Viele Kulturschaffende und Mitglieder der Reichsschrifttumskammer suchten das malerisch gelegene Hotel Marquardt auf, selbst höchste Repräsentanten des Dritten Reichs wie Rudolf Heß, Joseph Goebbels und Albert Speer kehrten hier in Marquardt ein, angeblich kamen sie mit einem Panzerboot.

Daß Marquardt unter Bischoffwerder eine rosenkreuzerische Hochburg war, ist unbestritten. Das wissen nicht allein die Dorfbewohner, sondern viele Gäste, die Marquardt nicht zuletzt aus diesem Grunde aufsuchen. Gibt es noch heute Indizien dafür? Während meines

Aufenthaltes dort hatte sich eine esoterische Gruppe auf der Schloßterrasse und am See versammelt, letztlich auch eine Vereinigung nur für Eingeweihte in eine bestimmte Geheimlehre. Zufall oder das gezielte Aufsuchen eines traditionsbeladenen Ortes für alles Mystische und Geheimnisvolle? Man hat in Marquardt, wie ich von dem Ortschronisten erfuhr, nach weiteren Spuren der Rosenkreuzer gesucht. Die Legende besagt, daß zwischen Schloß und Grotte ein unterirdischer Gang gegraben worden sei, den aber niemand fand, wenngleich einige Vertiefungen dafür sprechen könnten. Auf der Suche nach Doppelwänden in der Kirche und im Schloß, die auf spiritistische Übungen schließen lassen würden, war man jedoch erfolglos. Nach allem, was gegenwärtig bekannt ist, haben sich die Geisterbeschwörungen wohl ausschließlich in der „Blauen Grotte" abgespielt, die Doppelwände trug.

Daß man heute nicht einmal mehr sagen kann, wo die Rundgruft Bischoffwerders sich befand, ist merkwürdig. Noch zu Zeiten König Friedrich Wilhelms IV. war die Gruft vollständig erhalten, in der neben Bischoffwerder zwei früh verstorbene Enkelsöhne, seine 1833 gestorbene Frau und Caroline Erdmuthe Christiane, eine Tochter des Generals aus erster Ehe, ihre letzte Ruhestätte fanden. Eine deutliche Geländevertiefung läßt Dr. Grittner vermuten, daß sich die Gruft vor der jetzigen Terrasse befunden haben könnte. Auf der „versiegelten" Gruft befand sich noch in den 30er Jahren unseres Jahrhunderts ein schlichtes gußeisernes Kreuz ohne Inschrift – auch dieses Kreuz war irgendwann verschwunden. Um 1990 fanden badende Dorfkinder am Strand des Schlänitzsees ein abgebrochenes Kreuz, dessen Bruchstelle zu einem neben der Kirche stehenden Sandsteinsockel mit Eisenstumpf paßte. Damit war zweifelsfrei erwiesen, daß man das Kreuz der Gruft gefunden hatte. Sorglich hatte Dr. Grittner Kreuz und Sockel neben der Dorfkirche aufgestellt. Die Freude über diesen wertvollen Fund war nur von kurzer Dauer, denn über Nacht hatten „Liebhaber" das Kreuz gestohlen, eine Spur führte vom Friedhof weg auf die angrenzende Straße. Daraufhin veranlaßte Dr. Grittner, daß alle noch vorhandenen Kreuze, die die Kirche einst umstanden, aus Sicherheitsgründen im Keller der Kirche untergebracht wurden, so daß heute lediglich das Kreuz von Hans Rudolph von Bischoffwerder dem Jüngeren noch den Gottesacker um die Kirche ziert. Möge ihm das Schicksal der letzten Ruhestätte seines Vaters erspart bleiben.

Wenn ich Bischoffwerder und Marquardt ausführlicher beschrieben habe, dann deswegen, weil der einstige Besitzer zweifelsfrei eine führende Rolle im Preußen Friedrich Wilhelms II. innehatte und Marquardt für eine kurze Zeit zum Mekka der Rosenkreuzerei wurde. Darüber hinaus sind Schloß und Park eine Perle in der märkischen Schlichtheit und laden wegen ihrer Geschichtsträchtigkeit und landschaftlichen Schönheit jeden zu einem Besuch ein.

Soviel zu Bischoffwerder. Und wer war Woellner, der Preußen angeblich nach innen dominierte?

Johann Christoph von Woellner

Johann Christoph von Woellner, geboren am 19. Mai 1732 in Döberitz bei Spandau als Sohn eines Pfarrers, gilt bis heute als der böse Geist des gutmütigen und willensschwachen Königs. So sahen ihn einige Historiker, so hatte ihn auch Friedrich der Große gesehen, der über Woellner sagte: „Der Woellner ist ein betriegerischer und Intriganter Pfafe!"

Was wissen wir über Woellners Lebensweg, über ihn als Mitglied des Rosenkreuzerordens, der angeblich für ihn lediglich Mittel zum Zweck gewesen sei?

Studiert hatte Woellner Theologie. Dann war er Hauslehrer der Kinder des Generals von Itzenplitz auf Groß Behnitz, wo er 1754 auch die Pfarrstelle übernahm. Als der General 1759 in der Schlacht bei Kunersdorf fiel, kaufte dessen Witwe Woellner 1766 eine Domherrnstelle in Halberstadt und verpachtete ihm ein Jahr später die Itzenplitzschen Güter. 1768 heiratete Woellner die Tochter seiner Gönnerin, allerdings ohne die Zustimmung Friedrichs des Großen, der Woellner abrupt fallenließ und dessen Nobilitierung rundweg ablehnte.

Zurückgezogen lebte Woellner auf seinen Pachtgütern und entwickelte hier einen ausgesprochen praktischen Sinn für die Landwirtschaft, den er auch in mehreren Schriften niederlegte. Um diese Zeit erwarb Woellner ein Haus in Berlin, wo er eine harmonische Ehe mit der Generalstochter Charlotte von Itzenplitz führte, und nahm erste Kontakte zu den Freimaurern auf, um selbst auf schriftstellerischem Gebiet aktiv im Sinne der Aufklärung zu wirken. 1770 wurde Woellner Kammerrat

Woellner als Hauslehrer in Groß Behnitz. Gemälde im Burgmuseum Beeskow (unbekannter Maler).

des Prinzen Heinrich von Preußen und schloß sich bald der Strikten Observanz an. Schnell stieg er auf zu höheren Graden. 1773 finden wir Woellner als Protokollführer beim Konvent der Deutschen Logen in Berlin. Offenbar lernte er hier Bischoffwerder näher kennen und nahm erste Kontakte zu den Rosenkreuzern auf.

Als Abgeordneter der Berliner Strikten Observanz hatte Woellner schon 1772 an dem Konvent in Kohlo teilgenommen, wo er erste Kontakte zu Bischoffwerder knüpfte. Seit 1776 waren die Beziehungen beider soweit gereift, daß sich ein regelmäßiger Briefwechsel ergab. Der ehemalige Theologe war erfüllt von einer brennenden Sehnsucht nach den großen Offenbarungen Gottes, die der Orden verhieß. Seine Hoffnungen setzte er auf Bischoffwerder, dem er 1777 schrieb: „Soviel ist sicher, wenn Eifer im Orden forthilft, so kommen wir gewiß weiter. O, ihr sehenden Brüder, wollet Ihr Euch über uns Blinden nicht erbarmen, wir stehen ja am Wege und betteln.“

Groß Behnitz: Alte Einfahrt zu dem ehemaligen Itzenplitzschen Schloß.

Bischoffwerder hat Woellner um 1780 mit dem Thronfolger bekannt gemacht.

Auf Betreiben Bischoffwerders trennte sich Friedrich Wilhelm von seiner Geliebten Wilhelmine, wobei sich Woellner für die Rietz einsetzte, weil man schwerlich einem Vater den Verkehr mit der Mutter seiner Kinder untersagen könne. Das gab die einkalkulierten Pluspunkte bei Friedrich Wilhelm, und bald kam Wilhelmine mit stiller Duldung des Ordens zurück.

Andererseits versuchte Woellner, den Einfluß der Rosenkreuzer ständig zu erweitern, die Logen von der Strikten Observanz wie eigentlich die gesamte Freimaurerei zu dominieren. 1784 konnte er seinen ersten Triumph verbuchen: Die Berliner Mutterloge „Zu den drei Weltkugeln" setzte sich gänzlich ab von dem System der Strikten Observanz.

Woellners Programm stand fest. War der in greifbare Nähe gerückte Thronwechsel erfolgt, wollte er aktiv mitwirken, die Aufklärung im Staate des großen Friedrich mundtot zu machen. Am 18. März 1786, also fünf Monate vor dem Ableben Friedrichs des Großen, schrieb Woellner an Bischoffwerder, er hoffe, daß der Thronfolger Vertrauen zu ihm fasse und ihm „die große Angelegenheit der Religion Jesu in seinen Staaten

Groß Behnitz: Dorfkirche, in der Woellner seit 1754 Pfarrer war.

ganz anvertraue." Und er fuhr fort: „Oh Herzensbrüderchen! Wie freudig will ich Gott auf meinem Sterbebette danken, wenn ich das unwürdige Instrument in der Hand von O (Ormesus Magnus – d. A.) gewesen bin, Millionen Seelen vom Untergange zu retten und sein ganzes Land wieder zum Glauben an Jesum zurück zu bringen."

Nach der Thronbesteigung Friedrich Wilhelms II. am 17. August 1786 ging Woellners Rechnung auf: Er gelangte schnell zu Macht und Ansehen im Staatsdienst und wurde noch im gleichen Jahr geadelt. Wenn er auch nicht spontan an den von ihm erstrebten Platz gelangte, so sollte er schon bald die wichtigsten Zweige der inneren Verwaltung und das Justizdepartement leiten. Am 3. Juli 1788 war er am Ziel: Er wurde Minister des geistlichen Departements, sein Vorgänger Zedlitz aus dem Amt entfernt. Bereits am 8. Juli 1788 trat sein Religionsedikt in Kraft – ein „kirchliches Polizeigesetz", das ihm nicht nur den Haß der protestantischen Geistlichkeit und des Volkes, sondern auch weiter Teile des Hofes einbrachte. Ein gutes Jahr später, am 19. Dezember 1789, folgte das Zensuredikt, das Friedrichs des Großen Ausspruch „Gazetten, wenn sie interessant sein sollen, dürfen nicht genieret werden" endgültig aufhob. Das Religionsedikt bedeutete den ersten großen Triumph des Rosenkreuzertums. Ab jetzt galt Woellner für viele als der böse Geist des neuen Königs, als berüchtigter Minister, unheimlich und zwielichtig zugleich. In gewisser Weise war er zum ersten Mann in der Regierung aufgestiegen, so daß Mirabeau ihm den Titel eines Vizekönigs beilegte.

Das Religionsedikt fand die volle Zustimmung Friedrich Wilhelms, der bei aller Friedfertigkeit gelegentlich unmißverständliche Worte fand. Im April 1794 schrieb er seinem Großkanzler von Carmer einen Brief, der bei seinem Staatsdiener schwerlich Freude aufkommen lassen konnte:

„Mein lieber GroßCanzl vCarmer.

Obgleich die von Euch (verfaßte) Vorschrift an das Justiz Department, um die Cassation, der, dem Relig. Edict zuwiderhandelnden Prediger, schleuniger wie bisher zu bewirken, nicht so kurz ist, als diejenige welche ich Euch in meiner letzten Cab: Order gegeben, So habe ich solche dennoch vollzogen, und befehle Euch ..., so lieb Euch meine Gnade ist, die Fiscale anzuhalten, daß sie bei den Untersuchungen gegen die Neologen und Übertreter des Rel Edicts weder saumseelig noch nachsichtig sein, wofern sie selbst nicht cassirt werden wollen. Ich binde Euch die ganze Sache auf Euer Gewissen.
Potsd: d, 12 April 94"

Ob die „Fiscale cassirt" wurden, ist schwer zu sagen. Auf jeden Fall mußte Großkanzler von Carmer noch 1794 seinen Hut nehmen. Er wurde auf Betreiben Woellners und Bischoffwerders gegen Goldbeck ausgewechselt, der selbstverständlich Rosenkreuzer war.

Selbst Woellner schien dem König in der Durchsetzung des Edikts zu nachsichtig zu sein. Unter Androhung seiner Ungnade befahl er ihm, mit aller Härte gegen die Widersacher vorzugehen. Dieser Brief ist ein beredtes Zeugnis dafür, daß Friedrich Wilhelm selbst alle Andersdenkenden in seinem Lande mundtot machen wollte – ein Vollblut-

Rosenkreuzer sozusagen, der Woellner und Bischoffwerder in nichts nachstand. Am 12. April 1794 schrieb er seinem Minister:

„Mein l. Et. M. vWöllner

Es wird Euch aus dem Justiz Dep: eine von mir vollzogene Order communirt werden nach welcher die Cassation der neol Prediger per Decretum des Oberconsistorii geschehen soll. Ein solches Decret soll allemal per plurima Statt finden. Da aber die ConsistorialRathe Teller Zöllner u Gedike, bekannte Neologen und sogenannte Aufklärer sind, die ich zwar auf eine kurze Zeit dulden werde, so ist doch mein Wille, daß sie sich in CassationsSachen der neol Prediger ihres Voti enthalten sollen. Ihr kennet meinen ganzen Ernst, die alte reine Religion Jesu in meinem Staat, aufrecht zu erhalten, Eure jetzige Erfahrung wird Euch aber belehrt haben wie sehr die im Rel. Ed. (befohlene) Gelindigkeit auch ... mißbraucht wird und wie wenig Ihr bisher damit ausgerichtet habt. Ich befehle Euch demnach unter Androhung meiner Ungnade mehrere Strenge anzuwenden u strafende Exempel zu statuiren, weil die Sache selbst für den Staat viel zu wichtig ist, als das ich nicht alle in Händen habende Mittel anwenden sollte den eingerissenen Strohm des Unglaubens in einem Lande als Landesherr entgegenzuarbeiten. Hiernach habt Ihr Euch zu richten.

Potsd: d 12 April 94."

War Woellner ein bewußter Betrüger, ein angeblich geistloser Heuchler, ein skrupelloser Intrigant? Für einige Historiker war und ist er es, nicht allein für Friedrich den Großen. Wir wollen versuchen, Woellner ungeachtet solcher Meinungen unvoreingenommen zu betrachten. Als Theologe war er Rationalist und sogar Anhänger der Aufklärung gewesen, als Freimaurer huldigte er allerdings schon einem bedenklichen Mystizismus. Viele Reden strotzten vor Unsinn. Bewußt setzte er auf die Rosenkreuzer, stieg aufgrund seiner Begabung und angeblich kalten Berechnung rasch nach oben und gewann so auch Macht über Friedrich Wilhelm. Die Briefe der Ordensoberen aus dem Verborgenen – waren es am Ende Woellners Briefe, wie hier und da zu lesen ist?

Solche Behauptungen sind durch nichts zu beweisen. Wenn sich Woellner durch sein Können und viele gute Schriften den Großen seiner Zeit empfahl, spricht das nicht zwangsläufig für Schurkerei, nur weil er Rosenkreuzer war.

Philippson meinte, daß Woellner der eigentliche Spiritus rector des Gold- und Rosenkreuzerordens gewesen sei – und wenn, wäre das verwerflich? Die Rosenkreuzer hatten nach Eismann ultramontane (streng päpstlich gesinnte) Tendenzen, Woellner selbst aber nicht, was Philippsons Ansicht fragwürdig macht.

Woellner war Berliner Zirkel-Direktor, das heißt immerhin örtlicher Ordensoberer. Seine genaue Position im Orden ist jedoch nicht mehr festzustellen. Sicher ist, daß er schon seit 1776 mit einflußreichen Rosenkreuzern bekannt war, so mit von Gemmingen und von Hund, abgesehen von Bischoffwerder. Es gibt aber Indizien dafür, daß Bischoffwerder größeren Einfluß auf Friedrich Wilhelm hatte, der es immerhin fertigbrachte, die Geliebte des Thronfolgers zu entfernen. Allerdings bat Bischoffwerder Woellner um ein „Pflaster für das wunde Herz" des Prinzen bei den Oberen, was wiederum dafür sprechen könnte, daß Woellner einen höheren Grad im Orden hatte als er selbst. Die Rückkehr Wilhelmines wurde ins Werk gesetzt, Woellners Einfluß im Orden also doch wohl sehr erheblich?

In der sogenannten Woellneriana, 15 Schriftstücke aus dem Nachlaß des Rittmeisters von der Marwitz auf Groß Rietz bei Beeskow, Woellners früherem Wohnsitz, befinden sich interessante Dokumente über Woellner, Bischoffwerder und den König, die uns Eismann erschlossen und interpretiert hat. Dieser Briefwechsel beleuchtet das Verhältnis der drei Rosenkreuzer zueinander, wobei Woellners feste Verankerung in dem Orden und seine „Manipulationen", seine Anfeindungen von außen und die Treuebekenntnisse Friedrich Wilhelms und Bischoffwerders zu ihm aufschlußreicher sind, als alle sonstigen Darstellungen.

Werfen wir also einen Blick auf den Inhalt der Woellneriana.

In einem Brief teilte Bischoffwerder Woellner mit, daß es ihm gelungen sei, „die bewusste Person (gemeint war Wilhelmine – d. A.) ein für alle Mahl von sich zu entfernen." Nach entsprechender Vorstellung seines Anliegens habe ihm der Thronfolger gesagt: „Hier haben Sie meine Hand und mein Ehrenwort . . . sie soll fort. Nunmehr gieng er mit mir in das détail derer arrangements und versprach mit ihr sogleich über die Sache zu sprechen." Das Gespräch mit Wilhelmine scheint das Ergebnis nicht gehabt zu haben, das Friedrich Wilhelm in Aussicht stellte, denn als er Bischoffwerder abends wieder rufen ließ, schrieb dieser danach:

„. . . man sieht, dass Ihm das Mensch noch immer ans Hertz gewachsen ist. Sie hat sich sehr ungebärdig angestellt, convulsiones affectirt, geschrien, . . . endl. aufgesprungen mit ungestühm einen Wagen verlangt . . . Ich antwortete darauf – dass es mir lieb sey, Ihm in dem Fall zu sehen, eine Probe seiner Standhaftigkeit ablegen zu können, und ermahnte ihn zu fleissigem Gebeth um beystand, zuletzt gab ich Ihm die Hoffnung, dass der On. Ihm diesen Entschluss und tugendliches betragen seine besondere Zufriedenheit würde zu erkennen geben, worüber er ungemein vergnügt schien.

Farferus"

Welch purer Unsinn von Bischoffwerder, dem Mann die Frau entreißen zu wollen, die er wirklich liebte, ein Leben lang. Woellner dagegen handelte klüger, wie wir wissen, oder raffinierter, denn wegen seines Eintretens für Wilhelmine war ihm zwangsläufig der Dank des Thronfolgers sicher.

Daß auch in politischen Angelegenheiten die Rosenkreuzerpraxis beibehalten wurde, so daß die Briefe für Außenstehende schwer zu deuten waren, zeigt ein persönliches Schreiben des Königs vom 28. April 1788 an Woellner:

„Ich bin nun mit die Br. Ocarus u. Farferus so weit gekommen dass mir nur noch ihre gegenwart hier von nöhten um über einigen puncte die letzten mesures zu nehmen und ihnen unsere ideen über den ferneren gang der Sache bekandt zu machen die mit Gottes Hülfte gut gehen wirdt worüber ich Gott danke und mir hertzlich freue,
Kommen Sie geehr gelieber unter dem prétexte ihrer bauangelegenheiten so wird es keinem auffallen
28 Aprill 88

Fr. Wil."

Für Laien schwer zu deuten. Eismann gab folgende Interpretation: Anscheinend bezieht sich der König in seinem Brief an Woellner auf den Minister Karl Abraham von Zedlitz, der 1787 eine umfassende Schul- und Bildungsreform im aufgeklärten Geist durchsetzen wollte und ein Jahr später das Abitur einführte, und der am 3. Juli 1788 durch Woellner ersetzt wurde, sowie auf das berühmte Woellnersche Edikt, die Religionsverfassung in den preußischen Staaten betreffend. Das Religionsedikt gestand Juden und Katholiken ihre freie Religionsausübung zu, die preußische Landeskirche aber sollte enger an die lutherische Orthodoxie gebunden werden. Zensurmaßnahmen waren die zwangsläufige Folge, die auch Immanuel Kant trafen.

Wie Heliconus sein Ministeramt wohl hauptsächlich der Fürsprache von Farferus bei Ormesus Magnus verdankte, zeigte dieser sich seinem Freund und intimsten Ordensbruder gegenüber erkenntlich, indem er

131

versuchte, Bischoffwerder aus seiner allgemeinen Finanzmisere zu befreien.

Am 19. November 1788 schrieb Woellner an Friedrich Wilhelm II., der Hofbankier Itzig habe ihm mitgeteilt, daß er einen unverhofften Gewinn durch den schlechten Kurs der russischen Wechsel für sich verbuchen konnte. Woellner dachte an Bischoffwerders mißliche finanzielle Lage und fragte den König, ob er „nicht den armen Br. Farferus an diesem unerwarteten Seegen wollten gnädigst Theil nehmen lassen . . . Farferus käme mit einmahl aus allen seinen häusslichen Sorgen wegen seiner Frau und Kinder, und diese Gnaden Bezeigung erführe kein Mensch weiter, denn der p. Itzig dürfte nur eine Ordre erhalten den Ueberrest nachdem er sich wegen der 40 000 Thl. würde bezahlt gemacht haben, an Bischoffwerder abzuliefern, ohne zu wissen, dass dieser das Geld behalten sollte."

Prompt reagierte der König und ließ Woellner handschriftlich wissen: „es ist mir sehr lieb die Gelegenheit zu finden Farferus zu assistiren und können Sie es nur mit Itzig arangiren und kan er das bekommen was von den Sumen vom Hertzog (Ferdinand von Braunschweig – d. A.) und Keller (Baron von Keller – d. A.) übrig seindt.

FW."

Demnach handelte es sich bei der finanziellen Unterstützung beim späteren Ankauf des Gutes Marquardt nicht um die einzige finanzielle Zuwendung des Königs an Bischoffwerder.

Am 21. Juli 1792 schrieb Woellner „An ein Hohes Generalat" und bat, ihn selbst zu schützen wegen drei aus Paris an ihn ergangener Drohbriefe. Außerdem bat er das Ordens-Generalat um Schutz für den König und um Entsendung eines Magus über das Meer, um den heiligen Orden zu schützen. Er schrieb in seinem Hilferuf: „. . . fordere ich Ihre von Gott Ihnen verliehene magische Kräfte auf, und flehe um Schutz gegen Mörder. Werden Sie mich unerhöret lassen? Werden Sie elenden Bösewichtern erlauben, mich umzubringen, da Sie es verhüten können?" Und er fuhr fort: „Ich füge dieser Bitte noch diejenige hinzu, dass Sie gegenwärtig O. M. (Ormesus Magnus – d. A.) in Ihren besonderen Schutz nehmen mögen . . . Ach! Schützen Sie ihn, er thut alles, was in seinen Kräften stehet, die reine Religion in seinen Ländern aufrecht zu erhalten, er gehöret ihnen als ein Ons. Mitglied nahe an, und erfüllet alle Pflichten des Ons. mit unerschütterlicher Standhaftigkeit." Mit Nachdruck erinnerte Woellner an die gegebenen Zusagen, wenn er endete:

„Mein Ons. Vater Hannogeron versprach mir schon vor zwei Jahren dass Er sich die Erlaubnisz auswirken wollte, übers Meer herüberzukommen."

Dann folgt die Abschrift der beiden Drohbriefe, die Woellner am 9. Juli 1792 erhalten haben wollte. Aus Brief Nr. 1: „Woellner! Läugne es nicht, Du verführest und hintergehst den besten König. Du willst die Welt wieder in die Finsternisz stürzen, aus der sie sich kaum wand und es wird Dir aber nicht gelingen Deine Bubenstreiche wird die Nachwelt richten Deiner fluchen und Dich verachten.

Arme sind wieder Dich gewaffnet, denen Du nicht entgehen kannst und wirst."

(In lobenswerter Weise hat Bernhard Beyer die rosenkreuzerischen Geheimschriften aller neun Ordensgrade zusammengetragen. Es ist mir beim besten Willen nicht gelungen, die hier wiedergegebenen Chiffren zu identifizieren und sie einem bestimmten Grad zuzuordnen. Entweder handelt es sich um idealisierte buchstabenähnliche Zeichen, was ich für unwahrscheinlich halte, oder aber um eine ganz individuelle Geheimschrift, der Woellner sich bediente, in die nur ein begrenzter Kreis eingeweiht war wie beispielsweise Bischoffwerder und der König, eine Art Orden innerhalb des Ordens. Es gibt allerdings noch ältere rosenkreuzerische Geheimschriften, die keinem besonderen Grad zugehörten. Aber auch der Vergleich mit diesen Zeichen zeigt keinerlei Ähnlichkeit mit den Schriftzeichen Woellners, wenn es denn überhaupt seine waren.)

Im „Pariser" Brief Nr. 2 wird Woellner folgendes angedroht:
„Doch wiss, dass Dolche Dich zu morden
Für Dich sind geschliffen worden.

Dein Feind."

Woellner wollte den König unruhig machen, ihn noch mehr bei der rosenkreuzerischen „Stange" halten. Es ist nicht auszuschließen, daß der

Urheber dieser Drohbriefe Woellner selbst gewesen ist und die Briefe nicht in Paris, sondern in Berlin geschrieben wurden. Um keinerlei Verdacht aufkommen zu lassen, wurden sie lediglich in Paris aufgegeben. Bischoffwerder bat er, die Briefe an das Generalat an den König weiterzugeben, was der auch prompt erledigte. Daraufhin teilte Farferus seinem Ordensbruder mit: „Hertzens Freund, Ihre liebe Zuschrift vom 21. 7. habe ich hier im Lager (Dübeneck – d. A.) richtig erhalten und die Anlagen dem H. O. M. kommuniciret." Aber er ließ Woellner wissen: „. . . so bin ich doch überzeugt, dass selbiges nicht dort (in Paris – d. A.), sondern von einem Berliner Schurken geschrieben und erst dorthin geschickt worden ist." Und er fuhr fort: „Dass dem König Gefahr droht, weiss ich gewiss, spreche aber 'Wer unter dem Schirm des Höchsten'. Mit treuer Ergebenheit unverändert bin

totus tuus

Bischoffwerder"

Am 23. September 1796 wandte sich Woellner an seinen König wegen der Anstellung von Schulräten „bei dem Joachims-Thalischen Gymnasio". Er gab seiner Hoffnung Ausdruck, daß der König ihn auch hier gegen seine Feinde schützen werde und schrieb seinem Herrn:

„Ich weiss es ja doch, dass Allerhöchstdieselben mich in der guten Sache gegen die Aufklärer stets mächtig unterstützen, und mich nie verlassen werden, obgleich die Neologen und meine übrigen Feinde, dem leichtgläubigen Publikum einbilden, dass ich seit einiger Zeit, gar keinen Rückhalt mehr hätte. Ich gehe aber meinen festen Schritt fort, und verlasse mich auf Gott und auf meinen gnädigsten König."

Er irrte nicht, denn Friedrich Wilhelm antwortete: „Der gang ist ernst und den halten Sie stets, nur Illuminaten und schlechte Kerrels können die Lüge zu verbreiten suchen, das ich Ihnen gegen die Religion und Christenkunde nicht unterstützen werde; verlassen Sie sich stets auf dieser unterstützung und bleiben desto fester in Ihrem gang.

Fr. Wilhelm"

Was wollte Woellner mehr? Ein besseres Treuebekenntnis konnte sein König, der im Laufe seiner Regierungsjahre nicht mehr so „ordensfest" zu sein schien wie einst, ihm nicht geben.

Am 25. September gratulierte Woellner seinem Souverän zu dessen 52. Geburtstag und schrieb:

„Gott seegne Ew. K. M. an Ihrem heutigen Geburtstage mit tausendfachem Seegen bei dem Eintritt in dies so vorzügl. wichtige Lebensjahr

. . . Es haben allerhöchst dieselben durch die gestrige huldreiche Versicherung mich gegen die Religions-Feinde stets kräftig zu unterstützen, eine grosse Freudigkeit in meiner Seele erwecket." Woellner teilte seinem Herrn mit, daß er das „heilsame Edict" auch in Ansbach, Bayreuth und für die neuen „Unterthanen in Süd-Preussen in ihrer Mutter-Sprache" „publiziren" werde, was die volle Zustimmung seines Königs fand, der ihm am 26. September 1796 schrieb:

„Ich danke für Ihren guten wünschen und hoffe das der höchste Ihr gewisz aufrichtiges gebethe erhören wirdt. – Es ist gut, das die Examinations-Commission von Zeiten wieder aufgewecket werden, auf das derselben so nöthigen aufmercksamkeit nicht einschläferet . . . den Uhrlaub accordire nur muss er nicht verlängert werden jemehr sich evenements nähern, desto nöthiger ist es, auf seinem Posten zu seindt –

Ihr wohl afectionirter

Fr. Wilhelm."

Am 28. September 1796 dankte Woellner seinem König. Er habe neuen Lebensmut geschöpft durch die Versicherung der königlichen Gnade. In der französischen Revolution sah er den Feind der rosenkreuzerischen Bestrebungen. „Die Illuminatenbrut hat sich in der Revolution eine wirksame Waffe gegen die Religion Jesu Christi geschaffen", so später Eismann, während Woellner selbst Friedrich Wilhelm schrieb: „Allein sobald sich diese Illuminatenbrut mit ihren cacomagischen Kräften, die sie gewiss in einem hohen Grade besizzet, regen wird, sobald wird ihr durch höhere magische Kräfte des Hl. Ons. gewiss die Waage gehalten werden, davon bin ich so gewiss überzeugt, als von meiner Existenz. Wozu existirte sonst der Hohe On. in der Welt? . . . Es ist besonders dass es allemahl der Satan ist, der eine Revolution anfängt. Als Schrepfer die Cacomagie im kleinen anfing auszubreiten, um dem Reiche Jesu zu schaden, so traten die Oberen des Ons. ins Mittel."

Die französische Revolution war für Woellner der Antichrist, geboren aus der Aufklärung, favorisiert von Illuminaten, die erklärten Feinde des heiligen Ordens der Rosenkreuzer. Und fast seufzend und beschwörend schloß er seinen Brief: „Ach wenn Ew. K. M. nebst mir nur etwas weiter im On. wären, so würden wir gewiss klarer sehen . . . Unser gnädigster König und H. wir sind ganz sicher nicht verlassen."

Konnte der König am Ende dem rosenkreuzerischen Feuereifer doch nur noch bis zu einem bestimmten Grade folgen und war seine eigene Flamme am Erlöschen?

Die Briefe spiegeln fast alle Bereiche, in die der Orden eingriff, und das betraf das gesamte gesellschaftliche Leben nach innen wie nach außen bis hin in die Privatsphäre des Königs. Sie beinhalten das persönliche Leben Friedrich Wilhelms (Entfernung Wilhelmines), rein innenpolitische Angelegenheiten (Entlassung des Ministers von Zedlitz), Eigeninteressen von Ordensmitgliedern (finanzielle Zuwendung für Bischoffwerder), Erpressungsversuche Woellners an den König (womöglich gefälschte Drohbriefe), Einfluß auf verantwortungsvolle Positionen im Staatsapparat (Schulräte für das Joachimstaler Gymnasium), Festigung der Woellnerschen Machtposition (Ausweitung des Religionsedikts auf Ansbach, Bayreuth und Südpreußen) sowie außenpolitische Einflußnahmen (Kampf gegen die französische Revolution und gegen Illuminaten). Man geht sicher nicht fehl in der Annahme, daß Woellners innenpolitische Macht ziemlich unumschränkt gewesen ist, auch wenn die Briefe das gesamte Geschehen nur ausschnittsweise wiedergeben können. In gewisser Weise war Bischoffwerder Woellners Steigbügelhalter, denn wir wissen, daß letzterer Bischoffwerder sein Ministeramt verdankte und ebenfalls durch dessen Vermittlung bereits mit dem Thronfolger Friedrich Wilhelm bekannt wurde. Obwohl Woellner als Zirkel-Direktor Bischoffwerders Ordensvorgesetzter war – korrekt erstattete Bischoffwerder Woellner Bericht über die Entfernung Wilhelmines –, scheint er über größeren Einfluß verfügt zu haben und von den imaginären Ordensoberen mehr geschätzt worden zu sein als Woellner.

Daß Bischoffwerder sich stets im Hintergrund hielt, entsprach der Rosenkreuzerpraxis. Korrekt beförderte er die Drohbriefe Woellners an den König, die er aber für unbedeutend hielt. Hat Bischoffwerder Woellner hier durchschaut, ahnte er, aus welcher Feder sie stammen könnten?

War Bischoffwerder einer der Ordensoberen selbst, der den König und auch Woellner täuschte? Woellner scheint echt besorgt um seinen König gewesen zu sein. Das spricht für seine Lauterkeit.

Am 3. Juli 1788 wurde Zedlitz in seinem Amt durch Woellner ersetzt, fünf Tage später folgte das berüchtigte Religionsedikt, am 19. Dezember 1789 das Zensuredikt. Das Religionsedikt, das möglicherweise mehrere Väter hatte, insbesondere den König, wurde später und wird noch heute ausschließlich Woellner als maxima culpa, als die Wurzel des Übels in seiner Ministerlaufbahn angelastet, der es vielleicht nur in die Tat umsetzte. Diesen Schluß lassen einige Briefe durchaus zu.

Titelblatt des Zensur-Edikts.

Für Woellner spricht, daß er die gemeinsame Ordensmitgliedschaft mit seinem Souverän nicht mißbrauchte. Nie schreibt Heliconus oder Chrysophiron an Ormesus Magnus, korrekt wendet sich der Minister an den König. Auch bei seiner kritischen Haltung bezüglich der Einstellung von Schulräten für das Joachimstaler Gymnasium machte er aus seiner Meinung kein Hehl, unsicher, ob der König ihm soweit folgen werde. Er war durchdrungen von seinem Amt, von der Hingabe an seine Aufgabe mit dem religiös begründeten Gefühl von der Verantwortlichkeit des Ordensbruders gegen die Oberen, selbst wenn dieser Gehorsam ihm die Gunst des Königs entziehen sollte, ihn Rang und Ansehen kosten würde. Das unterschied ihn grundsätzlich von Bischoffwerder, der alles tat, um die Gunst des Königs nicht zu gefährden – ein anscheinend willfähriger

137

Gefolgsmann, der andererseits behutsam und umsichtig seinen König leitete.

Die Woellneriana ist ein Fragment. Dennoch spiegelt sie das Verhalten Woellners anschaulich, seine Beziehungen zum Orden, zu Bischoffwerder und zum König. Eine Fälschung ist nach der Studie Eismanns ausgeschlossen. Die Briefe, die Eismann von dem Rittmeister von der Marwitz zur Verfügung gestellt worden sind, wurden zum ersten Mal aus dem Familienarchiv der Itzenplitz' herausgegeben, einer Familie, in die Woellner eingeheiratet hatte.

Woellner hat, wie kurz erwähnt, in seinem Leben mehrere Wandlungen durchgemacht. Aus einem dem Rationalimus, ja der Aufklärung zuneigenden Pfarrer wurde ein tüchtiger Landwirt, der praktischen Verstand besaß und seine Ideen und Vorschläge auch in Schriften niederlegte. Zu dieser Zeit war ihm sogar der große König sehr gewogen, bis es zum Bruch kam wegen der Vermählung mit der Tochter der Generalin von Itzenplitz. Schließlich verschrieb sich Woellner den Geheimbünden, wurde Freimaurer und schloß sich der extremen Richtung der Strikten Observanz an. Von hier war es nur ein Schritt zu den Rosenkreuzern. Durchdrungen von dem Orden sah er in dessen Wirken einen Segen für die Menschheit, das heißt bei allem Fanatismus waren seine Beweggründe nicht niederer Natur, schon gar nicht egoistisch oder intrigant. Wenn sein Name auch für immer mit dem Religionsedikt verbunden bleiben wird, so war er selbst doch alles andere als ein ultramontaner Rosenkreuzer. Moralische Vorwürfe sind ihm eigentlich nicht zu machen. Wer will ihm ernsthaft seinen inbrünstigen Jesusglauben anlasten, der doch niemandem schadete?

Trotz allem, und insofern ist Woellner eigentlich eine tragische Figur zu nennen, hat sein Wirken dem Ansehen Preußens mehr geschadet als genutzt. Seine Edikte brachten Unfreiheit, Zensur und Ängste und überzogen alle preußischen Staaten wie mit einem Netz. Von Toleranz, die seit den Tagen des Großen Kurfürsten in diesem Lande eine Heimstatt hatte, keine Spur mehr. Kampf gegen Andersdenkende war angesagt, und all das ging von Woellner aus, denn für das innenpolitische Klima zeichnete Minister von Woellner verantwortlich, auch wenn der König selbst die eigentliche Triebfeder sein mochte.

Spottgedichte auf Woellner machten nicht nur im Volksmund die Runde, sie erschienen auch gedruckt, wie etwa die folgenden Reime:

„So väterlich fürs Irenhaus zu sorgen

Johann Christoph von Woellner als Rosenkreuzer. Gemälde im Burgmuseum
Beeskow (unbekannter Maler).

das ist nicht Mißbrauch der Gewalt;
Der schlaue Wöllner sorgt für Morgen
Für seinen künft'gen Aufenthalt.
Heißt das mit Recht ein Mißbrauch der Gewalt?
Ein kluger Fürst denkt heute schon an Morgen
und mehrt die Fonds von seinem Aufenthalt."

Mit dem Tode des Königs war auch die Uhr für Woellner abgelaufen. Im
Unterschied zu Bischoffwerder gestand Friedrich Wilhelm III. ihm nicht
einmal eine Pension mehr zu. So starb der Verstoßene und einst so
Einflußreiche verarmt und unbeachtet am 10. September 1800 auf Groß
Rietz bei Beeskow, einem Rittergut, das er im Jahre 1790 erworben hat-
te. Seine Frau überlebte ihn nur um ein Jahr.

Woellner ist von der Geschichtsschreibung immer schlecht behandelt
worden, zu unrecht, wie ich meine, da er auf vielen Gebieten segensreich

Groß Rietz: das ehemalige Herrenhaus Johann Christoph von Woellners.

gewirkt hat und seine Reformen in Groß Rietz geradezu progressiv gewesen sind. Im Jahre 1909 fand man im goldenen Knopf des Kirchturms die Kirchenchronik von Groß Rietz, die folgende eigenhändig geschriebene Aufzeichnung Johann Christoph von Woellners enthielt:

„Zum Behufe der mecklenburgischen Koppelwirtschaft habe ich Groß Rietz die Feld- und Triftgemeinschaft mit den Bauern aufgehoben und den herrschaftlichen Acker zusammengelegt, welches nicht ohne viele Mühe nach einer sorgfältigen Bonitierung geschehen ist . . . Durch diese Einrichtung hoffe ich unter Gottes Segen die 16 Familien (die Bauern von Groß Rietz), welche allesamt in höchst armseligen Umständen sind, bald in bessere zu versetzen, damit sie sämtlich ihr Brot haben, welches mir eine herzliche Freude sein soll, weil doch für jedes fühlbare Herz nichts mehr empörend ist, als wenn arme Menschen im Schweiß ihres Angesichts doch kaum oder gar nicht soviel erarbeiten können, um ihr Leben auf eine kümmerliche Weise durchzubringen.“

Darin glich Woellner seinem Ordensbruder Bischoffwerder, dessen soziale Leistungen in Marquardt seiner Zeit ebenfalls weit voraus waren.

An sich hatte Woellner in Groß Rietz an seine einstige Zeit als Gutspächter angeknüpft, und seine in den siebziger Jahren des 18. Jahr-

hunderts herausgegebenen Schriften über Agrarökonomie und Pflanzen-
bau, in denen er sogar eine allgemeine Agrarreform gefordert hatte, jetzt
in die Praxis umgesetzt. Für ihn bildeten die Bauern das „Fundament des
Staates", und ganz im Kleinen, in seinem eigenen Verantwortungs-
bereich, handelte er danach. Wissenschaftliche und praktische Erkennt-
nisse und Erfahrungen bildeten die Grundlage für seine moderne
Landwirtschaft. Seine Agrarreform in Groß Rietz schloß eine rege
Bautätigkeit ein. So entstanden eine Brauerei und Brennerei sowie ein
Kuhstall für 140 Tiere. Bereits 1791 hob Woellner die Erbuntertänigkeit
seiner Bauern gegen Zins auf – das alles Jahrzehnte vor den Steinschen
Reformen. Jeder Bauer und jeder Kossät erhielt etwa 30 Hektar Land
oder zwei Hufen, wie man damals sagte. Auf Schlägen von 130 Morgen
(32,5 Hektar) hatte ein periodischer Wechsel von Ackerland, Wiese und
Weide zu erfolgen.

All dies war eben auch Woellner, nicht nur der fanatische Rosenkreuzer, der Vizekönig und allmächtige Minister, von dem nach meiner
Erkenntnis noch nicht einmal gesagt werden kann, ob er der alleinige
Urheber des Religions- und des Zensuredikts gewesen ist. Daß er sie
umsetzte, ist dagegen unstrittig, wenn offenbar auch nicht mit der Härte
und Rücksichtslosigkeit, die sein König von ihm erwartete.

Wird nach allem, was wir wissen, der angeblich negative Einfluß der
Rosenkreuzer und ihrer prominentesten Vertreter nicht überbewertet?
Allein aus der Tatsache, daß Woellner zu den eifrigsten und vielleicht
auch ranghöchsten Rosenkreuzern zählte, lassen sich nicht zwangsläufig
die Attribute berüchtigt, unheimlich, zwielichtig, ja geistlos ableiten, mit
denen Woellner teilweise bis heute belegt worden ist. Auch unlauter war
Woellner nicht.

Finden wir noch Spuren aus jener Zeit, Zeugnisse, die an den
Minister von Woellner erinnern? Wenn man von Berlin in Richtung
Osten über Storkow bis Beeskow fährt und den Weg in nordwestliche
Richtung nach Fürstenwalde nimmt, erreicht man nach 5 km den Ort
Groß Rietz. Etwa 20 Meter vor dem Kirchturm finden wir auf dem
Friedhof eine monumentale Grabplatte aus tonschwerem Granit mit den
ungewöhnlichen Ausmaßen von 250 cm Höhe und 220 cm Breite. Die
durch die Jahrhunderte verwitterte Grabplatte trägt die Inschrift J. C. v.
Woellner und die seiner Ehefrau Charlotte, der Geborenen von Itzenplitz
– nicht sonderlich gut, aber immerhin noch zu lesen. Vom Ortspfarrer
erfuhr ich, daß einst in der Dorfkirche ein Porträtgemälde Woellners

Groß Rietz: Noch aus den Tagen Woellners erhaltener
Kellereingang zum Schloß.

hing, das sich heute in der Burg von Beeskow befindet, dem Heimat-
museum der Kreisstadt. Und tatsächlich ist das gut erhaltene Gemälde
sowie ein weiteres von Woellner als Hauslehrer in Groß Behnitz dort zu
finden und für jeden sicher eine Freude, dem der Name Woellner etwas
sagt.

Was aber wurde aus Schloß und Park Groß Rietz? Das Herrenhaus ist
noch vorhanden, wenn auch in völlig desolatem Zustand. Seine Fassade,
die ringsum eingerüstet ist, wird gegenwärtig restauriert, Bauherr ist das
Land Brandenburg. Das Innere des Schlosses, in dem Stuckdecken in
einigen Räumen und zwei Sälen den Zustand von einst ahnen lassen, ist
mehr als baufällig, gleicht heute einem Geisterhaus.

Bis 1945 war das Schloß im Besitz derer von der Marwitz, denen in den zwanziger Jahren Eismann die Woellneriana verdankte. Heute erzählt man sich im Dorf, daß Hans Günther von der Marwitz, ein Nachfahre, sich aktiv am Wiederaufbau des Schlosses beteilige, um es dereinst in den Familienbesitz zurückzuführen. Das einzige, was darauf schließen läßt, ist lediglich ein Briefkasten, an einem Zaun in Schloßnähe angebracht, mit dem handschriftlichen Namenszug Marwitz – der „Schloßherr" selbst war nicht zugegen. Er teilte mir aber inzwischen mit, daß er gegenwärtig intensiv auf den von der Treuhandnachfolge gepachteten Flächen Landwirtschaft betreibe, um „wenigstens Teile des ehemaligen Familienbesitzes vom Staat zurückkaufen" zu können.

Hermann Daniel Hermes

In den rosenkreuzerischen Bannkreis Woellners und Bischoffwerders fühlten sich weitere Persönlichkeiten des öffentlichen Lebens gezogen, so vor allem der Breslauer Theologe Hermann Daniel Hermes. Hermes entstammte einer alten pommerschen Pastorenfamilie und wurde am 29. September 1731 in Petznick/Synode Jacobshagen, Kreis Pyritz, als Sohn des dortigen Pfarrers Georg Vivienz Hermes (1702 -1777) geboren. In Halle studierte Hermes Theologie und war seit 1752 Lehrer an der Realschule in Berlin-Friedrichstadt. 1756 erhielt er die Vokation als Pastor in Dierberg bei Rheinsberg bis zu seiner Introduktion als Archidiakonus 1759 in Zossen. 1766 erfolgte seine Versetzung als Professor an das Gymnasium Maria Magdalena zu Breslau. 1771 wurde Dr. theol. Hermes als Pfarrer an der Breslauer St. Bernhardin-Kirche eingeführt, um ab 1775 das Amt eines Proptes an St. Maria Magdalena zu bekleiden, wo er sich später unter dem Ministerium Woellner zum unversöhnlichen Feind der Aufklärung entwickelte.

Wann genau Hermes den Rosenkreuzern nähertrat, ist nicht mehr auszumachen. Auf jeden Fall sprechen seine Aktivitäten schon zu dieser Zeit die Sprache des Geheimbundes. Seinem weiteren Aufstieg stand nach dem Regierungswechsel 1786 nichts mehr im Wege. Ein Jahr später avancierte er bereits zum außerordentlichen Rat beim Breslauer Konsistorium. Den eigentlichen Durchbruch verschaffte ihm ein Besuch des Königs selbst, der 1790 für sechs Wochen in Breslau weilte. Hier war es Bischoffwerder, der Hermes dem König vorstellte, ein Zeichen der Vertrautheit beider. Während des sechswöchigen Aufenthaltes besuchte Friedrich Wilhelm allein an drei Sonntagen den Gottesdienst in der Magdalenenkirche, den Hermes hielt, am 22. und 29. August sowie am 12. September. Der König war äußerst angetan von diesem frommen Gottesmann, der überdies sein Ordensbruder war.

Unter den insgesamt drei Geisterbeschwörungen, die von Bischoffwerder und den Rosenkreuzern für den König in Breslau inszeniert wurden, fand die letzte auf persönlichen Wunsch Friedrich Wilhelms in Hermes' Hause statt, worauf dieser sich zurecht etwas zugute halten konnte. Über diese peinlichen Inszenierungen, die man dem König mit einer willenlosen Somnambule vorgaukelte, wird im nächsten Kapitel berichtet.

Kaum war der König fort, berichteten die „Schlesischen Provinzialblätter", daß dem Oberkonsistorialrat Hermes vom König eine jährliche Pension von 400 Talern ausgesetzt worden sei. Diesmal hatte die Presse ins Schwarze getroffen.

1791 hielt Hermes in der Potsdamer Garnisonskirche eine Jubilate-Predigt, woraufhin ihn der König sofort zum Oberkonsistorialrat in Potsdam und Berlin ernannte und ihn zugleich zum Präsidenten der neugeschaffenen „Kgl. geistlichen Examinations-Kommission" berief.

Jeanette Luise Hermes, Tochter des Hermann Daniel, hatte in Breslau den mystisch-spiritistisch veranlagten Kaufmann Heinrich Oswald geheiratet, einen Phantasten und rosenkreuzerischen Adepten. Oswald, brot- und mittellos, fand großzügig in dem Hause seines Schwiegervaters Aufnahme und seinen Lebensunterhalt. Auf seinen Spaziergängen, so berichtete Oswald glaubhaft, habe sich Christus mehrfach persönlich und vertraulich an ihn gewendet und sei ihm nahegetreten. Daran sowie an seinen Weissagungen und Phantastereien nahm sein Schwiegervater keinen Anstoß, denn immerhin führten die Verheißungen einer Somnambule, die Oswald voll beherrschte und dem König vorgeführt hatte, dazu, daß Bischoffwerder auf diesen Mann aufmerksam wurde und Oswald seinem Schwiegervater als Vorleser des Königs nach Potsdam und Berlin folgen durfte.

In Berlin stand Hermes als Präsident der neugeschaffenen Examinationskommission auf dem Höhepunkt seiner Macht und seiner Einflußnahme, die er ganz im Sinne des Königs und Woellners ausübte. Als Intimus und Günstling des Ministers konnte sich der Rosenkreuzer Hermes uneingeschränkt entfalten, wovon er von Stund an Gebrauch machte. 1794 erschien seine „Anweisung für die ev.-luth. Prediger", nichts weiter als eine Reglementierung, wobei er mit Nachdruck auf eine symbolgemäße Predigt drängte. Außerdem untersagte er den Konsistorien, die Predigttexte für die Visitationen zu bestimmen – sie fielen nun in seine Zuständigkeit. Ganz im Geiste der Woellnerschen Religionspolitik begann er einen Feldzug gegen alle Aufklärer und Illuminaten, insbesondere an den Universitäten. 1794 unternahm er selbst mit seinem rosenkreuzerischen Kollegen Johann Gottfried Hilmer eine Inspektion der Universität Halle. Überall, wo er aufklärerisches Ideengut vorfand, trat er es nieder.

Das unselige Wirken beider fand 1792 schon als Spottgedicht in der „Berliner Monatsschrift" seinen Niederschlag. Eine allgemeine Furcht vor Hermes' und Hilmers Gesinnungsschnüffelei überzog das ganze Land, worauf bereits die Überschrift des Gedichts verwies: „Auf Hermes' und Hilmers Bereisung des Landes um Irrlehren aufzuspüren". Spöttisch und kritisch sind danach die Verse, die das beängstigende Wirken dieser beiden Rosenkreuzer anschaulich spiegeln:

„Sonst schickte man die Invaliden
gelähmt an Fuß u Hand,
gesund maßen an der Nase
u ließ sie kriechen durch das ganze Land
zu schnüffeln wo gebranter Coffe wäre
denn selbst gebrant, war Konterband
Jetzt fährt man da 2 Invaliden
gesund an Fuß u Hand
gelähmt am Herzen u Verstand
mit Extrapost durchs ganze Land
zu schnüffeln selbst gedachte Lehre
denn selbst gedacht ist jetzund Konterband."
Welchen destruktiven und für Preußen unglücklichen Einfluß Hermes und Hilmer ausübten und wie er allgemein gesehen wurde, zeigte auch ein Achtzeiler, mit dem Titel „Fragment aus der Dogmatik, die allerneueste Dreifaltigkeit betreffend", in dem beide mit dem Teufel verglichen werden:

„Daß es 3 Göhter giebt ist warlich außer Zweifel
u diese 3 sind Eins. So giebt es auch 3 Teufel
Der Vater Belzebub hat einen Sohn gezeugt
den Hermes der an Macht u Größ ihm völlig gleicht

Johann Timotheus Hermes – war auch er ein Rosenkreuzer?

den Er – der Nahme sagts – gesandt auf diese Erde
daß Preußens adler Welk, dum, feig u sclavisch werde;
der Priester Hilmer geht von beyden aus – und seht
wie fest die Einigkeit bei diesen dreien steht"
Aber letztlich waren Hermes' Tage gezählt, denn nach dem Regierungsantritt Friedrich Wilhelms III. wurde Ende 1797 die berüchtigte Examinationskommission sang- und klanglos aufgelöst, Hermes selbst seines
Amtes enthoben und mit ihm sein Vasall Hilmer.

1798 wurde Hermes emeritiert. 1805 folgte ein Ruf als Professor für
Theologie an die Universität Kiel, wo ihm auch zugleich der Titel eines
dänischen Kirchenrats verliehen wurde. Am 12. November 1807 starb
Hermann Daniel Hermes in Kiel.

Georg Hoffmann gab 1911 ein Buch mit dem Titel „Johann Timotheus Hermes" heraus. Dort heißt es unter Hinweis auf den Vater Georg

146

Vivienz Hermes: „Die 'berühmten Breslauer Herren Hermes' sind der zweite Sohn, Hermann Daniel, und Johann Timotheus."

Johann Timotheus Hermes (1738 – 1821), der sich besonders als Dichter einen Namen machte und von Georg Forster in einem Atemzug mit Lessing, Herder, Goethe, Wieland, Gellert und Bürger genannt wurde, führte mit seinem fünfbändigen, vielbeachteten Werk „Sophiens Reise von Memel nach Sachsen" das Muster des englischen Familien- und Gesellschaftsromans in Deutschland ein.

Auch Johann Timotheus Hermes hatte Theologie studiert, war zunächst Feldprediger in Düben, dann Hofprediger in Pleß in Oberschlesien. Im Jahre 1772 wurde Hermes, Dr. theol. et phil., als Pfarrer an St. Elisabeth in Breslau eingeführt und zugleich zum städtischen Kircheninspektor und Kreissuperintendenten ernannt. Damit wirkten beide Hermes-Brüder in Breslau. In seiner schriftstellerischen Tätigkeit machte Johann Timotheus auch als Kirchenliederdichter auf sich aufmerksam. Noch bis vor kurzem fand sich im Evangelischen Kirchengesangbuch sein Lied „Ich hab von ferne, Herr, deinen Thron erblickt".

Ob Johann Timotheus Hermes Rosenkreuzer war oder den Rosenkreuzern nahestand, ist nach den mir vorliegenden Unterlagen unsicher. Auch in dem bereits erwähnten, 1911 von Professor Dr. Georg Hoffmann in Breslau herausgegebenen Buch „Johann Timotheus Hermes. Ein Lebensbild aus der evangel. Kirche Schlesiens im Zeitalter der Aufklärung" konnte ich keine Hinweise finden.

Das Beispiel Hermann Daniel Hermes zeigt, daß sich die Rosenkreuzer landesweit verbreitet hatten, wenngleich Berlin mit Bischoffwerder und Woellner, um eine parteipolitisches Vokabel von heute zu gebrauchen, doch stets die eigentliche „Zentrale" blieb.

Friedrich Wilhelm II.

Der sich verbrauchende Rationalismus im Zeitalter Friedrichs des Großen übte verständlicherweise keinerlei Faszination mehr auf den Prinzen aus, der darüber hinaus für den Mystizismus geradezu prädestiniert war. Er war – ganz anders als sein aufgeklärter Onkel – immer davon überzeugt gewesen, daß sich nicht alle Dinge zwischen Himmel und Erde rational erklären ließen und daß menschliche Schicksale, auch sein eigenes, von einer höheren Macht beeinflußt und gelenkt würden, die man nicht einfach so zur Seite schieben konnte.

Bereits 1772 wurde Friedrich Wilhelm als Ordensbruder in die Hallesche Freimaurerloge „Zu den drei Degen" aufgenommen, wenig später folgte die Ehrenmitgliedschaft in der Berliner Loge „Zu den drei goldenen Schlüsseln". Er hatte also, was die Rosenkreuzerei betraf, schon eine Ordens-Vorgeschichte.

Für die Rosenkreuzer, die in der Mitte des 18. Jahrhunderts in ganz Preußen Fuß gefaßt hatten, war der Thronfolger bereits ein ideales Medium, dessen mystische Veranlagung ihn mehr und mehr in die Fänge dieses Ordens gehen ließ.

Daß die Träger der höheren Ordensgrade auch vor unlauteren und unseriösen Werbemethoden nicht zurückschreckten, soll eine Begebenheit zeigen, die sich im Herbst 1778 in Schatzlar zutrug, und die als Einstieg Friedrich Wilhelms in diesen Orden bezeichnet werden kann.

Wollten die Rosenkreuzer, allen voran ihre renommiertesten Vertreter wie Bischoffwerder und Woellner, dereinst zu politischer Einflußnahme, wenn nicht gar zu Macht in Preußen gelangen, mußten sie den Kronprinzen gewinnen, denn unter dem alternden großen König hatten sie keine Chance aufzublühen, da der, desillusioniert und verbittert über diese Welt, dem nüchternen Rationalismus und dem Gedankengut der Aufklärung viel zu sehr verhaftet war, als daß er sich den religiös-mystischen, spiritistisch-okkultistischen Ideen der Rosenkeuzer geöffnet hätte. Er hielt es mit den Freimaurern, denen er angehörte, denn tolerant und human – die Losungsworte der Freimaurerei – wollte auch er sein. Hatte dieser ungewöhnliche König nicht gesagt: „Mein Heiliger ist St. Humanus"?

Glücklicherweise – aus der Sicht des Ordens – hatten sich die Beziehungen zwischen Friedrich dem Großen und seinem Neffen merklich abgekühlt, so daß die Rosenkreuzer sich ungehemmt dem Thronfolger nähern konnten, wenngleich dem „Alten Herrn" in Sanssouci im Grunde nichts verborgen blieb. Er hatte seine Häscher, die Friedrich Wilhelm aus gutem Grund nie aus den Augen ließen. Aber beide – der König und sein Nachfolger – waren ihrer Veranlagung und ihrem Wesen nach so grundverschieden, daß die Rosenkreuzer an sich leichtes Spiel mit ihrem „Opfer" hatten, zumal dessen Religiosität, die fast an Frömmelei grenzte, den Weg zu ihnen förmlich bahnte. (Der bei den Hohenzollern geradezu klassische Vater-Sohn-Konflikt traf auch auf

Friedrich den Großen und seinen Nachfolger zu, auch wenn dieser nicht sein Sohn, sondern sein Neffe war.) Inszenierte äußerliche Anlässe, die uns geradezu peinlich und komödiantisch zugleich anmuten, trugen nicht unwesentlich dazu bei, daß der Prinz von Preußen in dem Orden bald sein Heil und seine geistige Heimstatt sehen sollte, wie die bereits angekündigte Begebenheit in Schatzlar zeigt, wenngleich es Jahre später, als Friedrich Wilhelm längst König von Preußen war, noch viel schlimmer kommen sollte.

Am 14. September 1778 trat das preußische Heer seinen Rückzug aus Böhmen an. Friedrich der Große, längst ergraut und kriegsmüde geworden, suchte in dem Bayerischen Erbfolgekrieg keine Entscheidung auf dem Schlachtfeld mehr, er überließ den Ausgang nun den Diplomaten.

Die unter dem Befehl des Prinzen Friedrich Wilhelm stehende Abteilung bezog am 21. September in Schatzlar, einer Kleinstadt in der Nähe der böhmischen Grenze zu Schlesien, für drei Wochen Quartier. Ungestört blieb dieser Rückzug nicht, der ständig von den Österreichern attackiert wurde, denen Friedrich Wilhelm aber mutig widerstand, so daß er seine Schar wohlbehalten zur Hauptarmee zurückführen konnte. Der König war mit dem tapferen Verhalten seines Nachfolgers so zufrieden, daß er ihn spontan umarmte und ausrief: „Sie sind nicht mehr mein Neffe, sondern mein Sohn." Solche Begebenheiten sollten allerdings immer seltener werden.

Der historisch an sich völlig bedeutungslose Aufenthalt in Schatzlar bedarf insofern der besonderen Erwähnung, weil es hier nun zu einem merkwürdigen Ereignis kam, das man als eine Art Damaskuserlebnis Friedrich Wilhelms auf seinem Weg in den Orden bezeichnen kann.

Der lebensfrohe und überaus gesellige Prinz schien in diesen Wochen wie wesensverändert, er wurde introvertiert, zog sich vom geselligen Leben zurück und legte ein Verhalten an den Tag, das niemand an ihm kannte. Mag sein, daß die Gespräche mit den Rosenkreuzern und höheren Offizieren, die teilweise dem Orden angehörten, so etwas wie eine Erweckung in ihm bewirkten, auf jeden Fall aber seine Nachdenklichkeit über Sittlichkeit und moralisches Verhalten anregten, obwohl seine Gedanken häufig bei der fernen Geliebten Wilhelmine Enke weilen mochten, die der Geburt eines Kindes entgegensah, dessen Vater Friedrich Wilhelm war.

Gottes sichtbare Gnade, das hatten ihm die Rosenkreuzer glaubhaft versichert, würde auch ihm zuteil, wenn er sich zu strenger Sittlichkeit und einem moralisch einwandfreien Leben entschließen würde – man wollte ihn behutsam den Armen seiner Geliebten entreißen.

Mochten all diese Gedanken ihn noch so sehr bewegen, seine Zweifel, seine Ängste und die verborgenen Glaubenskräfte in ihm zu Tage fördern – den Durchbruch und die Antwort auf alle seine Fragen sollte sein Schöpfer selbst ihm geben, denn hier in Schatzlar sollte er durch ein Gnadenzeichen des Allerhöchsten erfahren, daß er zu den Berufenen, ja zu den Auserwählten zählte. Mit dem nun folgenden gezielten üblen Akt der Rosenkreuzer begann der erste große Schwindel, auf den der zukünftige König hereinfallen sollte.

Als Friedrich Wilhelm eines Abends in sich gekehrt und gedankenverloren im Dämmerschein seines Zeltes saß, schrak er plötzlich in sich zusammen. Eine Hand hatte sich auf seine Schulter gelegt, er spürte sie deutlich – und niemand war im Raum. Aber damit nicht genug, denn deutlich vernahm er das leise gesprochene Wort: „Jesus". Der Heiland selbst war ihm erschienen! Der Kronprinz war wie erstarrt – regungslos. Nicht einmal umdrehen würde er sich, weil Gläubige, denen solche schicksalhaften Zeichen widerfahren, das nicht dürfen. So blieb ihm verborgen, daß hinter ihm nicht etwa der Heiland, sondern lediglich Herzog Friedrich August stand, ein Vollblut-Rosenkreuzer, der dem Erlöser seine Hand geliehen hatte.

Wie auch immer: Auf Friedrich Wilhelm machte die Begegnung mit dem Höchsten einen tiefen Eindruck, der ihn und sein ganzes Wesen merklich veränderte. Er begriff zum ersten Mal, daß den Sinn seines Lebens nicht er, sondern ein anderer bestimmte, der sich zu seiner eigenen Errettung direkt an ihn gewendet hatte. Ein Bekehrungsversuch, wie er nur wenigen zuteil geworden war.

Schatzlar war fraglos die erste große Zäsur in seinem Leben, die ihn zur Umkehr gemahnte. Freilich war sie, was sein Sittenleben betraf, von flüchtiger Natur, wenn auch die Rosenkreuzer ihrem Ziel merklich näher gerückt waren, die sich wie ein Kraken um den willenlosen Mann rankten und ihre Fangarme langsam enger zogen. Sie konnten die Begegnung mit dem „Heiland" als Erfolg für sich verbuchen.

Mitte Oktober wurde das Lager in Schatzlar abgebrochen. Winterquartier bezog man in Schlesien, und der Prinz begleitete den König nach Breslau. Breslau sollte für den soeben Erweckten zur hohen Schule für die Rosenkreuzer-Bewegung werden, deren ausgemachtes Ziel Friedrich Wilhelms Mitgliedschaft in dem Orden war.

Am 4. Januar 1779 brachte Wilhelmine, wie bereits erwähnt, einen Sohn zur Welt, der den Rufnamen Alexander erhielt.

Als die junge Mutter Friedrich Wilhelm im März 1779 in Breslau besuchte, erkannte sie den prinzlichen Vater ihres Sohnes kaum mehr wieder, mit dem eine Wesensänderung vorgegangen war, die sie ebenso betroffen wie traurig stimmte. Darauf angesprochen, griff Friedrich Wilhelm zu allerlei Ausflüchten, leugnete die von Wilhelmine beobachtete Veränderung und räumte lediglich ein, daß er hier in Breslau sehr viele gute und wichtige Gespräche mit weisen Männern führe, die ihm außerdem eine Fülle von Geheimnissen anvertraut hätten. Um welche Geheimnisse es sich handelte, behielt der Prinz ebenso für sich wie die Namen dieser Männer. Bischoffwerder, der zwar in zunehmendem Maße Einfluß auf den Prinzen gewann und später auf den König, war es offenbar nicht, da der bei einem anderen Truppenteil stand.

Die Entwicklung zum aktiven Rosenkreuzer machte rasch Fortschritte. Am 8. August 1781 wurde der Prinz von Preußen als Ormesus Magnus in den Orden aufgenommen, im Beisein von Rufus, Farferus und Heliconus, der Ordenselite sozusagen, die der feierlichen Handlung beiwohnte.

Nach der Begrüßung durch Rufus hielt Heliconus, also Woellner, die Festrede, in der er des wunderbaren Vorgangs von Schatzlar gedachte, auf den unbedingten Gehorsam gegen die Magi hinwies, die bereits das Ebenbild Gottes erlangt hätten und auf seinen „Führungsoffizier", den ihm die Ordensoberen als Beschützer seiner Seele bereits an die Seite gestellt hatten – gemeint war Farferus, also Bischoffwerder. Mit dem Aufnahmeeid und der Überreichung der Instruktion für den ersten Ordensgrad war der feierliche Vorgang beendet.

Bereits am 19. Juni 1782 wurde Ormesus Magnus befördert. Er stieg von Grad zu Grad, erreichte innerhalb eines halben Jahres die vorletzte Stufe in der Rosenkreuzer-Hierarchie und war damit ein Hochwürdig Weiser. Woellner hatte ihm in seiner Rede in Aussicht gestellt, daß er bis zu seiner Thronbesteigung in den höchsten Grad als Magus berufen würde und wies den Prinzen darauf hin, welche Kräfte und Macht ihm damit dereinst zuströmten. Diese Rede, deren Prophezeiungen sich selbstverständlich nicht erfüllten, war nichts als ein Aufruf zum absolutistischen Größenwahn. Der Tag, der ihn als Magus sehen würde, sei ungleich bedeutungsvoller für den Prinzen als seine Thronbesteigung. Die höchsten Ordensoberen würden sich „durch göttliches Licht, durch seraphische Heiligkeit und Kraft weit über die Masse der Sterblichen" erheben, so Heliconus – und Ormesus Magnus glaubte es.

Bischoffwerder war mit dem Gelöbnis des Prinzen eigentlich eine Macht über den Thronfolger gegeben, wie sie nur noch ein Priester über sein Beichtkind haben kann. Wilhelmine sagte später, nach dem Tode Friedrich Wilhelms II., während ihrer Vernehmung vor der Untersuchungskommission aus: „Bischoffwerder wurde jedesmal, wenn er bei dem König war, von einem Geist umarmt. Er erklärte das für eine Annäherung des hl. Geistes, und ebendeshalb hielt ihn der König für einen heiligen Mann." Ihren Fragen über Bischoffwerder sei der König mit folgendem abweisenden Satz ausgewichen: „Über Bischoffwerder sagen Sie mir nichts."

Die Aussage Wilhelmines sollte man jedoch nicht überbewerten, denn hier standen sich zwei Rivalen um die Gunst des Kronprinzen gegenüber. Fest steht allerdings, daß Wilhelmine Bischoffwerder nie begegnen durfte und sorglich aus der Nähe Friedrich Wilhelms entfernt wurde, wenn Farferus nahte. In gewisser Weise hatte der Orden ihr den Geliebten und ihren Kindern den Vater entzogen. Als kluge Frau mit einem gesunden Menschenverstand war sie zu den Rosenkreuzern auf Distanz gegangen, bis sie sich, durch ein tragisches Schicksal, den Tod ihres Sohnes am 1. August 1787, verursacht, deren Geheimmethoden in Gestalt von Geisterbeschwörungen und Zwiesprache mit dem verblichenen Sohn bzw. seinem Geist bediente, um sich auf rosenkreuzerische Art dem König zu nähern und nicht nur das, sondern um selbst indirekt über ihren Sohn erfolgreich auf den König Einfluß zu nehmen. Was wurde nur an diesem armen Mann herumgezerrt!

Erscheinungen und Geister jedoch waren ihr schon vor dem Tod des Sohnes vertraut, besonders ihrem Mann Johannes Rietz, der offenbar durch die Erzählungen des Prinzen so sensibilisiert war, daß alle alltäglichen akustischen und optischen Phänomene nicht natürlichen Ursprungs für ihn waren. Wilhelmine hatte es wahrlich schwer, in einer solchen Umgebung zwischen Ehemann und Geliebtem den klaren Kopf zu behalten.

Der Schmerz des Königs über den Verlust des Kindes saß tief, und alle Ratschläge des Sohnes, die dessen Geist der Mutter anvertraute, wurden in demselben Maße von dem Vater ernst genommen wie befolgt. Nur dieser Trost war ihm geblieben, denn sein Geisterglaube machte es ihm zur Gewißheit, daß der Verklärte stets um ihn sei, ja daß der junge Graf rechtzeitig zu ihm sprechen werde, wenn er seines Rates bedürfe.

Drei Tage nach dem Tode Alexanders hörte der König, der mit Wilhelmine und seiner Tochter Marianne durch den Charlottenburger Schloßpark ging, daß jemand plötzlich und deutlich „Papa" rief. Als dann Marianne sich an ihn wandte und sagte: „Papa, ich habe meinen Bruder rufen hören", war das für Friedrich Wilhelm eine weitere Bestätigung seiner rosenkreuzerischen Erfahrungen, für Wilhelmine aber war es ihre Erweckungsstunde. Vom König selber wußte sie, daß Bischoffwerder überall Erscheinungen und Geister sah, die ihn und den König besonders häufig an den Festtagen umgaben. Alle natürlichen Erscheinungen, wie Knackgeräusche alter Möbel oder auch das Prasseln des Feuers im Kamin, wurden von ihnen übernatürlich gedeutet. Genau hier setzte Wilhelmine an und entschloß sich, den festen Glauben des Königs an das geistige Weiterleben des Sohnes für sich zu nutzen. Später gab sie während der Vernehmung darüber zu Protokoll: „. . . um dem General v. Bischoffwerder das Gegengewicht zu halten, (wurde ich) veranlaßt, obigen Zufall (im Charlottenburger Park) dazu anzuwenden, des Königs M. gegen die schädlichen Einflüsse von anderer Seite sicherzustellen."

Damit hatte auch Wilhelmine eine handfeste Waffe, um sich die Gunst und Zuneigung des Königs zu erhalten. Nun schlug sie daraus Kapital, räumte ein, daß es Erscheinungen gäbe, denn schließlich hatte sie den verstorbenen Sohn gesehen und dessen Stimme gehört. Gespräche zwischen den beiden ließ sie überwiegend an hohen Festtagen stattfinden, wenn Friedrich Wilhelm besonders anfällig für Geister war. Regelmäßig versorgte sie nun den „gläubigen" Vater mit den wichtigen Botschaften des Sohnes aus dem Jenseits, die für Friedrich Wilhelm immer mehr zum Evangelium wurden.

Da Wilhelmine längst die Rosenkreuzerpraxis und ihre Terminologie beherrschte, war Friedrich Wilhelm ein gläubiger „Abnehmer", auf den die Worte des Geistes eine magische Wirkung ausübten. So griff die einfallsreiche und kluge Frau mit beachtlichem Erfolg in Friedrich Wilhelms Leben ein, beeinflußte aber mehr das private als das politische Geschehen und wurde zur bedenklichen Konkurrenz für die Rosenkreuzer, deren Spiel sie voll mitspielte.

Als Friedrich Wilhelm ein zweites Mal zur linken Hand geheiratet hatte, kam es sogar, wenn auch aus unterschiedlichen Motiven, zu einer Art Koalition zwischen den Rosenkreuzern und Wilhelmine im Kampf gegen die zweite „zweite" Frau, die Gräfin Dönhoff, welche eine ausgesprochene Gegnerin der Rosenkreuzer war.

Weiteren Aufschwung und Ermunterung für ihre eigenen „rosenkreu-zerischen" Aktivitäten erhielt Wilhelmine im Jahre 1790, als es in Breslau zu eigenartigen Begebenheiten kam, die zeigten, wie tief der König in der rosenkreuzerischen Sache steckte.

In Breslau hatte Friedrich Wilhelm immer gern geweilt, auch damals schon, als es noch galt, seinen Onkel nach Schlesien zu begleiten. Nach der Konvention von Reichenbach am 27. Juli 1790, die die Kriegsgefahr mit Österreich beseitigte, nahm Friedrich Wilhelm im August Quartier in Breslau, wo seine Neigung zum Geisterglauben neue Nahrung erhielt.

In Breslau hatte um diese Zeit eine Somnambule (Schlafwandlerin) von sich reden gemacht, die sich als Prophetin und Heilkünstlerin voll in der Hand von jenem Herrn Oswald befand, den wir im Zusammenhang mit Hermann Daniel Hermes bereits kennenlernen konnten.

Bei auserwählten Somnambulen konnte sich der Geist vom Leibe lösen und bis in den Himmel steigen. In derartigen Fällen wurde der Somnambulismus zur Clairvoyance, zur Hellseherei, was hier der Fall war. Die Breslauer Somnambule galt als Auserwählte, die dem König durch Oswald zugeführt wurde. Außer Oswald gehörten Hermes und Hilmer zu dem Kreis der Rosenkreuzer.

Als nach dem Tode Friedrich Wilhelms alle drei, Hermes, Hilmer und Oswald, von der Untersuchungskommission im Jahre 1798 scharf ins Verhör genommen wurden, erfuhr die Nachwelt etwas mehr von jener mystischen Somnambule, die nach Meinung der Kommission von den Rosenkreuzern zu einer unerlaubten und geradezu strafbaren Beeinflus-sung des Königs mißbraucht worden war.

Angeblich war sie, wie Paul Schwartz schrieb, ein verkrüppeltes Findelkind, das von einer Kaufmannsfrau aufgenommen wurde, deren Namen sie auch erhielt. Und so wurde sie Jungfer Matthei genannt. Als die Pflegemutter starb, fand sie als Zwölfjährige Unterschlupf bei einem Postbeamten und durchlitt in der Folgezeit allerlei Krankheiten, bis sie endlich einem Arzt in die Hände fiel, der ein begeisterter Anhänger des Mesmerschen Magnetismus war. Der machte seine Übungen mit ihr, ver-suchte sie durch Magnetisieren, d. h. durch Bestreichen mit seinen Handflächen in einen Schlafzustand zu versetzen. Vom Arzt, unter des-sen Therapie die Matthei sichtbar kränker wurde, kam sie in die Hände eines Leutnants von Zayzeck, der während seiner Werbereisen durch das Reich Erfahrungen mit dem Magnetisieren gesammelt hatte. Nach drei Monaten schon wurde die Matthei unter den Händen von Zayzecks zur willenlosen Somnambule. Im Schlafzustand verordnete sie sich selbst Heilmittel, die sie binnen kurzem gesund machten. Das sprach sich herum, und so wurde sie bald von vielen Kranken aufgesucht, auch von Oswald, der an Gicht und Hypochondrie litt.

Als im Sommer 1790 mobil gemacht wurde, mußte der Leutnant für sechs Monate Breslau verlassen – jetzt sprang Oswald ein. Seine übernatürlichen Kräfte versetzten die Matthei bereits ohne Bestreichen mit den Händen in einen Schlafzustand, dazu genügten seine Augen. „Unter seiner Wirkung stieg ihr Geist zu Gottes Thron", so beschrieb es Paul Schwartz.

Der König war natürlich neugierig gemacht worden, wenn er auch Haugwitz vorschickte – gewissermaßen als Testperson. Der hatte keinerlei Bedenken gegen die Persönlichkeit Oswalds und gegen dessen hohe Kunst geäußert. Als Bischoffwerder schließlich dem König ein Buch Oswalds mit dem nicht alltäglichen Titel „Aufsätze in den Stunden des Umgangs mit Gott" in die Hand drückte – Bücher dieser Art las Friedrich Wilhelm ohnehin am liebsten – und ihn zusätzlich noch mit Erzählungen über das segensreiche Wirken Oswalds in der Geisterwelt in Spannung versetzte, empfing Friedrich Wilhelm II. Oswald zur Audienz, die zwei Stunden währte. In dieser Zeit gewann Oswald nicht nur das Herz des Königs, sondern auch den Titel Hofrat mit einem Gehalt von 800 Talern. Er hatte hinfort dem Minister von Schlesien, Graf Hoym, in Breslau zur Verfügung zu stehen. Als Oswald sich verabschiedete, bat der König ihn um eine Probe seines Könnens.

Dreimal sandte Oswald in Anwesenheit des Königs den Geist seiner Somnambule in den Himmel, am 28. August und 10. September auf Schloß Zimpel, am 22. September im Hause von Hermann Daniel Hermes auf Wunsch des Königs.

Die Schilderung der folgenden Begebenheiten verdanken wir Oswald selbst. Es handelt sich um seine späteren Aussagen vor der Untersuchungskommission am 3. Februar 1798. Zur ersten „Himmelfahrt" waren anwesend: der König, Graf Brühl, Bischoffwerder, Graf Hoym und Hermes. Nach zehnminütiger Magnetisierung durch Oswald schlief die Somnambule ein, wurde Hellseherin und fing, nachdem ihr Geist Gott erreicht hatte, wie folgt mit ihm zu sprechen an: „Hier, Allerheiligster! Ja, hier lieg' ich vor Deinem Thron . . . Heil mir! Ewig Heil mir! Vor Deinem Thron liegt mein Geist. Er darf den Glanz Deiner Majestät schauen, aber auch diese modernde Hülle (gemeint war ihr in

Breslau zurückgebliebener Leib – d. A.) liegt unterdes vor Deinem Monarchen, den Du liebest. O Dreieiniger! Du befiehlst, mein Geist soll zeugen. O, lege Deine Worte in meinen Mund!" Die Monologe von allen drei esoterischen Sitzungen, die Seiten füllen, können an dieser Stelle nur ausschnittsweise wiedergegeben werden. Am Ende wandte sich der Ewige durch den Geist der Somnambule direkt an den König und erteilte ihm Absolution mit den Worten: „Zage nicht, Monarch, daß Deine Sünden größer wären, denn daß sie Dir könnten vergeben werden. Nein, Deine Schulden sind getilget." Und: „Mir hast Du Mühe gemacht mit Deinen Sünden und Arbeit mit Deiner Missetat. Aber siehe! Ich tilge alle Deine Sünden um meinetwillen und gedenke aller Deiner Sünden nicht."

Die Wogen zwischen dem Schöpfer und seinem Geschöpf Friedrich Wilhelm hatten sich also wieder geglättet, so daß sich die Somnambule nun gezielt an dessen irdische Umgebung wenden konnte: „Aber Ihr, die ihr ihm die Nächsten seid! O, der gute König braucht Busenfreunde . . . O, möchte nie ein Judas an seinem Tische sein!" Schließlich nutzte die Somnambule ihre einmalige Chance, vor Gottes Thron zu liegen, auch für sich, was menschlich verständlich ist, und bat den Schöpfer um die Gnade des Königs: „Ach, laß auch mich vor dem Gesalbten, diesem meinem guten Monarchen Gnade Gnade finden. O nein! Er versagt mir seine Gnade nicht." Und da sie nun schon einmal dort war, gingen ihre Bittgesuche weiter, wenn sie sagte: „Noch eine Bitte wagt mein Geist für diesen frommen Greis. Siehe, er leidet und darbet, um Dürftigen wohlzutun. Ach, erleichtere ihm die Last seiner noch übrigen wenigen Lebenstage." Gemeint war Hermes, 59 Jahre alt. Natürlich machte sie sich auch für Oswald stark, vergaß selbstredend Leutnant von Zayzeck nicht und erflehte schließlich noch Gottes Gnade für den als Lebemann bekannten Hoym: „Aber auch Du, Hoym, auch Du hast Gnade vor Gott gefunden. Deine Sünden sollen Dir vergeben werden . . . Auch Du, Erbarmer, bestimmtest einen Führer für ihn." Dabei nahm die Somnambule Oswald bei der Hand. Der also sollte in Zukunft der geistige Führer Hoyms werden. Diese Rolle hatte ihm der König schon nach der Audienz zugedacht. Offenbar war der Informationsfluß von Oswald zu seiner Somnambule nicht ganz lückenlos.

Schließlich verabschiedete sie sich von ihrem Schöpfer mit den Worten: „Aber Du segnest und bist gnädig Deinen Kindern. Und so flieht mein Geist, mit Gnade gekrönt, in die schwache Seele zurück."

Bei Eintritt des Geistes in den Körper mit einem heftigen Stoß wurde sie in einen tiefen Schlaf versetzt, bis sie wieder den Zustand der Somnambule erreichte. Dann bat sie Oswald, sie aufzuwecken und ihr noch eine halbe Stunde Schlaf zu gewähren. Die Erde hatte sie wieder – die Veranstaltung war beendet.

Der König soll tief ergriffen gewesen sein, und alle Teilnehmer hatten das Zwiegespräch mit dem Ewigen andächtig mitgehört und glaubten, was sie hörten. Da Gott dem König seine Sünden nachsah, wollte auch er gnädig sein gegen die, deren Souverän er war. Die Somnambule erhielt sofort eine monatliche Pension in Höhe von 20 Talern, ihre Pflegeeltern wurden bedacht und auch sein Ordensbruder Hermes ging nicht mit leeren Händen aus. Er konnte sich, wie bereits erwähnt, einer jährlichen Gehaltszulage von 400 Talern erfreuen. Am 26. August schrieb Friedrich Wilhelm über die Breslauer Ereignisse an Wilhelmine:

„Ich habe hier einen groß trost und erbauung an einem magnetisirenden, und einer magnetisirten, mädchen, so beide besondere erleuchtung und segen von oben haben, ich bin vorgestern dabei gewesen, kaum konte ich meinen augen und ohren trauen, das ist alles, was ich sagen kan, frome leute in weniger anzahl aus verschiedenen stenden und ein geistlicher, so ein besonders fromer man, wahren dabei, es hat mir sehr gerürt, ich habe das protocol, auch verschiedene vorhergehende; und werde Sie ihnen zeigen – ... mir ist zu verschiedenen mahlen das jenige gesagt worden, was der verewigte Engel mir sagen lies, genung, die sache ist wunderbahr."

An der Vorstellung am 10. September nahmen, ebenfalls auf Schloß Zimpel, weitere Rosenkreuzer teil wie der Prinz von Württemberg, sein Konsulent (Rechtsberater) Hilmer und Graf Haugwitz. Wilhelmine war nicht untätig und berichtete Friedrich Wilhelm aus der Ferne von einer erneuten Erscheinung des Verklärten, dessen Äußerungen sie dem Vater wiedergab. Der schrieb ihr am 8. September: „. . . übermorgen werde zum zweiten mahl dieses interessante magnetisiren mit beiwohnen, wie erstaunend ist meine Seele und Geist von allen dem Seegen gerürt, und wie beeifert die äußerung unsers jetzt verklärten Alexanders meinen gantzen sin, das ich recht vor dem Herren meinen Gott gehandelt habe, wolle der Dreieinige mir beistehn, das ich doch immer beßer werde."

Als der Geist der Somnambule erneut vor Gottes Thron lag, kam sie nach schwülstiger Einleitung auf die irdischen Verhältnisse zu sprechen, so auch auf die Konvention von Reichenbach, ohne diese beim Namen zu nennen. Hier wurde sie zum Sprachrohr der Kritiker, die in dem Vertrag ein Zurückweichen Preußens vor dem österreichischen Erbfeind sahen, was für sie einen großen politischen Fehler bedeutete. Allerdings beruhigte sie Friedrich Wilhelms Seele, da seine Untertanen ihn für diesen Vertrag segnen würden, hatte er doch Blutvergießen verhindert. Der König konnte hören: „Schuldlose lallende Geschöpfe – Gatten – erfurchtsvolle Greise – Dank rufen sie Dir, o Monarch, zu für Erhaltung ihres Lebens – Segen, o ewiger Erbarmer, ach, für den Monarchen, den Du liebest . . .“

Und kräftig wurde der labile König nun höchstpersönlich durch seinen Schöpfer auf rosenkreuzerischen Kurs gebracht, indem sich die Somnambule mit den Worten an ihn wandte: „Siehe Brühl, siehe Bischoffwerder! Diese gläubigen Seelen hat der Ewige Dir zu Führern bestimmt. Diese sollen Deine noch schwache Seele im Glauben fortleiten.“ Und sie fuhr fort: „Diese wenigen Untertanen, die heut um Dich sind, o, diese sind Dir treu . . . sie lieben Dich, Monarch; o liebe sie auch.“

Appellartig versuchte der Geist der Somnambule über den Schöpfer den König auf Bischoffwerder, Hermes und Oswald einzuschwören. (Woellner war übrigens bei diesen Breslauer Schauergeschichten nicht anwesend.)

Wie die erste Vorstellung, so verfehlte auch die zweite ihren nachhaltigen Eindruck auf den König nicht, den er am 16. September Wilhelmine so übermittelte:

„Endlich seit ohngefehr sechs wochen ist der geist dieser Person in dem Magnetischen schlaf durch der besonderen gnade zur höhern anschauung gekomen, welches zu solche interessante, rürende und hohe scenen für Christen anlas gibt, daß ich gantz außer mich dabei gekomen bin und es, ohne es zu sehn, nicht begreifen konte; kurtz es gezimt meine schwache feder nicht, das alles aus zu drücken, mündlich ein mehreres.“

Über die dritte und letzte Sitzung sagte Hermes später vor der Untersuchungskommission aus:

„Des K. M. erschienen in Civilkleidung. Sie gingen mit mir in ein Nebenzimmer und befahlen mir, Vorschläge zu tun, wie das Predigtwesen im Lande so eingerichtet werden könnte, wie er es in Breslau fände. Ich antwortete, daß die Predigten mit der Bibel belegt werden müßten. S. M. billigten dies und antworteten auf meinen Einwurf, wer dies exekutieren solle: 'Dafür werde ich schon sorgen.' Dann gingen des K. M. mit mir in das Zimmer, worin die übrigen Personen versammelt waren. Hier wurde wieder die S. (Somnambule – d. A.) magnetisiert, und alles lief wie das vorige Mal ab. Die Ermahnungen waren in der 3. Session dringender; auch forderte die S. Tinte, Feder und Papier und schrieb etwas und gab es des K. Majestät. Ich weiß aber den Inhalt nicht. Nach diesen drei Versuchen hat Oswald noch bis zum Dezember die S. magnetisiert, mehrenteils ohne Zeugen, und die Protokolle sind in Fragmenten des K. M. eingeschickt worden."

Nach der letzten Sitzung brach der König auf und traf am 24. September in Berlin ein. Tief beeindruckt konnte er einstimmen in den Choral von Johann Timotheus Hermes: „Ich hab von ferne, Herr, deinen Thron erblickt."

Bischoffwerder erhoffte sich von den Veranstaltungen, daß die Fernrufe aus Breslau auch in Zukunft die Geisterstimmen im Hause Wilhelmines übertönen würden. Seine Hoffnungen schienen sich zunächst erfüllt zu haben, denn nach dem Tode des Königs sagte die Gräfin Lichtenau aus: „Von den Weissagungen der Somnambule war des K. M. im Anfange äußerst eingenommen."

Am 1. Januar 1791 trat Oswald bereits seinen Dienst als Königl. Geheimer Rat und Vorleser in Potsdam an, hielt aber weiterhin Kontakt zu der Somnambule, die nun wieder zum Sprachrohr des Leutnants von Zayzeck geworden war. Aus Breslau erhielt er Aufzeichnungen, die den König betrafen und deren Inhalt sich zu dessen Verblüffung fast immer mit den Ratschlägen des verewigten Sohnes deckte.

Diese merkwürdige Übereinstimmung der Breslauer Zettel mit den Tagebuchaufzeichnungen Wilhelmines ließ nach Meinung der Untersuchungskommission nur folgenden Schluß zu: Die Ratschläge seines verklärten Sohnes an ihn erfuhr Friedrich Wilhelm selbstredend von Wilhelmine. Daß der König in seinen Unterhaltungen mit Bischoffwerder und Oswald über die Ratschläge seines toten Sohnes sprach – davon war auszugehen. So nahmen diese Äußerungen ihren Weg von Berlin nach Breslau, um in sprachlich modifizierter, aber inhaltlich identischer Form durch die Somnambule von dort zurückzuschallen.

Oswalds Stern in Potsdam verglühte so schnell, wie er aufgegangen war. Er hatte sich zu weit vorgewagt, und wenn der König auch nicht an den Erscheinungen zweifelte, die Oswald hatte, so hatte der ihn zumindest mit einem Ratschlag seiner Somnambule verärgert. Darüber sagte die Gräfin Lichtenau aus: „Die Sache mit Oswald hat nicht lange gedauert. Die Veranlassung dazu ist folgende gewesen. Des K. M. erzählten mir, daß die S. geraten habe, daß des K. M. wiederum mit der regierenden Königin leben möchten, weil aus diesem erneuten Umgange ein Prinz von ganz außerordentlichen Gaben geboren werden würde. S. M. sahen hieraus zuerst zwar nicht den Betrug, aber doch die Narrheit des Oswald und sagten, daß Sie ihn mit einem Stück Brot entfernen und nichts weiter mit ihm zu tun haben würden. Dieses ist denn auch geschehen."

Diesmal war Bischoffwerder wohl zu weit gegangen. Zwar beließ der König Oswald im Amt, aber persönlich pflegte er keinen Umgang mehr mit ihm und bedurfte seines Rates nicht. In dem Maße wie die Rosenkreuzer, die aktiv eine Koalition mit der Mutter des Verklärten gesucht hatten, zurückgedrängt werden konnten, gewann Wilhelmine die Alleinherrschaft in der Geisterwelt. Hohe Beamte holten sich ihren Rat, selbst Graf Haugwitz stand in enger Verbindung mit ihr, um die Weissagungen des Verklärten für seine eigenen politischen Positionen zu erkunden.

Einen sonderlich negativen politischen Einfluß hat Wilhelmine meines Erachtens nicht ausgeübt. Ihr ging es einzig und allein um die Gunst des Königs, die sie nicht verlieren wollte. Wurden die Interpretationen der Äußerungen des Verklärten bedenklich, so ließ sie Friedrich Wilhelm wissen: „Der Verklärte läßt Dir sagen, Du möchtest die Sache mit Deinen Ministern besprechen." Eine kluge Frau, die sich – anders als die Rosenkreuzer – nie aufs politische Parkett begab und so vor jedem Sturz sicher war.

Nachdem die Rosenkreuzer mit ihrem makabren Breslauer Schauspiel noch einmal zur Hochform aufgelaufen waren, holte Wilhelmine ein Jahr später zum empfindlichen Gegenschlag aus. Unter dem 21. August 1791 finden wir folgende Eintragung in ihrem „Blauen Buch":

„Um zwölf Uhr vormittags kam ich in die Kirche (Dorotheenstädtische Kirche, in der Graf Alexander von der Mark beigesetzt wurde – d. A.), alles war stille. Ich ging und lehnte an das eiserne Gitter, welches um das Grab Alexanders ist, und betete. Dann nahm ich den Schlüssel, schloß und ging auf das Mausoleum zu, stand zehn Minuten stille. Auf einmal eine fremde Stimme; ich wende die Augen nach dem Grabe. Die ganze Kirche wird hell zum Blenden. Die schönsten Töne ließen sich hören, und solche Harmonie ist nicht zu beschreiben. Nach dem Grabe zu aber war es so finster, daß ich kaum sehen konnte. Ich rief laut: 'Ach Gott, wie ist das dunkel!' 'Du sollst es sehen und hören!' Dies war die Stimme unseres Geistes. Das Grab öffnete sich mit einem Geräusch. Tief unten lag unser Kind, schon ganz aufgelöst, aber die sterbende Miene, wie wir es sahen . . . Millionen solcher Gestalten, die ich die Nacht sah zum ersten August (Sterbetag Alexanders – d. A.), so lieblich, wie er unsern Geist ansah, seinen Mund öffnete und eine Stimme ganz wie Harmonica: 'Ich war von Anfang an zum Schutzengel dieses Seligen bestimmt. Ich liebe ihn, werde jetzt für ihn sprechen, weil er nicht sprechen soll: Dessen Vater wird nichts schwerer werden. Er bekommt Beweise. Er wird schauen die Verewigung. Eher tue er nichts. Jetzt ist seine Berufszeit.' Unser Geist (Alexander) sah den anderen an mit einem Blick voll Wehmut, und der große Geist von Anfang her sagte nun zum Ewigen, zum Erlöser: 'Gelobt sei der Dreieinige.' So klang es in der ganzen Kirche. Wie ich nach Hause gekommen bin, weiß ich nicht, und wie ich dieses geschrieben, weiß ich auch nicht. Es überfiel mich ein Schlaf."

Auf den König wirkten die Erscheinungen Wilhelmines tief beeindruckend. Immer wieder versuchte sie, ihm durch Alexander Mut zu machen für sein verantwortungsvolles Amt. So ließ der Geist des toten Sohnes seinen Vater wissen: „Mein Vater hat bis jetzt in seinem Berufe recht getan. Nur muß er das Böse bekämpfen. Nur Kampf bringt Lohn. Freien Willen habt ihr alle. Das muß er gleich wissen, was hier gesagt ist."

Am Ende ist fraglich, wer dem König ein größeres Gefühl der Sicherheit vermitteln konnte: die Gnade und Absolution Gottes in Breslau oder die phantasiebegabte Wilhelmine, deren geistige Produkte doch wohl hauptsächlich deswegen solche Blüten trieben, weil sie den König wirklich liebte und ihn beschützen wollte. Und genau das sprach sie den Rosenkreuzern ab.

1795 hatte Bischoffwerder Marquardt erworben, und bald erhob sich zwischen Schloß und See jene „Blaue Grotte", in der die Rosenkreuzer ihre esoterischen Übungen abhielten. Die Grotte war, wie bereits kurz beschrieben, stilecht auf einem mit Akazien bepflanzten Hügel gebaut, das heißt, sie wurde in den Hügel eingelassen, so daß niemand in seinem Inneren eine Grotte vermutete, wenn er nicht zu dem Kreis der Rosenkreuzer gehörte. Die niedrige Eintrittspforte lag unauffällig hinter Sträuchern, die Wände waren mit blauen Lasursteinen verziert. Inmitten der Grotte befand sich ein Kronleuchter, der den ansonsten fensterlosen Raum nur schwach ausleuchtete. Bemerkenswert war allerdings, daß die Grotte aus doppelten Wänden bestand, zwischen denen soviel Raum blieb, daß sich Menschen dort mühelos aufhalten konnten. Einen unterirdischen Gang zwischen Schloß und Grotte hat es offenbar nicht gegeben, auch wenn Helene a'Alton-Rauch 1938 noch diese Auffassung vertrat. Dagegen sind ihre Nachforschungen zur Grotte durchaus beachtlich. Sie bestätigte durch Überlieferungen und Feststellungen die doppelte Wand der Grotte. Ihre Ergebnisse und Wertungen schöpfte sie aus den Gesprächen mit zwei Zeitgenossinnen, 1938 selbstverständlich alte Frauen, die sich aber aus ihrer Kindheit und Jugend noch lebhaft der Grotte erinnerten. Beim Abklopfen der Wand hatten sie einen Hohlraum gefunden. Für mich sind die Berichte deshalb glaubwürdig, weil eine der beiden Frauen die Tochter des Rittergutsbesitzers Paul Tholuck war, der 1860 damit begann, die Grotte wegen Baufälligkeit abzutragen.

Der heute ebenfalls abgeflachte Hügel konnte jedoch mit Sicherheit ausgemacht werden. Er liegt ungefähr auf halber Höhe zwischen Schloß und Schlänitzsee in unmittelbarer Verlängerung des Königsweges. Diesen Weg benutzte Friedrich Wilhelm II. ausschließlich, um mehr oder weniger ungesehen von Potsdam in den Rosenkreuzertempel nach Marquardt zu gelangen. Da die Popularität des Königs in den letzten Jahren wegen der nicht zu verbergenden Mätressenwirtschaft und seiner gleichfalls auf Dauer nicht geheim zu haltenden Neigungen zu allem Mystischen und Geisterhaften empfindlich gesunken war, umging er bewußt die Dörfer, wenn er nach Marquardt fuhr, wo ihn die Rosenkreuzerei in Reinkultur erwartete. Allerdings gehen in der Literatur die Meinungen über die Häufigkeit seiner Besuche in der „Blauen Grotte" auseinander. Die Rosenkreuzer selbst haben uns nichts überliefert, und Bischoffwerders persönlicher schriftlicher Nachlaß existiert nicht mehr. So sind wir auf Vermutungen angewiesen. Die Besucher des 19. Jahrhunderts konnten noch die Beobachtungen der Dorfbevölkerung mit berücksichtigen, wenngleich die Grotte im Hügelinneren so getarnt war, daß sie sich zur Dorfseite hin allen Blicken entzog. Fontane konnte 1869 diesbezüglich noch aus dem Vollen schöpfen. Und sein Bericht ist deshalb für mich besonders glaubwürdig. Die Beschreibungen aus der ersten Hälfte unseres Jahrhunderts strotzen dann zum Teil vor Unsinn. Sie sind nicht nur oberflächlich, sondern auch durchweg sachlich falsch. Wenn Fontane davon ausgeht, daß der König häufiger in der Grotte weilte, dann ist das ziemlich zuverlässig. Helene a'Alton-Rauch ist dagegen der Meinung, daß lediglich im September 1796 ein Besuch stattgefunden habe, wohl weil sie den Makel der Rosenkreuzerei von dem König abwischen, zumindest aber abschwächen wollte. Denn *ein* Besuch ist schließlich sogar historisch belegt: Es war der Tag der Taufe am 17. Juli 1795, einem herrlichen Sommertag, der spät abends mit einem Lampionfest im Schloßpark endete. Der König hatte sich so wohl bei seinem Lieblingsgeneral gefühlt, daß er erst nach Beendigung des Festes seine Rückreise über den Königsweg ins Marmorpalais antrat.

Wir haben sicher davon auszugehen, daß die Besuche in der „Blaue Grotte" sich wiederholten. Daß sich die Anzahl der königlichen Aufenthalte dort insgesamt in Grenzen halten mußte, halte ich schon deswegen für sehr wahrscheinlich, weil ihm nur noch zwei Jahre bleiben sollten, denn schon am 16. November 1797 starb der König, und das nach monatelanger Krankheit. Es ist zu bezweifeln, daß er im Sommer 1797 körperlich überhaupt noch in der Lage war, die Reise anzutreten und sich an den Geisterbeschwörungen in Marquardt zu beteiligen.

Diese Geisterbeschwörungen von Marquardt waren eine Fortsetzung der Übungen, die Bischoffwerder früher mit dem König oft im Belvedere des Charlottenburger Parks veranstaltet hatte.

Der König besuchte die „Blaue Grotte" meist in der Dämmerstunde. Er kam überwiegend in Begleitung weniger Eingeweihter, wie des Generaladjutanten von Reder und des Geheimrats Dr. Eisfeld vom Militärwaisenhaus, und ging direkt vom Königsweg zu dem versteckten Eingang, daß heißt, das Schloß betrat er nicht. Zwischen den beiden Grottenwänden fanden bei wunderbaren Licht- und Farbeneffekten im Halbdunkel musikalische Aufführungen statt. Dann stellte der König Fragen, und bei Sphärenmusik antworteten ihm die „Geister". Tief ergriffen kehrte Friedrich Wilhelm jedesmal zurück nach Potsdam.

Zeugen und schriftliche Aufzeichnungen gibt es von den Geisterbeschwörungen in Marquardt nicht. Bischoffwerder hatte aber im Belvedere zu Charlottenburg, im Eckardtsteinschen Haus und im Palais der Gräfin Lichtenau unter Beweis gestellt, daß er wirklich „Geister" erscheinen lassen konnte. Und so wird es sich auch in Marquardt abgespielt haben, wie seinerzeit im Belvedere. Dort hatte Friedrich Wilhelm von Bischoffwerder verlangt, die Geister Marc Aurels, des Großen Kurfürsten und des Philosophen Leibniz erscheinen zu lassen. Und sie erschienen alle. Farferus hatte Ormesus Magnus eingeräumt, an die Verblichenen Fragen zu richten, jedoch versagte ihm die Stimme. Stattdessen antworteten die Geister mit strengen Worten und Ermahnungen, ja Strafreden, appellierten an den willensschwachen Mann, zurückzukehren auf den Pfad der Tugend. Angst überfiel Ormesus Magnus, und schutzsuchend rief er nach Farferus. Bischoffwerder trat ein und begleitete den restlos Erschöpften an seinen Wagen.

Wir wollen jetzt Marquardt, das Belvedere in Charlottenburg und das Marmorpalais verlassen, Orte, die nach dem Tode des Königs ein halbes Jahrhundert verfemt waren. Die Geistererscheinungen der Rosenkreuzer hatten diese Stätten so in Verruf gebracht, daß sie über 50 Jahre ein kümmerliches Dasein führen mußten und von den nachfolgenden Königen vorerst nicht beachtet wurden.

Wer waren die Rosenkreuzer?

Daß der König Rosenkreuzer war, wird wohl von niemandem bestritten. Daß Bischoffwerder und Woellner innerhalb der Rosenkreuzerei die Führungsgestalten gewesen sind, wird ebenso wenig zu bestreiten sein. Daß es dagegen die Ordensoberen wirklich gegeben hat, wage ich zu bezweifeln. Die geheimnisvollen imaginären unbekannten Ordensoberen unterschrieben ihre Briefe mit ihrem rosenkreuzerischen Pseudonym. Einmal nannten sie sich Hannageron, dann Numen oder Rosarius. Da sie angeblich stets in Ordensangelegenheiten in fernen Ländern weilten, vergingen oft Wochen, ja Monate, bis ihre Antworten eintrafen. Die Ordensoberen waren sicher eine Erfindung Woellners und Bischoffwerders, in den Anfängen gehörte möglicherweise auch Herzog Friedrich August zu dem Kreis der Briefe schreibenden Magi von Übersee.

Aufbau und Organisation des Ordens bis hin zu den fiktiven Ordensoberen waren rosenkreuzerspezifisch, charakteristisch für diesen Geheimbund, dessen innere Struktur für alle tabu war, teilweise selbst für Ordensbrüder. Darin aber eo ipso etwas Verwerfliches sehen zu wollen, ist doch wohl falsch. Ich wage einmal die Behauptung, daß Woellner und auch Bischoffwerder durchdrungen waren von dem religiösen Programm der Rosenkreuzer, das beide als Auftrag und als Aufgabe empfanden, und nicht als Mittel zum Zweck für ihre eigenen ehrgeizigen Pläne. Für sie war dieser Orden heilig. Die ganze Rosenkreuzer-Bewegung wird nur aus der Zeit heraus verständlich, in der sie entstand. Rationalismus und Aufklärung zeugten die Illuminaten und zeitgleich auch die Rosenkreuzer als emotional verständliches Gegengewicht. Während der atheistische Zug der Aufklärung an die reine Vernunft appellierte und alle Erscheinungen des Lebens so zu erklären suchte, schalteten die Rosenkreuzer das Gefühl und den Glauben ein und sahen in ihrem Wirken einen Auftrag ihres Schöpfers. Rosenkreuzer zu sein, war daher nicht zwangsläufig etwas Makelbehaftetes, von Haus aus Negatives. Dafür muß man Beweise anführen können. Damit stellt sich aber die grundsätzliche Frage nach der Bedeutung dieses Geheimbundes, die auch für die Beurteilung des Königs wichtig ist.

Im Ergebnis meiner Studien vermag ich die vielfach anzutreffende Kritik an Woellner nicht zu teilen. Woellner ist für mich der Prototyp des Rosenkreuzers schlechthin: fanatisch im Glauben, aufrichtig in der Sache und zielbewußt im Handeln. Er war zutiefst davon überzeugt, daß ein christliches Preußen das unter der Aufklärung Friedrichs des Großen sittlich und moralisch aus den Fugen geratene Land wieder auf den Pfad der Tugend und der Ordnung führen werde. Auch den allgemeinen Verfall der Kirchen wollte er stoppen. Das Religionsedikt war eine brauchbare und vielleicht die einzig wirkungsvolle Waffe für seinen Kampf gegen christlichen Verfall und allgemeine Sittenlosigkeit. Diesen Weg ging er zielgerichtet und zwar „mit festem Schritt", wie er es seinem König schrieb. Er stand aufrichtig zu seiner Sache und hätte selbst für seine Überzeugung die Ungnade des Königs in Kauf genommen. Sein religiöser Fanatismus – wie jeder Fanatismus von Haus aus nicht ungefährlich – hat niemandem geschadet. Er trennte ihn von seinem hohen Dienst am Staat, behandelte ihn als Ordensangelegenheit. Seinen festen Jesusglauben setzte Woellner um in Tatchristentum – dafür sprechen seine Reformbestrebungen und ihre praktische Verwirklichung, nicht zuletzt in Groß Rietz. Für mich ist Woellner eine der herausragenden Gestalten im Zeitalter Friedrich Wilhelms II.

Abstoßend an dem Orden waren seine Auswüchse in Form der Geisterbeschwörungen und der magischen und alchimistischen Versuche schlechthin. Die allerdings gingen durchweg auf das Konto von Bischoffwerder und hatten wenig zu tun mit Woellner.

Auch Bischoffwerder war ein tiefgläubiger und sittenstrenger Mann, der sogar aus freien Stücken ein Keuschheitsgelübde ablegte, was eigentlich niemand von ihm forderte. Dagegen forderte er es gern von anderen. Dafür sprechen seine fast bis zur Manie gesteigerten Versuche, den Thronfolger seiner Geliebten zu entfremden. So war der König auch zurecht betroffen, als Bischoffwerder 1793 zum zweiten Mal eine Ehe einging. Das führte zwischen beiden zu einer kurzzeitigen Abkühlung ihrer Beziehungen. Zum Spektrum der Gesamtpersönlichkeit gehörte Bischoffwerders Hang zum Aber- und zum Geisterglauben. Aus der tiefen Überzeugung von der Wahrhaftigkeit dieser Dinge entstanden Bischoffwerders praktische rosenkreuzerische Übungen. Dem Ruf des Ordens haben sie geschadet.

Über die Rolle Friedrich Wilhelms II. in diesem Orden gehen die Meinungen auseinander. Während viele Autoren davon ausgingen, daß die Rosenkreuzer diesen preußischen Außenseiter voll beherrscht haben, ist man in jüngerer Zeit der Ansicht, daß der Einfluß des Ordens auf den König eher unmaßgeblich war.

Wenn wir Schatzlar, Breslau und die Geisterbeschwörungen Wilhelmines und Bischoffwerders im Belvedere und in Marquardt Revue passieren lassen, dann kommen wir bei der Beurteilung des Königs in arge Verlegenheit. Wie konnte ein Mann, der ein klares Konzept hatte, wenn er es denn hatte, ernsthaft an Geister glauben, an die angeblichen Ratschläge seines verblichenen Sohnes und davon seine Handlungen ableiten? Wie abhängig muß Friedrich Wilhelm von den Rosenkreuzern überhaupt gewesen sein, wenn ein Bischoffwerder sich tatsächlich erdreisten konnte, den Thronfolger wegen der Entfernung Wilhelmines zu bedrängen, und der willigte sogar noch ein? Warum suchte er überall Rat und Hilfe? War er so schwach, daß er tatsächlich der Führung anderer bedurfte? Vielleicht war er es wirklich. Dann kann ihm das niemand anlasten. Ein Unglück für Preußen bleibt es trotzdem, denn immerhin lagen die Geschicke des Landes in den Händen dieses Mannes, wenn auch nur für elf Jahre.

Ich bin davon überzeugt, daß Friedrich Wilhelm stark in diesem Orden verwurzelt war. Wenn größerer Schaden von Preußen abgewendet werden konnte, dann spricht das eher für die moralische Integrität seiner Berater, also auch der höchsten Rosenkreuzer. Für mich ist das kein Verdienst des Königs, zumindest kein ausschließliches.

Natürlich hatte auch er Verdienste, wie wir gesehen haben. Aber dem

Vergleich mit seinen Vorgängern hält er nicht im mindesten stand. Wie es wenig Sinn hat, große und verdienstvolle Männer klein machen zu wollen, wie einige notorische Kritiker es mit Friedrich dem Großen und erst recht mit dem Soldatenkönig versuchten, so hat es gleichermaßen keinen Sinn, mittelmäßige Naturen hochstilisieren zu wollen. In jüngster Zeit ist dieser Versuch bei Friedrich Wilhelm II. unverkennbar, man lese nur die Biographie von Gustav Sichelschmidt. Aber der Versuch kann schwerlich gelingen, weil die Geschichte längst ihr Urteil gesprochen hat. Diejenigen, die das Geschichtsurteil revidieren möchten, verweisen stereotyp darauf, daß man diesem König seine Mätressenwirtschaft und den Geheimbund nicht verziehen habe, was man aber wohl müsse, um die wahren Leistungen des Mannes unvoreingenommen würdigen zu können. Hier stellt sich die grundsätzliche Frage, wie dominierend die Rosenkreuzer und das weibliche Geschlecht in seinem Leben gewesen sind, und welche Meriten der König überhaupt aufzuweisen hat.

Der Leser möge sich sein Urteil bilden.

Wenn dem König die morganatischen Ehen, seine lebenslange Geliebte Wilhelmine und seine wechselnden Mätressen nachgesehen werden sollen – nun gut. Aber dann darf man auch erwähnen, daß sein Verhalten zumindest atypisch für Preußen war. Gleichermaßen atypisch war auch die Abhängigkeit des Monarchen von einem Geheimbund. Auch das hatte es in Preußen nie gegeben.

Gewiß verdanken wir dem König das Brandenburger Tor in Berlin, das Marmorpalais im Neuen Garten in Potsdam und die Hinwendung zum Deutschen in Theater, Kunst und Musik. Ohne diese Verdienste mindern zu wollen, muß aber der Hinweis auf die Bautätigkeit Friedrichs des Großen und Friedrich Wilhelms III. gestattet sein. Während Friedrich der Große das Potsdamer Rokoko und mit seinem Forum Fridericianum Unter den Linden in Berlin ein barockes Bauensemble schuf, erhielt Berlin unter Friedrich Wilhelm III. sein klassizistisches Gesicht. Die Epoche Friedrich Wilhelms II. war, wie Wolf Jobst Siedler treffend schreibt, „Ein nicht mehr" und „Ein noch nicht". Also auch die Bauleidenschaft Friedrich Wilhelm II. taugt nicht sonderlich für das Herausstreichen seiner Verdienste. Auch hat sie mit unserem Thema nichts zu tun.

Außenpolitisch allerdings war dieser König nicht durchweg glücklos. Wir kommen darauf zu sprechen. Bei allen Entscheidungen aber, die die Außenpolitik betrafen, ging wiederum nichts ohne Bischoffwerder, womit sich der Kreis erneut schließt. Dagegen spricht es für Bischoff-werder und damit für den Einfluß der Rosenkreuzer, daß Preußen in gewisser Weise aufblühte unter seinem schwachen König, zumindest territorial.

Außenpolitische Verwicklungen und Kriege

In Relation zur Anzahl seiner Regierungsjahre war König Friedrich Wilhelm II. unverhältnismäßig häufig in Kriegshandlungen verstrikt, was eigentlich wenig zu dem von Haus aus unkriegerischen Monarchen paßte. Aber in seine Regierungszeit fiel nun einmal die Französische Revolution, die sich jahrelang durch dunkle Wolken, die auch den Himmel über Mitteleuropa verfinsterten, angekündigt hatte. Als sich das Gewitter dann entlud, mußte auch der Preußenkönig reagieren, denn schließlich richtete sich der Volkszorn in Paris gegen seinen königlichen Bruder, Ludwig XVI.

Auch kam der Osten nicht zur Ruhe, denn in St. Petersburg begnügte man sich mit der ersten polnischen Teilung nicht. Und da auch Friedrich Wilhelm das Ergebnis für Preußen als zu mager empfand, zumal das begehrte, wirtschaftlich wichtige Danzig und die alte Ordensstadt Thorn immer noch unter polnischer Hoheit standen, war er ein guter Ansprechpartner. Friedrich der Große, in dessen Regierungszeit die erste polnische Teilung fiel, hatte gewarnt vor einer restlosen Auflösung Polens, weil er die Russen nicht direkt vor seiner Haustür haben wollte. Einen Pufferstaat zwischen Preußen und Rußland hatte er für notwendig erachtet, eine gemeinsame preußisch-russische Grenze aber gefürchtet. Über solche Bedenken setzte Friedrich Wilhelm sich hinweg. Schließlich war Landgewinn auch Ausdruck einer erfolgreichen Politik.

Die Außenpolitik Preußens lag nach dem Regierungswechsel von 1786 zunächst in den Händen des friderizianischen Ministers Graf Hertzberg, eines „Schülers" Friedrichs des Großen, dem der Grundsatz vom Erbfeind Österreich förmlich „eingebleut" worden war und der strikt an dem Fürstenbund festhielt, wie sein verstorbener Herr ihn verstanden hatte. Danach ging es nicht um Reformen, sondern um die Erhaltung der Reichsverfassung, um die Ausgrenzung der französisch-österreichischen Allianz und um ein Bündnis mit England. Hertzberg schwebte so etwas vor wie der spätere Norddeutsche Bund, wobei seine Diplomatie dahin zielte, Rußland von Österreich abzuziehen und es an die Seite des Bundes zu bringen.

Der Brückenschlag zu England ergab sich 1787 durch die Verwicklungen in den Niederlanden, als dort die sogenannte Patriotenpartei, eine antioranische Bewegung, den Erbstatthalter Wilhelm V. aus dem Land verjagte. Während Frankreich Partei für die Patrioten ergriff, stellte sich England an die Seite der Oranier. Da die Ehefrau des Erbstatthalters Friedrich Wilhelms Schwester war, fühlte dieser sich gedemütigt und ließ 20 000 Preußen in Holland einmarschieren. Nach der Besetzung Amsterdams kehrte Wilhelm V. nach Den Haag zurück. Der französische Einfluß in Holland war fraglos durch Preußen gebrochen worden, aber maßgebenden Einfluß in Holland gewann nicht etwa Preußen, sondern England. In einem Anflug von Großmut, den Preußen sich überhaupt nicht leisten konnte, verzichtete Friedrich Wilhelm II. sogar auf den Ersatz der Kriegskosten, die sich immerhin auf sechs Millionen Taler beliefen.

Das einzige, was sich für Preußen nach dem Sieg in Holland ergab, war im April 1788 ein Bündnis mit den Niederlanden und im August desselben Jahres eine ähnliche Vereinbarung mit England. Dieser Dreibund war für Hertzberg der Garant für Preußen und für den Einfluß aller beabsichtigten Unternehmungen des Fürstenbundes in Europa.

Hertzberg hatte versucht, durch allerhand Gebietsabtretungen Österreich auszuschalten, und durch Annäherung an Polen Danzig und Thorn Preußen einzugliedern. Er setzte stillschweigend die Unterstützung Englands durch den Bündnisvertrag von 1788 voraus, obwohl dieser überhaupt keine derartigen Passagen enthielt, zumal die Angliederung Danzigs an Preußen englischen Handelsinteressen eindeutig zuwiderlief.

Um eine Beendigung des österreichischen Krieges mit der Türkei zu erreichen, war Friedrich Wilhelm II. im Januar 1790 bereit, die böhmische Grenze zu überschreiten, um gegen Österreich zu marschieren. Am 20. Februar 1790 starb Kaiser Josef II., und sein Bruder und Nachfolger, Leopold II., setzte im Gegensatz zu seinem Staatskanzler Kaunitz alles daran, sich mit Preußen zu arrangieren. Er schrieb Friedrich Wilhelm einen persönlichen Brief mit dem Wunsch nach Friedensverhandlungen. Dem entsprach der König, und so begannen im Juni 1790 die Besprechungen zu Reichenbach in Schlesien. Am 27. Juli 1790 kam die Konvention von Reichenbach zustande, die die Beziehungen zwischen

Preußen und Österreich befriedete. Preußen verzichtete auf seine Unterstützung der aufständischen Brabanter und der unzufriedenen Ungarn sowie auf den Erwerb von Thorn und Danzig, während Österreich dem Drängen Preußens und Englands nachgab und einen Waffenstillstand mit der Türkei anstrebte. Die Konvention von Reichenbach ist nicht von allen gutgeheißen worden. Einige sahen in ihr eine Schwäche Preußens, und ein Jahrhundert später schrieb Bismarck: „Bei Holland hielt 1787 noch das alte Ansehen Friedrichs II.; die Reichenbacher Konvention war aber schon eine durch Abweichung von dem Prinzip veranlaßte Blamage."

Wie auch immer: Blutvergießen war verhindert worden. Aber der Fürstenbund wurde gleichermaßen zu Grabe getragen, denn an eine Reichsreform oder einen norddeutschen Bund gegen Österreich unter der Führung Preußens war nach dem Handschlag zwischen beiden Ländern überhaupt nicht mehr zu denken.

1791 wurde Leopold II. zum deutschen Kaiser gewählt und in Frankfurt gekrönt. Im gleichen Jahr fielen die fränkischen Fürstentümer Ansbach und Bayreuth an Preußen. Der letzte kinderlose Markgraf der fränkischen Hohenzollern-Linie, Christian Friedrich Karl Alexander, trat diese fränkischen Fürstentümer ab an Preußen – korrekt war es so: Er verkaufte sie den Brandenburger Hohenzollern. Seit 1790 bereits wurden diese Hohenzollernschen Fürstentümer von Karl August von Hardenberg, dem späteren preußischen Staatsminister, verwaltet.

Die Konvention von Reichenbach leitete einen völligen Umschwung in der preußischen Politik ein, fast konnte man von einer Wende sprechen. Und was die beiden Länder selbst betraf, so hielt deren Bündnispolitik fast bis in die Mitte des 19. Jahrhunderts. Hertzberg, der immer noch in den alten friderizianischen Vorstellungen von der österreichischen Erbfeindschaft lebte, die ebenfalls fünfzig Jahre Bestand gehabt hatten, hatte ausgedient.

An seine Stelle rückte Bischoffwerder, wenn auch ohne Ministeramt. Bischoffwerder war grundsätzlich für ein Bündnis mit Österreich eingetreten und hatte den König für einen Krieg gegen das revolutionäre Frankreich beeinflußt. Der Krieg gegen Frankreich und die Revolution waren ganz im Sinne des rosenkreuzerischen Programms.

In Friedrich Wilhelms Regierungsjahren war Bischoffwerder auf außenpolitischem Gebiet der einflußreichste Mann. Keine Entscheidung wurde gegen seine Vorstellungen getroffen. Der militärischen Unternehmung gegen Holland im Jahre 1787 hatte Bischoffwerder seinen Segen gegeben und sich hier an die Seite Hertzbergs gestellt. Die Verständigung mit Österreich und das Bündnis gegen Frankreich darf man ohne Übertreibung als sein Werk bezeichnen. Wiederholt ist Bischoffwerder selbst in diplomatischer Mission am Schauplatz der Geschichte aufgetreten. Allein dreimal war er als außerordentlicher Gesandter beim Kaiser: im Februar 1791, vom Mai bis August 1791, wobei am 25. Juli desselben Jahres das sogenannte Präliminarbündnis, ein vorläufiger Vertrag, zwischen Preußen und Österreich geschlossen wurde, von Bischoffwerder und von Kaunitz unterzeichnet. Der Inhalt berührte die polnische und französische Frage. Nach diesem Bündnis kam es zu einer Zusammenkunft zwischen Kaiser und König in Pillnitz, wo mit dem Abschluß der Pillnitzer Konvention die gemeinsame zukünftige Strategie festgelegt wurde. Preußen und Österreich erklärten sich zur Intervention gegen das revolutionäre Frankreich bereit. Der letzte Aufenthalt Bischoffwerders fiel in den Februar und März 1792, als am 7. Februar ein Bündnis zwischen Preußen und Österreich gegen Frankreich geschlossen wurde.

Auf jeden Fall hatten Preußen und Österreich bereits vor diesem Bündnis die Mobilmachung vereinbart. Friedrich Wilhelm II. wünschte diesen Krieg, von dem er annahm, daß er eine Wiederholung des Hollandfeldzuges werden müsse. Leopold II. verhielt sich wesentlich zurückhaltender mit derartigen Prognosen.

Seit Januar 1792 rüsteten auch die Girondisten zum Krieg. In dem Vertrag vom 7. Februar 1792 stellte Preußen dem Kaiser ein Hilfscorps von 20 000 Soldaten zur Verfügung. Am 1. März 1792 war überraschend Kaiser Leopold gestorben. Seinem Nachfolger, Franz II., erklärte das girondistische Ministerium in Paris am 20. April desselben Jahres den Krieg. Durch die Allianz mit Österreich war Preußen mit in diesen Krieg hineingezogen worden.

Katharina II. hielt sich im Westen ganz zurück. Je mehr Preußen und Österreich gebunden waren, desto freiere Hand hatte sie selbst im Osten. Das reizte selbstverständlich auch Friedrich Wilhelm, selbst wenn im Vertrag mit Österreich vom Februar 1792 noch von der Integrität Polens die Rede war. Friedrich Wilhelm spekulierte nun darauf, daß er die Zustimmung des neuen Kaisers zum polnischen Teilungsplan durch eine über die vertraglich zugesicherte preußische Unterstützung Österreichs gegen Frankreich hinausgehende Hilfe erhalten würde. Er nahm sogar persönlich an der Kaiserkrönung Franz' II. vom 19. bis 21. Juli 1792 in Frankfurt teil, wo vordergründig die Kriegspläne besprochen wurden.

Ein besonderes diplomatisches Geschick in all seinen Missionen wurde Bischoffwerder nicht bescheinigt; den König zu beeinflussen und damit die außenpolitische Linie Preußens festzulegen, dazu war seine Überzeugungskraft indes ausreichend, denn, wie bereits erwähnt, hat Bischoffwerder fraglos den außenpolitischen Kurs unter Friedrich Wilhelm II. bestimmt. Der preußische Diplomat Marchese Girolama Lucchesini hat ihn als „den mächtigsten Mann in der preußischen Monarchie" bezeichnet.

Hertzberg wurde 1792 durch den Rosenkreuzer Graf Haugwitz ersetzt, der seit 1793 offiziell die Geschäfte führte.

Im Manifest vom 25. Juli 1792, das unter dem Einfluß französischer Emigranten zustandekam, wurde Paris Vernichtung angedroht, falls der Königsfamilie Gewalt zugefügt würde. Friedrich Wilhelm II. befand sich regelrecht in einer nationalen Erregung und hätte im gleichen Atemzug gern Elsaß und Lothringen zurückerobert. Philippson meinte: „Am ersten Koalitionskrieg beteiligte sich Friedrich Wilhelm II. als Hort und Vorkämpfer der konservativen Monarchie gegen die Revolution. Über den Rosenkreuzerorden bekam der Kampf einen besonders mystischen Charakter."

Im Feldzug 1792 übertrug der König dem Herzog Karl Wilhelm Ferdinand von Braunschweig das Oberkommando. Gemeinsam drangen die schlecht geführten und uneinigen Verbündeten in Frankreich ein, nahmen Longwy und Verdun, um durch die Champagne auf Paris zu marschieren. Die französische Bevölkerung zeigte sich ihren „Befreiern" gegenüber merkwürdig reserviert, womit die Koalitionspartner nicht gerechnet hatten. Offenbar sympathisierte sie weit mehr mit ihren eigenen Revolutionären. Österreichs Truppenmacht war unzureichend, und so kam es am 20. September 1792 zum Sieg der Franzosen bei Valmy unter General Kellermann. Der Herzog von Braunschweig befahl nach der bekannten kurzen Kanonade den verhängnisvollen Rückzug aus der Champagne.

Diese Niederlage war mehr als eine verlorene Schlacht. Sie war eine Wende von welthistorischer Bedeutung, denn hier bei Valmy war die alte Welt am Feuereifer eines von seiner Idee durchdrungenen Freiwilligenheeres zerbrochen. Goethe formulierte das mit den bekannten Worten: „Von hier und heute geht eine neue Epoche der Weltgeschichte aus."

Der vom Herzog von Braunschweig befohlene Rückzug nahm durch die ungünstige Witterung, durch schlechte Wege, Hunger und Krankheiten eine verhängnisvolle Wende. Die Franzosen trieben die Interventionsarmee vor sich her, besetzten das linke Rheinufer und drangen bis Frankfurt vor, wo sie entsetzlich brandschatzten.

Der Erste Koalitionskrieg endete schmählich, und in Paris hatten indessen die Jakobiner mehr und mehr die Oberhand gewonnen. Am 21. Januar 1793 wurde der König hingerichtet. Damit war das Ziel des Ersten Koalitionskrieges grundsätzlich verfehlt.

Für Preußen rückten die polnischen Gebietserwerbungen immer mehr in den Mittelpunkt des politischen Interesses. Katharina II. war nicht untätig gewesen und hatte mit Österreich am 14. Juli 1792 und mit Preußen am 6. August Verträge geschlossen. Im Vertrag mit Österreich ging es um den gemeinsamen Türkenkrieg. Preußen und Rußland wurden sich einig, die polnische Verfassung vom 3. Mai 1791 zu beseitigen, Polen aber in seinen chaotischen Zuständen als Wahlkönigreich zu erhalten.

Rußland hatte schon 1792 Truppen in Polen einrücken lassen. Ein Jahr später folgte Preußen unter dem Generalfeldmarschall von Möllendorff diesem Beispiel. Am 23. Januar 1793 wurde der Petersburger Vertrag zwischen Rußland und Preußen geschlossen, der die zweite polnische Teilung besiegelte. Österreich wurde von diesem Vertrag ausgeschlossen. Nach dem Petersburger Vertrag erhielt Preußen Danzig und Thorn sowie die Distrikte Gnesen, Kalisch und Posen.

Am 7. Mai 1793 ließen sich die neuen Herrscher in Polen, Rußland und Preußen huldigen.

Der Kaiser war empört, als Rußland und sein Bündnispartner Preußen ihn vor die vollendete Tatsache der bereits vollzogenen zweiten polnischen Teilung stellten. Österreich war von beiden Mächten ganz bewußt ausgeklammert worden, da es immer noch die polnische Verfassung vom 3. Mai 1791 stützte und das sächsische Erbkönigtum in Polen favorisierte. Am Koalitionskrieg gegen Frankreich wurde Friedrich Wilhelm zunehmend desinteressierter. Das militärische und politische Engagement Preußens hatte sich nach Osten verlagert. Auch ging dem Land finanziell der Atem immer mehr aus.

Andererseits belastete dieser preußisch-russische Alleingang in Polen erneut die Beziehungen mit Österreich, was sich ungünstig auf den Krieg im Westen auswirken mußte.

1793 schien sich das Blatt im Westen zu wenden. Im Frühjahr wurde Frankreich der Reichskrieg erklärt. Die Österreicher waren siegreich in den Niederlanden, während die Preußen unter dem Herzog von Braunschweig das linke Rheinufer besetzen konnten. Am 23. Juli kapitulierte Mainz. England trat durch Subsidienverträge mit mehreren deutschen Kleinstaaten an die Seite der Verbündeten, die ihrerseits die österreichische Armee verstärkten. Aber die Uneinigkeit der Verbündeten verhinderte am Ende größere Erfolge. Während Pirmasens und Kaiserslautern von dem Herzog von Braunschweig eingenommen wurden, unterlagen die Österreicher, und die Franzosen waren allmählich wieder im Vormarsch.

Friedrich Wilhelm, unzufrieden mit dem Verhalten Österreichs, verließ die Rheinarmee. Er ging nach Polen, wo sich die Lage dramatisch zugespitzt hatte. Der polnische Reichstag hatte am 23. Juli 1793 die russischen Gebietserwerbungen anerkannt, einen Beschluß über die preußischen aber vertagt. Als Rußland mit Waffengewalt drohte, kam es am 25. September 1793 in der sogenannten stummen Sitzung auch zur Anerkennung der preußischen Besetzungen. Als der König in Polen eintraf, waren die Würfel also schon gefallen, und er konnte seine neuen Gebiete in Augenschein nehmen. Danzig und Thorn kamen zu Westpreußen, die restlichen neuen Gebiete bildeten die Provinz Südpreußen mit der Hauptstadt Posen.

Als Friedrich Wilhelm am 9. November 1793 aus Polen nach Berlin heimkehrte, begrüßte ihn die Bevölkerung mit dem Lied „Heil dir im Siegerkranz", das später zur preußischen Nationalhymne wurde. Dieses Lied war von dem Lübecker B. G. Schumacher zum „Berliner Volksgesang" umgearbeitet worden und erschien zur Begrüßung des Königs in den „Berlinischen Nachrichten". Der eigentliche Verfasser war ein Heinrich Harries. Die ursprüngliche Fassung des Liedes war erstmals am 27. Januar 1790 im „Flensburger Wochenblatt" erschienen, dessen Redakteur Harries war.

Der Krieg im Westen schien 1794 aussichtslos. Der Herzog von Braunschweig hatte aus Verdruß über die Österreicher bereits im Januar den Oberbefehl niedergelegt. An seine Stelle trat nun Möllendorff. Preußen war finanziell ausgeblutet. Am 19. September 1794 kam es zum sogenannten Haager Vertrag, in dem Preußen britische und holländische Subsidien zugesagt wurden, aber unter demütigenden Bedingungen, denn dafür hatte es den Seemächten eine Armee von 62 400 Mann zur Verfügung zu stellen. Der ewige Streit zwischen Möllendorff und Lord Malmesbury führte schließlich zur Einstellung der Zahlung der

Subsidien, die monatlich auf 50 000 Pfund Sterling vereinbart worden
waren.

Bei allen Kriegshandlungen waren die französischen Revolutions-
heere überlegen, so daß die preußische Armee im Oktober 1794 den
westlichen Kriegsschauplatz verließ, um in Polen einzugreifen.
Dort war es nämlich schon im März 1794 unter Tadeusz Kosciuszko
zu einem nationalpolnischen Aufstand gegen die russischen und
preußischen Eroberer gekommen. Am 6. Mai wurde dieser Aufstand
zunächst niedergeschlagen. Während sich Krakau am 15. Mai ergab,
rückte die preußische Armee, bei der sich auch der König befand, nach
Warschau vor, wo man sie aber zum Stehen brachte. Am 6. September
zog sich die preußische Armee zurück, ohne Warschau eingenommen zu
haben. Das war für die Polen wie ein Fanal. Sie fielen in Südpreußen ein
und siegten am 2. Oktober bei Bromberg. Die preußische Armee wankte,
aber die russische unter General Alexander Wassiljew Suworow behaup-
tete sich glänzend. Am 10. Oktober schlug sie Kosciuszko und nahm ihn
gefangen, am 8. November 1794 wurde Warschau eingenommen. Südpreußen konnte seinem „Besitzer" zurückgegeben werden. Aber der
Waffenruhm, wenn man bei diesem schlimmen Unternehmen überhaupt
von Ruhm sprechen kann, gebührte ausschließlich den Russen. Jetzt
wurde hart in Südpreußen durchgegriffen, das Land wie eine eroberte
Provinz behandelt. Ein Ruhmesblatt für Preußen war das nicht. Habgier
und Korruption waren selbst unter der preußischen Beamtenschaft, die
dort die Verwaltung aufzubauen hatte, an der Tagesordnung, wobei die
massenhaften Konfiskationen zu ungeheurem Grundbesitz führten, der
verschenkt und verschleudert wurde.

Nach den Niederlagen in Polen war Preußen kriegsmüde geworden,
und auch Österreich war einem Frieden mit Frankreich jetzt durchaus
zugeneigt. Preußens Bedürfnis nach Frieden war verständlich: Das Land
war finanziell erschöpft. Mißtrauisch beobachtete man aber die enger
werdenden Beziehungen zwischen Rußland und Österreich. An sich
widerstrebten Friedrich Wilhelm Friedensverhandlungen mit den französischen „Königsmördern", zu denen Bischoffwerder, inzwischen ein
Feind Österreichs, dringend riet. Allmählich überwand der König seine
Abneigung gegen einen Separatfrieden mit Frankreich, zumal seine weiteren Berater Bischoffwerders Ratschläge teilten.

In Vorbereitung auf den möglichen Friedensschluß mit Frankreich
machte Preußen nun zunächst erst einmal reinen Tisch. Es mußte das lin-

ke Rheinufer räumen und verließ endgültig den westlichen Kriegs-schauplatz. Auch mit England wurden die Verhältnisse geklärt, indem Preußen den Haager Vertrag aufkündigte.

Seit dem Dezember 1794 wurden die bisher geheim gehaltenen Verhandlungen mit Frankreich offiziell geführt. Frankreich forderte in diesen ersten Verhandlungen das linke Rheinufer mit Mainz. Das fand in Preußen keinen sonderlichen Widerhall, indessen war man darauf bedacht, die Verhandlungen an diesem Gegenstand nicht scheitern zu lassen und reagierte dementsprechend. Am 5. April 1795 kam unter folgenden Bedingungen der Sonderfrieden von Basel zustande, den Hardenberg ausgehandelt hatte: Preußen verpflichtete sich, für zehn Jahre aus einer Koalition gegen Frankreich auszuscheiden. Frankreich räumte die rechtsrheinischen Gebiete, während die linksrheinischen bis zu einem Friedensschluß mit dem Reich bei Frankreich verblieben. Preußen erhielt durch Säkularisierung geistlichen Besitzes weitere Territorien, wie es in einem Geheimartikel festgehalten wurde. Weiterhin wurden ein Handelsvertrag zwischen beiden Ländern vereinbart sowie die Neutralität Norddeutschlands. Als Demarkationslinie, die die Franzosen nicht überschreiten durften, tauchte in diesen Verträgen erst-mals die Maingrenze auf.

Der Separatfrieden Preußens mit Frankreich wurde von vielen Reichsständen als Verrat an der deutschen Sache verurteilt. In Schmäh-schriften, deren Herkunftsort überwiegend Wien war, bezeichnete man den Preußenkönig als „Judas am Reiche".

Wenn man auch in Preußen über derartige Diffamierungen nicht jubi-lierte, so stand das Land doch konsequent zu seinem Friedensschluß mit Frankreich. Die Kassen waren leer, und in Polen sah es nicht rosig aus, so daß jeder preußische Soldat im Osten gebraucht wurde.

Am 3. Januar 1795 hatten Rußland und Österreich einen Vertrag über die endgültige Aufteilung Polens geschlossen, ohne Preußen zu konsul-tieren. Der Kaiser erkannte in diesem Vertrag die zweite polnische Teilung an und erhielt dafür ein Gebiet mit der Hauptstadt Krakau. Am 24. Oktober 1795 trat Preußen diesem Vertrag unter der Bedingung bei, daß sein polnisches Territorium abermals vergrößert werde. Katharina II. gelang es, diesen Wünschen auf Kosten Österreichs zu entsprechen. Preußen erhielt in der dritten polnischen Teilung Gebiete Litauens und Masowiens mit der Hauptstadt Warschau und nannte seine jüngste Provinz Neuostpreußen. Aus den ihm darüber hinaus zufallenden

Territorien der Wojewodschaft Krakau wurde Neuschlesien. Preußen wurde durch diesen Landgewinn im Osten zu einem Zwei-Völker-Staat oder Mischreich, während es bis dahin ein rein deutscher Staat gewesen war.

Lange haben die preußischen Eroberungen alle nicht gehalten, auch die Friedrich Wilhelms II. nicht, denn als Napoleon zehn Jahre später einmarschierte, wurden die Karten neu gemischt und die Gebiete völlig anders aufgeteilt.

Der Reichskrieg gegen Frankreich dauerte indessen fort. Preußen aber konnte sich glücklich schätzen, daß seine Waffen im Westen schweigen durften, da der Osten alle Aufmerksamkeit auf sich lenkte.

Leidensjahre

Mit 19 Jahren erkrankte Friedrich Wilhelm an den Blattern, die aber komplikationslos ausheilten.

1781 suchte den Kronprinz eine lebensgefährliche Krankheit heim, von der ich nirgends die genaue Diagnose finden konnte. Festzustehen scheint, daß auch Friedrich Wilhelm um sein Leben bangte. In diesen Wochen hat Bischoffwerder seinen Ordensbruder aufopferungsvoll gepflegt, der nicht von seiner Seite wich. Der Kronprinz betrachtete Bischoffwerder später als seinen Lebensretter.

Seit 1793 plagten den König Atemnot und gelegentliche Schwindelanfälle. Besonders nach seinen Feldzügen am Rhein und in Südpreußen stellten sich Kreislauf- und Herzbeschwerden ein. Als er am 26. September 1794, einen Tag nach seinem 50. Geburtstag also, von seinem Polenfeldzug nach Berlin heimkehrte, ließ er alle Empfänge, alle Feiern wegen seiner angeschlagenen Gesundheit absagen, die wegen der militärischen Mißerfolge auch fehl am Platze gewesen wären. Er litt ständig an geschwollenen Füßen und begab sich sofort nach Potsdam. Mit Bestürzung hatten alle, die den König nach vielen Jahren wiedersahen, seine angegriffene körperliche Verfassung wahrgenommen.

Als Wilhelmine 1795 nach Italien reiste, blieb sie in ständiger Verbindung mit ihrem kranken königlichen Freund in Potsdam. Friedrich Wilhelm erwog mehr als einmal, ihr nach Italien entgegenzureisen. Aber schon längst war er den Strapazen einer solchen Reise nicht mehr gewachsen. Wie es gesundheitlich um ihn inzwischen stand und welche Zeichen einer Herzdekompensation bereits vorlagen, können wir einem Brief entnehmen, den er an Wilhelmine nach Italien schrieb:

„Ich habe keinen Schlaf, öfter Flußfieber und, was das Übelste ist, kurzen Atem, besonders beim Treppensteigen, und dicke Füße; sonst verging die Geschwulst immer die Nacht, aber nun ist auch des Morgens die Geschwulst noch da. Wünschte, die loszuwerden, wenn man noch in Campagne soll."

Wilhelmine war bestürzt und zutiefst erschüttert. Fast täglich trafen nun Briefe aus dem Neuen Garten ein, und als sich die Gerüchte von der lebensbedrohlichen Krankheit des Königs verdichteten, hielt sie nichts mehr in Italien. Sie brach auf in den Norden. Sie gehörte nun, wo es ans Sterben ging, an die Seite des Geliebten von einst, der seine jahrzehntelange Freundin sehnsüchtig erwartete und ihr im April 1796 traurig geschrieben hatte:

„Tropfen und Pulver helfen nicht mehr. Und immer traurig war ich und blieb ich, ich mochte anfangen, was ich wollte. Das üble Wetter der diesjährigen Exerzierzeit hat mir den Rest gegeben . . . Ich bete nebst Besserung um Geduld. Heute schreibe ich sehr undeutlich, weil ich immer einschlafe beim Schreiben. Gott gebe, daß wir uns bald gesund wiedersehen."

Zwei Monate später sahen sie sich wieder. Der König war schwer krank und hinfällig geworden, ein Bild des Jammers.

Neben seiner zunehmenden cardialen Dekompensation mit hochgradiger Dyspnoe und Zeichen von Ascites (Wassersucht) litt der König seit den 40er Jahren auch an der Gicht, wofür es konkrete Hinweise gibt. In der Familienanamnese König Friedrich Wilhelms IV. ist zu lesen: „Großvater (also Friedrich Wilhelm II. – d. A.) starb 54jährig an Wassersucht und litt an Asthma und Gicht . . . über die familiäre Belastung durch Gicht bestehen keine Zweifel." Das ist wahr, denn alle seine Vorgänger plagte diese Stoffwechselkrankheit, nicht nur seinen großen Onkel, sondern ebenso seinen Großvater, den Soldatenkönig.

Die Gicht war bei den Hohenzollern familiär. Nachweislich litt schon Albrecht Achilles, der dritte brandenburgische Kurfürst, an dieser Krankheit. Unter den Kurfürsten waren die beiden Joachims, Johann Sigismund und Friedrich Wilhelm der Große Kurfürst Gichtiker, so daß die Gicht als Erbkrankheit der Hohenzollern zu bezeichnen ist.

Ob Prinz August Wilhelm, der Vater des Kronprinzen, auch an dieser

Krankheit litt, ist schwer zu sagen, da er bereits mit 35 Jahren starb. Aussagen zur Gicht bei ihm sind nicht bekannt, wobei die Krankheit sich auch im allgemeinen erst um das 40. Lebensjahr herum klinisch manifestiert.

Ein Brief aus dem Geheimen Staatsarchiv untermauert den hochgradigen Verdacht einer Erbkrankheit, wenn es dort heißt: „In acht Akten der betreffenden Nachlässe (Brandenburg-Preussisches Hausarchiv – d. A.) konnten Hinweise auf die Erkrankung an Gicht bzw. Podagra der Könige Friedrich I., Friedrich Wilhelm I., Friedrich II., Friedrich Wilhelm II., Friedrich Wilhelm III., Friedrich Wilhelm IV. sowie Kaiser Wilhelm I. festgestellt werden."

Auf die Ursachen der Gicht, ihr klinisches Bild und ihre Behandlungsmöglichkeiten wird hier bewußt nicht näher eingegangen, weil ich in meinen Büchern über den Großen Kurfürsten und Friedrich Wilhelm I. ausführlich darüber berichtet habe. Für mich ist die Gicht der Hohenzollern, an der viele brandenburgische und preußische Herrscher litten, genetisch bedingt, auf jeden Fall mitbedingt. Die Häufigkeit der Anfälle war natürlich auch eine Folge der fürstlichen Eß- und Trinkgewohnheiten. Nicht umsonst bezeichnete man die Gicht als eine Krankheit der Schlemmer und Genießer.

1796 hatten die Ärzte dem König angeraten, nach Pyrmont zur Kur zu reisen, da sein gesundheitliches Befinden sich ständig verschlechterte. Besonders quälte ihn die Atemnot, die einfach nicht mehr weichen wollte. Am 13. Juni 1796 brach der König auf, nun in Begleitung seiner Wilhelmine.

Unter der Rubrik „Reisen" des Geheimen Staatsarchivs Preussischer Kulturbesitz befindet sich die „Acta des Geheimen Kämmeriers Ritz betr. Reise S.M. des Königs Friedrich Wilhelm II. von Preußen nach Pyrmont vom Juny bis August 1797", die den Ablauf der königlichen Bäderreisen nahezu lückenlos wiedergibt.

Zunächst erfahren wir die „Nahmen der Wagen, und Anzahl der Pferde, so in der Suite Sr. Königlichen Majestät im Jahre 1796 von Potsdam bis Pyrmont folgten."

Insgesamt bestand der Zug aus 9 Wagen mit 47 Pferden. Der „Leibwagen Sr. Königlichen Majestät" führte den Troß an. Nr. 4 war „der Wagen des Herrn Geheimen Kämmeriers", während „die Chaise des Herrn General Lieut. v. Bischoffswerder" erst die sechste Position einnahm.

179

Das „Personal wie es nach Pyrmont gehet" war in der Tat königlich, denn mit dem Patienten reisten 31 Personen unterschiedlichen Standes. Darunter befanden sich Hofbedienstete wie Friseure, Schneider, Handschuhmacher, Bäcker und Diener ebenso wie Standespersonen. Denken wir nur an Bischoffwerder.

Der König weilte sechs Wochen in Pyrmont. Der Kuraufenthalt hatte ihm zunächst gut getan, auch wenn sich sein Befinden zum Jahresende zusehends verschlechterte. Zur Abnahme seiner „Leibesconstitution" und seiner Körperkräfte kamen Todesfälle hinzu, die den König tief erschütterten und die eine „merkliche Veränderung in Seinem Gesundheitszustande verursachten". Den Tod seines geliebten Sohnes Prinz Ludwig sowie das Ableben „der ehrwürdigen Hochseligen Königin Majestät" (Gemahlin Friedrichs des Großen – d. A.) führten zu einem sichtbaren Verfall.

Auch das Frühjahr mit seiner schönen Witterung „Stellte Ihn nicht wieder her", obwohl der König sich um diese Zeit noch überwiegend in seinem Neuen Garten aufhalten konnte. Aber er war körperlich inzwischen so geschwächt, daß an eine Reise in seine Provinzen, wie er sie sonst alljährlich unternahm, überhaupt nicht mehr zu denken war. Gern folgte er daher dem Rat seiner Ärzte, auch 1797 wieder nach Pyrmont zu reisen. Die Unterlagen und Aufzeichnungen von dieser Reise, die seine letzte werden sollte, sind umfangreich und noch ausführlicher als die von 1796. Der königliche Minister Graf Wittgenstein, den er gewissermaßen als Quartiermeister nach Pyrmont vorausgeschickt hatte, schrieb seinem König am 11. Juni von dort folgenden Brief:

„Allerdurchlauchtigster Grosmächtigster König

Allergnädigster König und Herr!

Ich erhalte in diesem Augenblick, wo ich im Begrif stande Ew. Königl. Majestät allerunterthänigst zu melden, daß ich dem Allerhöchsten Befehl gemäs, die beiden Oberen Etagen in dem Hiesigen Badehauß für Ew. Königl. Majestät gemiethet habe, und daß bis den 23.ten d. zum Allerhöchsten Empfang alles in Bereitschaft seyn würde, Ew. Königl. Majestät allergnädigsten Befehl, . . . der Wohnung für ihro Königl. Hoheit der Prinzeßin Louise.

Da auf der einen Seite, der untern Etage fast nichts wie Bäder sind, so dürfte die Einrichtung der Wohnung für Ihro Königl. Hoheit und des H. Hertzogs Durchlaucht etwas schwer halten; ich werde unterdeßen alles so gut einzurichten suchen, als es das so sehr beschränkte locale erlaubt, und Sr: Dhlcht: sogleich durch eine Estafette nach Hildeburghausen hiervon Nachricht geben.

In denen beiden oberen Etagen befinden sich so verschiedene Zimmern und Kammern. Ich vermuthe, daß diese nicht sämtlich für die Königl. Suite gebraucht werden dürften, und in diesem Fall erwarte ich Ew. Königl. Majestät allergnädigsten Befehl, ob einige Zimmern hiervon an den Hofstaat Ihro K. Hoheit und des Herrn Hertzogs Dhlcht: abgegeben werden dürfen, besonders da die Zimmern die Ew. Königl. Majestät bewohnen werden, nicht allein einen ganz besonderen Ausgang haben, sondern da ich auch mittelst einer Art spanischer Wand die Einrichtung trefen werde, daß sich Ew. Königl. Majestät durch die verschiedenen Zimmern begeben können, ohne daß man solches auf dem corridor bemerkt.

Ich werde, ehe ich hierüber die zweyte Einrichtung trefe, die Allerhöchste Befehle von Ew. Königl. Majestät Ehrerbietigst entgegen sehen.

Es sind in dem gegenwärtigen Augenblick noch sehr wenige Fremden hier. Ew. Königl. Majestät werden dieses aus der Brunnen Liste allergnädigst zu ersehen geruhen. Die meisten Fremden, kommen erst bis Ende dieses Monaths.

Da ich den Weeg von hier nach Hameln äußerst schlecht gefunden habe, so habe ich die Verfügung getrofen, daß solcher bis zur Ankunft Ew. Königl. Majestät so gut als es die Kürtze der Zeit, und das schlechte Wetter es erlaubt, einigermaßen ausgebeßert wird.

Ich verharre in der tiefsten Ehrfurcht

Ew. Königl. Majestät

allerunterthänigster WGvWittgenstein."

Graf Wittgenstein fügte seinem Brief die angekündigte Gästeliste bei, mit der Überschrift: „Erstes Verzeichniß der bey dem Gesund-Brunnen zu Pyrmont angekommenen Brunnen-Gäste und Fremde 1797". Im Monat Mai waren lediglich 26 Kurgäste angereist, darunter eine Frau Generalin von Loewenwolde, zwei Baronessen von Stieglitz-Brockdorf, Herr und Frau Hofjägermeister von Wind, ein Arzt aus „Liefland", ein Kaufmann aus Hinterpommern und eine Frau Pastorin aus Kopenhagen.

Weiter heißt es:

„Einige Tage vor der Abreise Sr: K: M: gieng von Potsdam voraus,

1.tens Der Küchen Meister Rieck

2.tens Der große Küchen Wagen

3.tens Der Silber und Keller Wagen
4.tens Der Jäger und Laquayen Wagen
5.tens Der H: Duport mit die Instrumente
6.tens Das Quartette
7.tens Der H: rittMstr: v. Gualtieri."

Die Zusammensetzung der königlichen Suite glich der von 1796, wie auch sogenannte Relaisstationen wieder eingerichtet wurden. Das Personal allerdings wurde diesmal untergliedert nach „Officianten" wie Ritz, Rhode und Duport, um die bekanntesten zu nennen, „Livrée", „Aemter" und „Stall". Insgesamt zählte man 72 Begleitpersonen, also ungleich mehr als 1796.

Über die Anreise 1797 lesen wir im Telegrammstil folgendes:

„Sr. Majestät der König, reisen den 21.ten Juny von Potsdam bis Gardelegen, von Potsdam bis Rathenau eigene Pferde, in Rathenau zu Mittag."

Der König führte mit seinem Leibwagen die Riege an: „Im Wagen befinden sich Se. Majestät der König, nebst Sr. Exzellenz dem General Lieut. von Bischoffswerder." Dem königlichen Wagen folgte, von 6 Pferden gezogen, der „Wagen Sr. Exzell. v. Bischoffswerder, worin H. Rhode (Leibchirurg des Königs – d. A.) und der Kammerdiener Sr. Exzell. Dieser Wagen folgt Sr. Königl. Majestät in der Nähe."

Am 24. Juni traf man in Pyrmont ein, nach Zwischenaufenthalten in Gardelegen, Gambsen und Springe. „Von der Gränze an, nehmen Sr. Königl. Majestät den Nahmen eines Grafen von Hohenstein an, wie voriges Jahr. Den 21.ten Juny Abends übernachten Sr. K.M. in Gardelegen."

Im königlichen Gefolge befanden sich jetzt insgesamt 7 Wagen mit 44 Pferden. Unabhängig davon fuhr wie im vergangenen Jahr eine Reihe von Versorgungswagen mit „Extra Post" voraus.

Eine bestimmte Anzahl von Pferden wurde von Meile zu Meile auf Relaisstationen in Bereitschaft gehalten. Die „Relais-Liste Sr. Königl. Majestät Reise von Potsdam durch die Altemarck über Hannover nach Pyrmont den 21.ten Juny 1797" ist interessant genug, um hier in Ausschnitten wiedergegeben zu werden:

„In Potsdam
Relais

Fahrland
Wustermarck   mit Allerhöchsteigenen Pferden
Marck . . .

Groß Behnitz
Barnewitz
Mützlitz
Bamme bis Rathenow   Mittag   8 Meilen."
Wittgenstein, der sich in einem Brief vom 3. Mai 1797 vertrauens- und respektvoll an den Kämmerer Rietz gewandt hatte, den er ehrerbietig mit „Hochwohlgebohrener Herr, Hochzuverehrender Herr Geheimer Kämmerier" anredete, hatte folgendes königliche Quartier in Pyrmont reserviert:

„Dhl. Gr. v. Hohenstein bewohnen im Bade-Hause 2.te Etage
Nro. 1. bis 3. und   Dhl. Graf Selbst, Kosten in Summa
7 – 16   wöchentlich   120 Thl."
Auf der gleichen Etage wohnten in Zimmer 17 und 18 „Dhl. Geh. Kämmerier Ritz" sowie der Leibmedicus des Königs, Herr Rhode.

Wittgenstein schrieb am 11. Juni 1797 an Rietz:
„Hochwohlgebohrener Herr
Hochzuverehrender Herr Geheimer Kämmerier!
Ich habe die Ehre Ew. Hochwohlgebohren gehorsamst zu benachrichtigen, daß ich die 2te und 3te Etage in dem hiesigen Badehauß für des Königs Majestät gemiethet habe. Ew. Hochwohlgebohren erhalten hiervon anbei die Liste und ... wie solche an den Thüren bemerkt ist; es ist daher nicht möglich, daß des Königs Majestät bei diesen arrangements betrogen werden. Der Herr Hertzog von Mecklenburg wird die unterste Etage bewohnen, ich habe aber zwei von seinen Cavaliers in freien Häußern eingemiethet, um für Ew. Hochwohlgeb. zwei schöne Zimmern, nebst einem kleinen Cabinet für die Bedienten in Bereitschaft zu halten. Diese beide Zimmern haben einen ganz besonderen Eingang, und ich würde mich unendlich glücklich schätzen, wenn dieses von der Art wäre, wie sie es wünschten.

Da der H. Hertzog von Oldenburg und noch andere Fürstlichkeiten, so wie auch ungesehene Badegäste in dem Badehauß gemiethet hatten, so habe ich viele Schwierigkeiten gefunden, um diese Herrschaften in dem kleinen Ort unterzubringen.

Ich glaube übrigens nach der Liste zu urtheilen, das sämtliche Bewohner der Königl. Suite in dem Badehauß wohnen können und daß auch der Herr General von Bischoffwerder ein schönes Quartier finden wird. Ich werde daher weiter kein Quartier, als das für die ... des H. Ministers Grafen von Haugwitz besorgen, ...

Mit denen Gesinnungen der ausgezeichnetsten Verehrung habe ich die Ehre zu verharren

Ew. Hochwohlgebohren

ganz gehorsamster Diener

WGvWittgenstein"

Bischoffwerder war in der dritten Etage untergebracht, wo er drei Zimmer bewohnte. Auf seiner Etage befand sich auch das Quartier des königlichen Violoncellisten Duport.

Doch damit sind bei weitem nicht alle Personen genannt, die den König nach Pyrmont begleiteten. Wie nicht anders zu erwarten, finden wir kein einziges Mal den Namen Wilhelmines, die doch dem kranken königlichen Freund treu und aufopferungsvoll zur Seite stand und in Pyrmont als frischgebackene Gräfin Lichtenau der gesellschaftliche Mittelpunkt wurde. Auch Haugwitz fehlt in diesen Listen, obwohl er sich nachweislich in Pyrmont aufhielt, wie es dem Wittgensteinschen Brief entnommen werden kann.

Über den Kuraufenthalt erschien einen Monat nach dem Tode des Königs am 14. Dezember 1797 ein Bericht in der „Berlinischen Zeitung", der den Tagesablauf des Königs und das gesellschaftliche Leben am Rande der Kur wiedergibt:

„An unsrem Könige sah man im Anzuge gar nichts Militairisches. Er trug gewöhnlich einen kurzen Englischen Ueberrock von blauem Tuche, gelbe Pantalons und einen runden Hut ... Der König trank, entweder in der Allee, oder in Seinem Logis, früh den Brunnen. Um halb 10 Uhr Vormittags ging Er zum großen Dejeuner in die Allee, und gegen halb 11 Uhr in Sein Logis (im Badehause) zurück. Nachmittags um halb 6 ging Er regelmäßig in das Französische Schauspiel, und hielt sich auf dem Wege dahin etwa eine Viertelstunde in der Allee auf, wo Er Sich mit jedem, der Ihn anredete, auf das herablassendste unterhielt. ... Die Aerzte sollen Ihm sehr widerrathen haben, täglich 2, 3 Stunden bei der schwülsten Hitze in dem engen, mit Menschen angefüllten, Schauspielhause zuzubringen.

Zum Geburtsfeste des Kronprinzen (Sr. jetztregierenden Majestät) gab der König der ganzen Brunnengesellschaft ein Dejeuner, und Abends einen Ball, der sehr glänzend war, und durch die Gegenwart des Monarchen selbst erheitert wurde. Die Königliche Familie war hier unstreitig das schönste Muster von Eintracht und Liebe. Nie kann ein Mann bescheidner seyn, als dieser gute König. Im Theater, wo öfters applaudirt wurde, wenn eine Stelle zu Seinem Lobe vorkam, nahm Er dieses Lob mit einer Bescheidenheit auf, die Ihn in jedes Menschen Augen noch liebenswürdiger machte."

Auch die Abreise des Königs von Pyrmont ist stichpunktartig festgehalten worden. Sie vollzog sich so: „Der Dhl: Gr: v. Hohenstein gehen d 2ten 3 August ab, übernachten zu Hardenberg beim OberHauptmann Freih: v. Hardenberg, welcher auch die Tafel giebt.

den 3ten Nach Caßel

den 4ten daselbst

den 5ten von da, zu Mittag in Eimbeck im Post Hause Mittag gespeißt, welches die kleine Küche besorgt; Abends in Hannover, woselbst ein Koch voraus geht.

den 6ten von Hannover ab, zu Mittag in Gambsen, zu Abend in Gardelegen.

den 7ten von Gardelegen, zu Mittag über der . . . und Abends in Potsdam."

Ein einziges Mal wird auch Wilhelmine erwähnt, und zwar in einem Brief, den Wittgenstein am 7. August an Rietz schrieb:

„Ew. Hochwohlgebohren

erhalten anbei eine Berechnung derjenigen auslagen, die ich während dem hiesigen Aufenthalt Sr: Königl. Majestät für den Königl. Dienst zu machen genöthigt war. Den . . . habe ich auf Verlangen der Frau Gräfin von Lichtenau nach Hamburg schicken müßen, um denen französischen Schauspielern den Antrag zur hierher Reiße zu machen.

Ich nehme mir zugleich bei dieser Gelegenheit die Freiheit Ihnen den hiesigen Schloß Verwalter Steitz zu empfelen; er hat sich bei allen vorkommenden Fällen sehr thätig und dienstfertig bezeigt, und wird mit jedem kleinen Douceur recht zu frieden seyn.

Pyrmont den 7ten August 1797

WGvWittgenstein."

Zunächst hatte es den Anschein, daß die sechswöchige Kur den König gesundheitlich stabilisiert habe. Aber die Besserung war flüchtiger Natur gewesen, auch wenn der König im September 1797 noch zweimal nach Berlin reisen konnte.

Dann aber nahm seine Hinfälligkeit, begleitet von unsäglicher Erschöpfung und beängstigender Atemnot so rapide zu, daß er nicht einmal mehr sein Marmorpalais in Potsdam verlassen konnte, wo nur noch der Tod auf ihn warten sollte.

Der Tod

Schon seit dem Frühjahr 1797 ging es dem König gesundheitlich ausgesprochen schlecht. Seine Kurzatmigkeit hatte einen solchen Grad erreicht, daß er sich nur unter Aufbietung aller Disziplin mit Mühe fortbewegen konnte. Er sah blaß und erschreckend hilflos aus. Das Sprechen fiel ihm schwer wegen der ständigen Atemnot, die seinem Gesichtsausdruck allmählich etwas Ängstliches verlieh.

Hinzu kam, daß sich seit langem schon der gewohnte Appetit nicht wieder einstellen wollte, so daß Menschen, die den König länger nicht gesehen hatten, vor seinem Anblick buchstäblich erschraken. Der große stattliche Mann, der ausgesprochen füllig war, um nicht zu sagen korpulent, war so sichtbar abgemagert und in sich zusammengefallen, daß jeden Mitleid befallen mußte, der den König sah.

Am 7. Juni 1797 wandte sich der Strumpf-Fabrikant Eberhardt Fridrich Dürre aus Berlin an den Kronprinzen und unterbreitete ihm schriftlich allerhand Therapievorschläge für den erkrankten König. Er selbst nannte es ein „Hauß-Heilmittel", dessen Zubereitung er so angab:

„1. Ein Ochsenfuß wird zerhauen,

2. Eine alte fette Henne wird ausgenomen, und in Stücken Zertheilt,

3. 7, 8, biß 9 oder 10 Krebse werden Lebendig in einen Mörser zerstoßen, so klein als möglich, und die harte Schalenstücken davon hinweg gethan."

Schließlich empfahl Dürre, alles zusammen zu tun, in einem Topf zu kochen und den Geschmack durch „Muscatenblüthe" oder andere Gewürze zu verbessern. Das Endprodukt, eine Art Sülze, würde den König nach zwei- oder dreimaligem Genuß sozusagen im Handumdrehen von seiner Wassersucht befreien und ihm zugleich die alten Kräfte wiedergeben.

Nicht das Rezept des Kurpfuschers ist sonderlich erwähnenswert, wohl aber die folgende Passage aus seinem Brief, die eindrucksvoll den Zustand des Königs wiedergibt:

„Ich bin gestern mit meinem Wirth und einigen guten Freunden in Charlottenburg gewesen, und da wir hörten daß am Nachmittage nach der Tafel Spaziergänger in den Schloßgarten eingelassen würden, bin ich mit meiner Famillie auch hinein gegangen. Alß wir aber am Schlosse hin unter die Raritäten besahen, kam der ganze Hofstat heraus wieder alles

Vermuthen; Gott! was erstaunten die Menschen! Nicht der blosse Schrecken der so schnellen Überraschung alleine, sondern die verlohrne Krafft und Stärcke an Sr. Königl. Majestät, bestürzte die Menschen! Ich gieng gerade voraus, und sagte: o Herr Jesus der König komt, wo gehen wir hin? So giengen gleich alle auf einen Trupp auf mich loß, und fragten: Wo ist Er denn? Niemand erkante Se. Majestät mehr! Ehrfurcht und Mitleyden war in aller Menschen Herzen, Und ich hätte mir sogleich gewünscht Seine Majestät sprechen zu dürfen um Sie dieses Mittels zu überzeugen."

Der König, dessen Anblick sich so verändert hatte, daß seine Untertanen Mühe hatten, ihn wiederzuerkennen, ließ sich ein zweites Mal zu einer Kur bewegen, zumal sein erster Aufenthalt im Jahre 1796 ihm in angenehmer Erinnerung geblieben war. Am 21. Juni verließ er Potsdam und traf am 24. Juni in Pyrmont ein, wo er sich bis Anfang August aufhielt.

So konnte ihn der zweite wohlgemeinte Ratschlag Dürres, den dieser am 23. Juni an den Kronprinzen schrieb, nicht mehr erreichen. Diesmal empfahl Dürre die Einnahme eines „Balsam Sulverich-annis-öhls", das angeblich alle Adern und Fasern im ganzen Körper geschmeidig machen würde. Nach den Erfahrungen Dürres „Stärckt dieses Balsam Sulverich-annis-öhl die menschliche Natur unsäglich und unglaublich." Dürre verbürgte sich persönlich für die Wirkung seines empfohlenen Mittels und schrieb dem Kronprinzen überzeugt:

„... wann ich der genesung nach dem gebrauch nicht so völlig überzeugt wäre, sondern das gegentheil befürchtete, so könte ich auch versichert seyn, daß durch ein solch anrathendes Mittel wann es fehl schlagen würde, ich zeitlebens nach Spandau oder gar vom leben gebracht werden Könte". Selbstbewußt setzte er hinzu: „Aber in denen Königl. Preußischen Staaten wird kein Docter seyn der ein zuträgliches Mittel, neml. vor die Kranckheit Sr. Königl. Majestat anzurathen."

Wie kommt ein Strumpffabrikant, ein preußischer Untertan sozusagen, dazu, dem König mit dem Brustton der Überzeugung solche Behandlungs-Ratschläge zu geben? Eine Erklärung finden wir vielleicht in seinem Beruf selbst. Strumpfwirker, Leineweber und Zeugmacher scheinen eine besondere Neigung zum Mystizismus und zur Quacksalberei gehabt zu haben. Angeblich konnten sie Geister sehen und Kuren verrichten. Wenn Dürre darüber hinaus dem kranken König seine Ratschläge gab, dann konnte er davon ausgehen, daß diese einen

Seelenverwandten trafen, denn des Königs Hang und Neigung zu allem Mystischen und Übernatürlichen war längst im ganzen Volk bekannt.

So ist es auch bezeichnend, daß Ärzte in der Behandlung der Krankheiten Friedrich Wilhelms eigentlich eine Nebenrolle spielten. Erst am 12. Oktober 1797, einen guten Monat vor seinem Tode, ließ er seine Leibärzte Selle und Brown rufen. Bis dahin waren Laien seine Ratgeber und „Behandler", von denen viele aus dem Kreis der Rosenkreuzer kamen. Wieder nahm Bischoffwerder eine Schlüsselposition ein, denn er allein war angeblich im Besitz eines Lebenselixiers.

Aber Dürres obskure Vorschläge fanden kein Gehör. Höflich beantwortete der Kronprinz am 27. Juni beide Briefe, die er aber abschlägig beschied. Nach der Rückkehr aus Pyrmont erhielt Dürre am 10. August einen Brief, diesmal von der Hand der Gräfin Lichtenau und auf Französisch. Hier die Übersetzung:

„Ich befinde mich tief in Ihrer Schuld, mein Herr, wegen Ihres Eifers und Ihrer guten Ratschläge, aber ich bin ganz sicher, daß S.M. der König kein Vertrauen in den Behandlungsvorschlag hat, so daß ich es nicht einmal wage, ihm diesen Vorschlag zu unterbreiten . . . Ich sende Ihnen meinen Dank ebenso wie die Versicherung meiner Hochachtung, die ich die Ehre habe, zu besitzen.

Monsieur!

Ihre sehr ergebene Dienerin

Comtesse von Lichtenau"

Der Kurerfolg war flüchtiger Natur gewesen. Die Atemnot quälte den König wieder verstärkt, der seine Nächte nun häufig sitzend zubringen mußte. Im Liegen war das Atmen schier unmöglich. Daraus resultierte zwangsläufig eine chronische Schlaflosigkeit. Mitte September endlich stellte sich ein Husten ein, der mit kräftigem Auswurf einherging, so daß die Atemwege zwischenzeitlich freier wurden. Der Patient schöpfte neue Hoffnung. Er fühlte sich so erleichtert, daß er nach langem ein Pferd bestieg und die Wachtparade der Garde kommandierte.

Zur Feier seines 53. Geburtstages am 25. September 1797 begab sich Friedrich Wilhelm nach Berlin, das diesen Tag besonders festlich beging. Während alle Kirchenglocken der Stadt bei seiner Ankunft läuteten, begrüßten Posaunenchöre auf den Kirchtürmen ihren König. Die Berliner Bürgerschaft hatte zu seinen Ehren zu einem Mittagsmahl geladen. Am Abend waren die Häuser in der Dorotheenstadt und in der Friedrichstadt festlich illuminiert, und zu Ehren des Königs fand in der

Oper eine Festvorstellung statt. Friedrich Wilhelm nahm, wenn auch angestrengt, an allen Veranstaltungen teil, immer in Begleitung Wilhelmines.

Wie hinfällig er aber schon um diese Zeit war und welchen Eindruck seine Mitmenschen von ihm hatten, konnte man später, am 14. Dezember 1797, in der „Berlinischen Zeitung" lesen:

„Mit Thränen in den Augen sah nicht nur das Königliche Haus, sondern auch der ganze versammelte Hof, den abgefallenen Körper des guten Königs; und fast alle fürchteten, daß Er zum letztenmal lebend in Berlin gewesen seyn würde."

Die Besserung Mitte September war leider nur von kurzer Dauer gewesen. Noch einmal, am 29. September, kam Friedrich Wilhelm nach Berlin, um mit der Schwester seiner Frau, der Erbprinzessin von Baden, zusammenzutreffen, die mit ihrer Tochter, der zukünftigen Königin von Schweden, über Berlin nach Stralsund reiste. Es war das letzte Mal, daß ihn die Berliner sehen konnten.

„Von jetzt an nahmen Seine Kräfte so schleunig ab", wie es in der genannten Zeitung später hieß, „daß Er auch nicht einmal mehr in dem schönen neuen Garten am heiligen See spazieren ging."

Die Symptome der Rechtsherzinsuffizienz wurden immer ausgeprägter. In demselben Maße wie die Wassersucht zunahm, verschlechterte sich die Atmung. Nicht einmal das Spazierenfahren durch den Neuen Garten wollte mehr gelingen, wie dann auch an ein Schlafen in normaler liegender Haltung überhaupt nicht mehr zu denken war. Aufopferungsvoll umsorgte Wilhelmine ihren königlichen Freund nun Tag und Nacht, im vollen Einverständnis mit der Königin. Vom 26. September bis zum 15. November pflegte sie den Patienten in seinem Krankenzimmer, das sie nur zweimal verließ, um in Berlin nach besseren Arzneimitteln Ausschau zu halten. Auch Besucher hielt sie geschickt von ihm fern.

Es ist schon darauf hingewiesen worden, daß Leibärzte und Chirurgen, selbst in diesen letzten schweren Krankheitstagen, relativ spät gerufen wurden und an sich kaum eine Rolle spielten. Während Friedrich der Große noch in seinen letzten Lebenstagen den renommierten und europaweit bekannten „Königl. Großbritannischen Leibarzt und Hofrath" Johann Georg Ritter von Zimmermann rufen ließ und sich bis zu seinem letzten Atemzug mit Ärzten umgab, waren es eigentlich Laien, die die Heilbehandlung bei Friedrich Wilhelm II. übernommen hatten, wobei natürlich von einer Heilbehandlung keine Rede sein konn-

te. Der König suchte sein Heil bei Quacksalbern, Adepten, Magneti-
seuren, Geistheilern und sonstigen Wunderdoktoren. Wer Heilung versprach, hatte immer Chancen, vorgelassen zu werden, so wie der Pariser
Magnetiseur de Beaunoir, der eigentlich Lustspieldichter war und später
als Vorleser der Königin Luise auf den Plan trat. Dieser Beaunoir hatte
Wilhelmine folgenden merkwürdigen Behandlungsvorschlag unterbreitet, der an Scharlatanerie nicht zu überbieten war, wenngleich er
durchaus in den Zeitgeist paßte:

„Ich halte den Zustand des Königs durchaus nicht für eine Krankheit,
sondern nur für eine Abnahme der Kräfte, für einen Mangel an
Pflanzensaft, dem eigentlichen Lebensprincip. Die Medicin, die ich als
Philosoph studirt habe, besitzt kein Heilmittel für diesen Zustand. Die
Natur allein vermag dem hohen Kranken wiederbelebende und stärkende
Mittel zu bieten. Demnach verordne ich Folgendes:

1. S. Maj. muß während eines Monats vergessen, daß er König ist,
damit er die für Preußen, ja für ganz Europa theuerste Person erhalte. Er
muß während dieses Monats die Regierungsgeschäfte Andern überlassen.

2. Täglich zwei elektrische Bäder, ein jedes von einer Stunde, das
erste bei Sonnenaufgang, das andere eine Stunde vor Sonnenuntergang.
Während des Bades Auflegen einer magnetischen Hand auf den
Unterleib, entweder die Ihrige (die der Gräfin Lichtenau – d. A.) oder die
des Grafen Brühl (ebenfalls ein Rosenkreuzer – d. A.) oder die meine;
auch könnte man den berühmten Puysegur aus Paris dazu einladen, der
einer unsrer ersten Adepten ist.

3. In dem Zimmer muß bei geöffneten Fenstern beständig ein offnes
Feuer, jedoch nicht im Ofen unterhalten werden. Der Kranke muß sich
den erzeugenden Einflüssen der Sonnenstrahlen aussetzen.

4. Im Nebenzimmer muß beständig eine sanfte und süße Musik von
Blaseinstrumenten unterhalten werden; ich verbanne alle Streich-
Instrumente.

5. S. Maj. darf nur wenig sprechen; man suche Sie durch Kinder-
spiele, Sprichwörter, Vorlesung von leichten Schriften, durch den Anblick junger Katzen, die mit jungen Hunden spielen, zu zerstreuen.

6. Man wähle zwei Kinder zwischen acht und zehn Jahren, die sehr
gesund, frisch, von heiterm Gemüth sind, um zu beiden Seiten des
Königs zu schlafen. Ihre gesunden und reinen Ausdünstungen werden
ihn mit einer wohlthätigen Atmosphäre umgeben.

7. Während dieses ersten Monats darf der Kranke nichts anders genießen als Reis mit Honig, Safran und Salbei abgekocht. Sollte ihm diese Speise widerstehen, so erlaube ich Gelèes von Rindfleisch und alten Hühnern, auch ein Stück Lendenbraten halbroh, allein durchaus keine Ragouts, kein Kalbfleisch, kein Geflügel und noch weniger Fisch. Er genieße wenig, aber alle Stunden etwas.

8. S. Maj. darf keinen andern Wein als spanischen trinken. Wenn Chocolate ihm keine Säure machen sollte, so ist dies ein göttlicher Balsam.

9. Vor allen Dingen verordne ich S. Maj. auf einige Zeit eine russische Pelzmütze; auch die Füße müssen ganz in Pelz eingehüllt werden. Aber keine Tropfen, kein Elixir, keine Pillen oder andere Arzneien. Das sind lauter Gifte. Das heißt Oel ins Feuer gießen."

Des Königs Berater in Gesundheitsfragen war eigentlich immer Bischoffwerder gewesen, zumal der ihm 1781 angeblich das Leben gerettet hatte. Davon war der König überzeugt. So nimmt es auch nicht wunder, daß die Aufzeichnungen über den Verlauf der letzten Erkrankung Friedrich Wilhelms nicht etwa von Ärzten vorgenommen wurden, sondern auch von Bischoffwerder und gelegentlich von Woellner. Bischoffwerder verdanken wir tägliche Briefe an den Kronprinzen, die ausschließlich das gesundheitliche Befinden des Königs wiedergeben. Der erste Brief wurde am 11. Oktober, der letzte am 15. November 1797, dem Tag vor Eintritt des Todes, geschrieben.

Noch vor dem 11. Oktober war es zu einem merkwürdigen Versuch gekommen, das gesundheitliche Befinden des Königs zu verbessern, besonders aber seine große und beängstigende Atemnot zu mildern. Im Grunde lief der Versuch auf eine Art Sauerstoffbehandlung hinaus, der eine Vorgeschichte hatte. Offenbar auf Vorschlag Bischoffwerders wurden nämlich dem König Männer zugeführt, samt und sonders Rosenkreuzer aus dem Magdeburgischen, die die Krankheit durch „Einatmung der Ausdünstungen ungeborener Kälber" zu behandeln suchten. Da sich der Erfolg nicht einstellen wollte, erhielt der Berliner „Hofapotheker und Professor der Chemie und Pharmacie", Siegmund Friedrich Hermbstädt, den Auftrag, den König mit „Lebensluft oder dephlogistisirte(r) Luft" zu behandeln. Diese „Lebensluft", in der Tiere angeblich sechs bis sieben Mal länger als in atmosphärischer Luft leben könnten, wurde aus verschiedenen Metallkalken, vor allem aus Braunstein und Salpeter hergestellt.

Am 3. Oktober wurde Hermbstädt nach Potsdam gerufen. Der König wollte zunächst wissen, ob die ihm durch den Leutnant von Randel, Chemiker und Metallurg bei Dessau, nahegelegte Behandlung wirklich unschädlich sei. Hermbstädt erklärte dem König, den er übrigens „äußerst schwach" fand:

„. . . das Athmen in bloßer Lebensluft könnte einen zu großen Reitz in den Lungen veranlassen, und würde dem Könige gewiß in keinem Falle heilsam seyn; man müsse vielmehr die Luft in den Zimmern nur verbessern, um sie der ähnlich zu machen, welche zur Sommerszeit in Waldungen geathmet wird, wenn das Laub während der Vegetation Lebensluft aushaucht."

Nun wurde der 4. Oktober als erster Behandlungstag festgelegt. Auf Befehl des Königs wurde in dem Grünen Haus im Neuen Garten Hermbstädts Labor eingerichtet, wo man Spezialöfen setzte sowie blecherne Röhren und gläserne Retorten aufstellte. Das fertige Produkt, die „Lebensluft", wurde in Ballons gefüllt, worüber Hermbstädt schrieb:

„Die Füllung dieser letzteren geschah in einem solchen Verhältniß, daß die Lebensluft gegen die atmosphärische Luft im Zimmer wie 1 zu 12 war, folglich jene Luft den zwölften Theil der Zimmerluft betrug. So gefüllt erhielt der König regelmäßig alle Abende kurz vor oder beim Schlafengehen einen Ballon. Dieser ward in der Nähe des Bettes auf einen Stuhl gelegt, der verbundene Schlauch leicht geöffnet, und der Ballon selbst mit einer zusammengefalteten Serviette bedeckt. Der sanfte Druck preßte die Lebensluft allmählich aus dem Schlauch hervor, und zwar in den meisten Fällen so langsam, daß am andern Morgen gemeinlich der 90ste oder 100ste Theil der Luft im Ballon zurückgeblieben war."

Korrekt hat Hermbstädt über den Ausgang des ersten Versuchs berichtet:

„Ob nun gleich, meiner Ansicht nach, die angewendete Lebensluft bei dem Krankheitszustande des Monarchen sich keineswegs als ein reelles Heilmittel ansehen ließ, und mehr dabei auf ihre gänzliche Unschädlichkeit, und das Vertrauen welches der Monarch darauf gesetzt hatte, als auf ihre arzneilichen Kräfte Rücksicht genommen werden konnte, so schien sie nichts desto weniger einen gewünschten Effekt zu veranlassen."

Den überlieferten Berichten zufolge ging es dem König in den Folgetagen besser. Vor allem fand er nach mehr als fünf Wochen endlich wieder Schlaf, ob „es nun Wirkung der Immaginazion oder der Luft selbst" war, stellt Hermbstädt dahin. Was in den Tagen zuvor gänzlich ausgeschlossen schien, war plötzlich wieder möglich: Der König besuchte am 7. Oktober eine Oper, einen Tag später ein Konzert. Am 9. Oktober versah er morgens sogar wieder seine Amtsgeschäfte, bis gegen Abend eine so akute Verschlechterung des Zustands eintrat, daß Hermbstädt zusammen mit von Randel noch gegen 23 Uhr gerufen wurde. Hermbstädts Bericht vom 10. Oktober ist zu entnehmen:

„. . . beschwerliches Athmen, abgebrochene sehr undeutliche Sprache, heftige Kongestion nach dem Kopfe, gänzlicher Mangel an Leibesöffnung, und intermetirender Puls."

Nach dieser und nach anderen Beschreibungen scheint ein apoplektischer Insult (Schlaganfall) am wahrscheinlichsten, dessen Vorliegen auch durch Bischoffwerders ersten Brief an den Kronprinzen gestützt wird, wenn es dort heißt:

„Potsdam, dd. 11ten Oct. 1797

Ew. Königl. Hoheit

melde ich hierdurch mit Betrübniß, daß der Gesundheitszustand des Königs sich seit gestern sehr verschlimmert hat . . . Bei äußerster Schwäche beklagt sich der hohe Patient über sein körperliches Leiden, versteht, was man Ihm sagt, kann aber Seine Gedanken nicht genugsam sammelen, um darauf zu antworten; es zeigt sich ein Mangel der Erinnerung des Vergangenen und . . . Vorstellung des Gegenwärtigen.

S. M. fragen oft, was mit Ihnen vorgegangen sey.

Bischoffwerder"

Erst jetzt, am 12. Oktober, wurden die königlichen Leibärzte Christian Gottlieb Selle, „der Arznei-Wissenschaft Doktor und Professor und Arzt des Charité-Hauses zu Berlin", und Brown, von dem ich weitere Angaben, auch in den biographischen Nachschlagewerken, nicht finden konnte, hinzugerufen, die nunmehr zweimal wöchentlich zu ihrem schwerkranken Patienten nach Potsdam zu kommen hatten, für Leibärzte auffallend wenig. Auch sie vermuteten einen „Schlagfluß" (Schlaganfall), der „durch das Austreten wässeriger Feuchtigkeiten in das Gehirn verursacht worden wäre". Außerdem hielten sie den König für unheilbar krank.

Der bereits herbeigerufene Leibchirurg Rohde hatte am 10. Oktober die Anwendung von Abführmitteln empfohlen, da der König Brechmittel rundweg ablehnte. Nach der Einnahme von „Ein Bolus von Asa Fötida,

Kastoreum, Sapo und etwas Kampfer, mit beigemischtem Rhabarber, auch wohl ein ähnlicher aus Schwefelmilch und Magnesia" stellte sich am 11. Oktober eine Diarrhoe (Durchfall) ein.

Der Kräfteverfall war unaufhaltsam. Hermbstädt skizzierte ebenfalls den Verlauf der Krankheit, fand rezidivierend erhebliche Schwellungen der Extremitäten und häufig „Spuren eines Deliriums".

Am 31. Oktober 1797 schrieb Bischoffwerder dem Kronprinzen:

„Nachmittags halb 3 Uhr

Gestern wurde ich erst nachmittags zum Könige gerufen, ich fand Hände und Füße merklich mehr geschwollen; die articulation der Worte war undeutlich . . .

S. M. trincken viel, urinieren wenig und an transpiration ist gar nicht zu dencken. Sie haben fast den ganzen Morgen auf einem Stuhle geschlummert und sind nicht zu bewegen, eine bequemere Stellung auf dem Sofa zu nehmen.

Die Aertzte kamen nach 12 Uhr an. S. M. haben selbige aber bis jetzt noch nicht sehen wollen (ein Beleg dafür, daß der König professionellen Ärzten eher mißtraute – d. A.); ich fürchte, daß sie bei Untersuchung des Patienten die Waßer Sucht für eingetreten halten werden.

Bischoffwerder"

Durch das ständige Sitzen hatte sich am 5. November ein Dekubitus (Druckgeschwür) gebildet. Der langjährige Günstling des Königs, Kämmerer Rietz, hatte ihm daher „einen besondern gepolsterten Sitz verfertigen lassen", den der Patient als Wohltat empfand.

Am 6. November 1797 schrieb Bischoffwerder:

„Die Verletzung der Haut ist nicht so unbedeutend als man anfänglich geglaubt hatte, es zeigt sich darunter eine Verhärtung welche in Suppuration (Eiterung – d. A.) überzugehen droht und sodann die gefährlichsten Folgen haben könnte . . . Die Stauung des Unterleibes hat abgenommen und die Geschwulst an Händen und Füßen ist weicher.

Potsdam d. 6ten Nov: 1797

Bischoffwerder"

Das Geschwür bedurfte der Behandlung, und da der Leibchirurg Rohde selbst erkrankt war, wurde am 8. November, besonders auf Empfehlung der Königin, der Generalchirurg Johann Goercke gerufen, der täglich die Verbandswechsel vornahm.

Am 8. November konnte Friedrich Wilhelm noch den russischen Gesandten, Graf Panin, empfangen – gewissermaßen seine letzte

Amtshandlung, denn danach saß der König nur noch im Lehnstuhl und rang nach Luft.

Einen Tag später, am 9. November, mußte Bischoffwerder dem Kronprinzen mitteilen:

„Sr. K. M. haben befohlen, daß der Gen:chir: Gercke hierbleibe. Seine Meinung – in Ansehung der Gefahr, welche diese Fleisch Verhärtung droht – stimmt mit der, der Aertzte überein; er glaubt nicht, daß selbige ganz in Suppuration übergehen könne, sondern daß sie – als ein Schwamm – sich von den übrigen Fleisch Theilen absetzen, welches sodann leicht brandartig werden könne. Gestern Abends beim Schlafengehen zeigte sich ein besonderes Phaenomenon, der Innere der rechten Hand war voll einer weißen klebrigen Feuchtigkeit, und diesen morgen war die Hand in einem ganz natürlichen Zustande, die linke hingegen ist sehr geschwollen, der Unterleib und die Oberen Schenkel sind sehr angetrieben, der untere Theil der Füße ist merklich abgefallen, am linken Beine zeigt sich aber eine Röthe, welche Entzündung befürchten läßt.

Bischoffwerder"

In diesem schlimmen Zustand des Königs war an eine Ausübung seines Amtes natürlich überhaupt nicht mehr zu denken. Bei vollem Bewußtsein wurde daher die interimistische Übertragung der Regierungsgeschäfte „von Seiten Seiner Majestät des Königs Friedrich Wilhelms II. von Preußen, an des Kron Prinzens Friedrich Wilhelm Königliche Hoheit" verfügt, die folgenden Wortlaut trägt:

„Wir Friedrich Wilhelm II., König von Preußen, erklären und urkunden hiermit, daß, da Wir Uns, bey dem Zustande von Kranckheit und körperlicher Schwäche, womit Wir nach dem Willen der göttlichen Vorsehung gegenwärtig befallen sind, außer Stande fühlen, Uns den Regierungsgeschäften mit der Unserm Herzen jeder Zeit theuer gewesenen Thätigkeit und väterlichen Sorgfalt zu unterziehen, Wir, in Erwägung des mannigfaltigen Nachtheils welcher aus einer längern Unterbrechung derselben entstehen würde, uns wahrer Liebe für Unsern Unterthanen und Sorge für ihr Wohl, und zugleich aus innigem und großem Zutrauen in den Einsichten, Weisheit und Güte Unsers vielgeliebten ältesten Sohnes des Kron Prinzen Friedrich Wilhelm, nach dem Beyspiel welches Unsers in Gott ruhenden Herrn Großvaters, des Königs Friedrich Wilhelm I. Majestät, in ähnlichen Umständen, unter den 31. May 1740 gegeben, beschloßen haben, die von Gott Uns anvertraute

Regierungs und alle darauf bezug habende Geschäfte, wie hier mit geschiehet, einstweilig, uns so lange Unser vorgedachte Zustand dauern mögte, Unserm erwähnten vielgeliebten ältesten Sohne, gänzlich und uneingeschränkt zu übertragen. Wir übergeben solcher gestalt demselben die Regierung und versprechen nicht nur, daß Wir, wenn Uns Gott wiederum zur Gesundheit gelangen läßt, alles das jenige gutheißen genehmigen und erfüllen wollen, was derselbe während seiner Regierungsverwaltung vorgenommen und angeordnet haben wird, sondern befehlen auch Unsern Stats Ministern und sämtlichen Civil und Militair Behörden, sich hier nach auf das Genaueste zu achten, und den Anordnungen und Verfügungen Unsers geliebten ältesten Sohnes, eben den Gehorsam zu leisten, deßen Wir Uns von Ihnen jeder Zeit zu nehmen gehabt haben und den sie Unsern eigenen Befehlen leisten würden.

Zu der kindlichen Liebe und Zärtlichkeit Unsers mehr erwähnten Sohnes, wovon Wir so vielfältige Beweise haben, versehen Wir uns mit der größten Zuversicht, daß derselbe, wenn die Vorsehung Uns wiederum zu dem Gebrauch Unserer Kräfte verhelfen wollte, von selbst gern bereit seyn würde, die Regierungsgeschäfte in unsere Hände zurückzuliefern. Sollte aber, der Allmächtige ein anderes über Uns beschlossen haben, so ertheilen Wir Unserm vielgeliebten Sohne, zum Antritt der Ihm solchergestallt zufallenden Regierung, Unsern Väterlichen herzlichen Seegen und bitten Gott, Er wolle sie mit Glück und Gedeihen, zum wahren Besten des Landes begleiten und krönen. Wir empfehlen auf diesen Fall, Unsere sämtliche treue Unterthanen, der Liebe und Sorgfalt Unsers geliebten Sohnes und halten Uns fest überzeugt, daß ihre Ruhe und Wohlfahrth das unabläßige Ziel seiner Wünsche und Bestrebungen bleiben werde.

Gegenwärtige Übertragungacte haben Wir Uns wörtlich vorlesen lassen, und in ihrem ganzen Inhalt nochmahls vollkommen genehmiget, auch dem zufolge, eigenhändig vollzogen und mit Unserm Königlichen Siegel bedrucken laßen.

So geschehen Potsdam den . . .

oder auch den Fall, daß Seine Majestät Selbst zu unterzeichnen außer Stande wären:

gegenwärtige Übertragungsacte haben Wir Uns wörtlich vorlesen lassen und nach ihrem ganzen Inhalt nochmahls vollkommen genehmiget. Da Wir Uns jedoch, wegen der großen Schwäche Unserer Hand, außer Stande befinden, selbige eigenhändig zu vollziehen, so ist dieselbe auf unsern ausdrücklichen Befehl, in Unsrer Gegenwart von Unserm Etats und Cabinets Minister Grafen von Haugwiz unterzeichnet; auch demnächst mit Unserm Königlichen Insiegel bedruckt worden.

So geschehen . . .“

Zur Ausführung ist diese Übertragungsakte nicht mehr gekommen.

Soweit der König bewußtseinsklar war, ließ er sich gern von seinem Generalchirurgen Goercke unterhalten, der ihm die Feldzüge noch einmal in Erinnerung brachte. Der Kranke klagte wenig, obwohl sein Zustand immer erbärmlicher wurde und niemand mehr, auch er selbst nicht, an eine Genesung glaubte.

Nur einmal täglich begab sich der vom Tode Gezeichnete an die gemeinsame Tafel, an der man sich nur im Flüsterton unterhielt, weil seine Nerven zum Zerreißen angespannt waren.

Fünf Tage vor Eintritt des Todes schrieb Bischoffwerder:

„Durch das vom Gen: Chirurgo Gercke eingerichtete Lager haben S. K. M. in voriger Nacht etwas Ruhe genoßen, sind ohne allen Kopfschmertz und bei dem vollkommensten Bewußtseyn. Die Eiterung der Fleischverhärtung ist bösartig und giebt zu vieler Besorgniß Anlaß. Der Unterleib, so wie das Scrotum schwellen auf, die Oberschenkel sind sehr dick. Die Beine lauffen stark aus, an den lincken zeigt sich aber, der Entzündung der Haut ohnerachtet, nichts Brandartiges. Die lincke Hand bleibt ganz mager.

Der appetit zum Eßen ist sehr stark.

Potsdam d 11ten Nov: 1797

Bischoffwerder“

Am 14. November äußerte der dahinsiechende König in seinem Sterbezimmer: „Ich fühle, daß wir uns bald werden trennen müssen“, und wie zur Rechtfertigung seines Lebens setzte er hinzu: „Ich habe meine Pflicht gethan.“

Bischoffwerder schrieb an diesem Tage:

„Die vergangene Nacht war sehr unruhig, S. K. M. ließen Sich öfters von einer Stelle auf die andere bringen und sprachen unzusammenhängend. Diesen Morgen um 3 Uhr wurde . . . ich schon gerufen, fand aber S. M. ruhig . . . der Husten hat aber etwas zugenommen und S. M. beklagen sich öfters über Mangel an Luft. Das Puls scheint mir noch schwächer als gestern und ist sehr unregelmäßig.

Potsdam de. 14ten Nov: 1797

Bischoffwerder“

197

Die letzte Aufzeichnung Bischoffwerders stammt vom 15. November:

„Seit voriger Nacht hat der Husten (und) der Mangel an Luft . . . so zugenommen, daß die Aertzte einen nahen Todt befürchten, in einem Zeitraum von 2 Tagen . . . der Auswurf fällt sehr schwer. Das Bewußt Seyn ist vollkommen S. K. M. beobachten Selbst mit großer Standhaftigkeit die Abnahme Ihrer Lebens Kräfte.

im hohen neuen garten

d. 15ten Nov: 1797

Bischoffwerder"

Bevor die letzten Stunden des Sterbenden hier Erwähnung finden, soll noch einmal der besonderen familiären Situation des Königs gedacht werden.

Während seine jahrzehntelange Freundin, die nunmehrige Gräfin Lichtenau, den König von morgens bis abends hingebungsvoll pflegte und nicht von seiner Seite wich, fand sich seine Familie nur sporadisch, eigentlich nur besuchsweise bei ihm ein, bis es am Ende noch zu einem regelrechten Eklat kommen sollte.

Am 10. November besuchte die Königin pflichtgemäß ihren Mann, um danach sofort wieder abzureisen. Am 15. November spürte auch der König sein nahes Ende, denn der Sterbende wollte nun auf Anraten seiner Ärzte Abschied von der Königin und dem Kronprinzen nehmen, der knieend den väterlichen Segen empfing. Nur mühsam konnte die Gräfin Lichtenau dabei den König in ihren Armen aufrichten. Mit tränenerstickter Stimme bat der Hilflose schließlich seine Frau um Vergebung für alles, was er ihr an Schmerz zugefügt hatte. Im Nebenzimmer kam es schließlich nach dieser letzten Audienz zu einer Rührszene, als die Königin, in Tränen aufgelöst, ihrer lebenslangen Rivalin um den Hals fiel. Der Kronprinz dagegen würdigte Wilhelmine keines Blickes. Demonstrativ besuchte er in der Sterbenacht des Vaters das Theater.

Der todkranke König war über das abweisende Verhalten seines Sohnes der Gräfin Lichtenau gegenüber so ungehalten, daß er verfügte, seine Familienangehörigen nicht mehr vorzulassen. Wilhelmine fiel die delikate Aufgabe zu, der Familie seinen letzten Willen kundzutun, die sich betreten abwandte.

Das Sterben vollzog sich nun hinter verschlossenen Türen. Alle waren sie erschöpft, die wochenlang den Eintritt des Todes vor Augen gehabt hatten. Auch Wilhelmine hatte sich in ein Nebenzimmer zurückziehen müssen, um neue Kräfte sammeln zu können. Nur seine beiden Kammerdiener Reuter und Timm blieben zurück in dieser letzten Nacht. Unruhe quälte den König, immer wieder unterbrochen von Bewußtlosigkeit. Um ein Uhr nachts ließ er sich ankleiden und das Frühstück reichen. Um vier Uhr verlor er das Bewußtsein, nachdem er mit schmerzverzerrtem Gesicht das Leder seiner Stuhllehne zerfetzt und stöhnend gesagt hatte: „Einen solchen Tod habe ich nicht verdient." Aber das Bewußtsein kehrte zurück, und der „gänzliche Mangel an Luft" führte nun zu mehreren Erstickungsanfällen. In seiner großen Not hob Friedrich Wilhelm die Arme in die Höhe und rang nach Luft, wobei er sterbend ausrief: „Der Tod ist doch bitter."

Die Atmung wurde immer krampfartiger und stockender, das Bewußtsein trüber. In einem Krampfanfall starb König Friedrich Wilhelm II. von Preußen am 16. November 1797. Die Uhr zeigte 8 Uhr und 58 Minuten. Der König war erstickt.

Da eine Obduktion von seinem Nachfolger nicht angeordnet wurde, sind wir nicht in der Lage, uns ein umfassendes Bild über die Krankheiten des Königs sowie über die eigentliche Todesursache zu machen. Nach den Beschreibungen und Darstellungen seiner Krankheitsverläufe scheint festzustehen, daß der König an der erblich bedingten oder mitbedingten Gicht der Hohenzollern litt. Sein jahrzehntelanges Übergewicht infolge seiner Eß- und Trinkgewohnheiten kann Mitursache eines Hypertonus, eines Bluthochdruckes, gewesen sein, der natürlich nicht zu belegen ist. Im Laufe der Jahre stellte sich wahrscheinlich eine Linksherzhypertrophie (Herzvergrößerung) ein mit den Folgen eines chronischen Cor pulmonale, das zu asthmoiden Anfällen, zu einem sogenannten Herzasthma führte. 1793 schon litt der König an Kurzatmigkeit und angeblicher „Kreislaufschwäche", was immer auch damit gemeint war. Am Ende resultierte aus der chronischen Überbelastung des Herzens, die sich ohne Behandlung zwangsläufig einstellen mußte, eine Rechtsherzhypertrophie mit allen typischen Folgeerscheinungen einer Rechtsherzinsuffizienz. Ascites und Ödeme oder Wassersucht, die oft beschrieben wurde, bildeten den Endzustand. Die Wassersucht war lediglich ein Symptom eines erworbenen chronischen Herzleidens. Dieser Zustand führte zu der hochgradigen Atemnot, am Ende führte er zum Tode. Nach den geschilderten Beschreibungen ist es nicht ausgeschlossen, daß der König an einer Bronchopneumonie (umschriebene Lungenentzündung) verstarb, denn er ist regelrecht erstickt.

Der Auszug aus dem Kirchenbuch der Königlichen Hof- und Garnisonskirche zu Potsdam hat folgenden Wortlaut:

„1797. den 16. November, starb allhier im Neuen Garten S. Königliche Majestät Friedrich Wilhelm II. an der Waßersucht im 54. Leben(s)jahr).

Potsdam den 15 Dezember 1853

D. Krummacher"

Bischoffwerder war es, der dem neuen König die Nachricht vom Tode seines Vaters überbrachte. Nachdem er alle Ausgänge des Neuen Gartens sichern ließ, schwang er sich aufs Pferd und ritt nach Berlin. Auf dem Weg dorthin kam ihm der Thronfolger entgegen, der nun als König Friedrich Wilhelm III. nach Potsdam ritt.

In der Paradeuniform seines ersten Bataillons Garde wurde der König in den Sarg gelegt und in den Thronsaal des Potsdamer Stadtschlosses überführt. Am 17. November wurde der Leichnam in Begleitung des ersten Bataillons Garde und seiner Adjutanten nach Berlin ins Schloß gebracht.

Noch am Tage des Todes erließ der neue König einen Brief „An das Geheime Staatsministerium zu Berlin" mit folgendem Text:

„Meine lieben Staats-Ministers. Da mein innigst geliebter Vater heute um 9 Uhr Morgens gestorben, und dadurch die Regierung der Königl. Preußischen Staaten Mir zugefallen ist; so habe Ich Euch von diesem doppelten Ereigniß hiedurch Nachricht geben wollen. Ich übernehme mein wichtiges Amt mit dem festen Vorsatze, es zum wahren Besten meiner nunmehrigen Unterthanen zu verwalten, und ich rechne dabei auf Euern Rath und auf Euern Beystand. Haltet Euch dagegen versichert, daß Ich einem jeden unter Euch volle Gerechtigkeit wiederfahren lassen und stets seyn werde,

Euer wohlaffectionierter König

Berlin

den 16ten November 1797"

Einen Tag später bereits leistete „das gesamte Etats-Ministerium" dem neuen König sein Treuebekenntnis, in Form eines Glückwunsch-schreibens mit allen Unterschriften der Minister, auch mit der Woellners, der um diese Zeit dem Kabinett noch angehörte. Der König dankte mit seiner Unterschrift wie folgt:

„Sr: Königlichen Majestät von Preußen, unser allergnädigster Herr dancken dero gesamten Etats-Ministerio, für den, zu Höchst dero Thron

Besteigung, unterm 17ten dieses, abgestatteten Glückwunsch mit der Versicherung daß Höchst dieselben treue Dienste stets mit besonderem Wohlgefallen bemercken, und eben so gern mit Huld und Gnade erkennen werden

Berlin, den 21ten 9ber 1797

Friedrich Wilhelm"

Am 18. November 1797 richtete Woellner folgendes Antwortschreiben „An Ein Hochlöbliches Departement der Auswärtigen Angelegenheiten", das er auch seinen anderen Minister-Kollegen zur Kenntnis gab. Woellner schrieb:

„Auf Ew. Excellenzien geehrtes Anschreiben vom 17ten d., ermangelt das Geistliche Departement nicht, in ganz ergebenster Antwort zu Vermelden, daß selbiges sogleich die Verfügung getroffen, daß bereits morgen in allen Kirchen hier in Berlin und in Potsdam die Abkündigung von dem höchstbetrübten Ableben des Königs Friedrich Wilhelm IIten Majestät, so wie auch die Abänderung des Kirchengebetes erfolge; in den andern Städten und auf dem platten Lande aber wegen der Kürze der Zeit die nächsten Sonntage geschehe. Das Geistliche Departement ermangelt übrigens nicht, Ew. Excellenzien in der Anlage 20 gedruckte Exemplare der Abkündigung und des neuen Kirchengebetes ergebenst mit dem Vermelden zu communiciren, daß zugleich sämtliche Consistoria in Absicht der Trauer, des Läutens und des Behängens der Kanzeln auf das Trauer-Reglements vom 7ten October ... verwiesen worden sind.

Berlin, den 18ten November 1797

Woellner"

Noch einmal reagierte Woellner am 25. November und teilte dem „Königl. Hochlöbl. Departement der Auswärtigen Geschäfte" mit:

„In Verfolg Ew: Excellenzien geehrten Zuschrift vom 22ten dieses, werden wir keinen Anstand nehmen die nöthige Verfügung sorglich zu erlassen, daß auf den Universitaeten und Akademischen Gymnasien . . . Reden zu Ehren des Höchstseeligen Königs Majestaet gehalten werden; jedoch müssen Wir Uns von Ew. Excellenzien noch zuvor eine schleunige Nachricht darüber ganz ergebenst und gehorsamst erbitten: ob von Einem Königl: Hochlöblichen Auswärtigen Departement wegen der zu dergleichen Feyerlichkeiten unumgänglich erforderlichen Kosten, auch dieses mahl das Nothige gefälligst verfügt werden wird?

Berlin, den 25ten November 1797

Königl. Preuß: Ober-Schul-Collegium   Woellner"

Dann wurde es um Woellner still, weil der neue König seine Dienste nicht mehr wünschte.

Das eigentliche Leichenbegängnis des Königs fand am Montag, dem 11. Dezember 1797 in Berlin statt. Eine kirchliche Trauerfeier mit einer Grabrede gab es nicht. Der König hatte sich jeglichen Aufwand verbeten. Außerdem untersagte das neue vereinfachte Beerdigungs-Reglement jede pomphafte Feier. Um 9 Uhr läuteten alle Glocken der Stadt. Daraufhin zogen die Regimenter der Garnison auf und bildeten ein Spalier vom Schloß zum Dom. Im Rittersaal des Schlosses hatten sich die Königliche Familie und das offizielle Preußen versammelt, die dem Verstorbenen das letzte Geleit geben wollten. Unter abermaligem Glockengeläut fuhr der Königliche Leichenwagen in den Schloßhof, wo um 10 Uhr acht Obersten den Sarg auf den Wagen hoben. Unter den Klängen des Chorals „Jesus meine Zuversicht" setzte sich der Trauerzug, angeführt von der Königlichen Garde, in Bewegung. Hinter dem Sarg folgten die Familie des Verstorbenen, danach die Minister und die Spitzen der Behörden, Uniform an Uniform sowie die Trauergäste anderer Residenzstädte. Vor dem Dom wurde der Sarg von acht Generalmajoren vom Wagen gehoben, in den Dom getragen und auf den Katafalk vor dem Altar gestellt. Dann folgte die Trauerkantate, von einem großen Chor vorgetragen. Unter den Klängen des Chorals „Ich hab' mein Sach' auf Gott gestellt" kam das Zeichen zur Versenkung des Sarges. In dem Augenblick trat Bischoffwerder mit einer Fackel in der Hand auf den Katafalk und begleitete seinen toten König in die Tiefe der Gruft. Ein großartiges Symbol und ein letztes Bekenntnis zu seinem Herrn und seiner Zeit, als ob der Lebende sagen wollte: Auch ich lasse nun die Welt. Und er ließ, wie wir gesehen haben, tatsächlich diese Welt um einzutauchen in eine andere, die Marquardt hieß. Andere wollten darin Bischoffwerders „sicheren Instinkt für theatralische Wirkungen" sehen, was aber wohl zu oberflächlich ist.

Unter dem üblichen Salut aus neun Bataillonssalven fand die Trauerfeier ihr Ende.

Eine Woche später, am 17. Dezember, hielt der Hofprediger Friedrich Sack im Rahmen des regulären Adventssonntags-Gottesdienstes eine würdige Gedenkpredigt, die „sehr rührend und erschütternd war".

Der König, anders als seine Vorgänger Friedrich der Große und sein Großvater, der Soldatenkönig, deren Särge bis 1943 in der Potsdamer Garnisonskirche standen, fand seine letzte Ruhestätte in der Hohen-

202

zollern-Gruft des Berliner Doms. Im Zweiten Weltkrieg hat sein Sarkophag durch einen Treffer schwer gelitten, so daß heute in der Gruft nur noch Reste gezeigt werden können.

Am 14. Dezember 1797 druckte die „Berlinische Zeitung" den folgenden Nachruf von Johann Erich Biester, Schriftsteller und Bibliothekar der Königlichen Bibliothek:

„Friedrich Wilhelm vollendete das große von Friedrich angefangene Werk der Gesetzgebung. Und wäre dies die einzige That, welche Sein Regentenleben verherrlichte: wie sicher müßte Er nicht schon durch sie allein zur Unsterblichkeit dringen! – Er wird als der glückliche Vergrößerer seines Landes ewig in den Annalen unserer Geschichte leben. Die Enkel unsrer neuen Brüder in Franken und an der Weichsel werden stets den Tag Feiern, wo sie Preußen wurden; und die Menschheit selbst kann ihn feiern, weil diese Erwerbungen nicht die Folge schrecklicher Kriege waren, da ohne den Schwindelgeist einiger Unbedachtsamen auch das wenige Blut, das hier floß, nicht würde vergossen worden seyn. – Seine Zeitgenossen nannten ihn: den Gütigen; und nach Jahrhunderten noch, wird man Seiner wohlthätigen Werke sich dankbar erfreuen. Er bauete, nützend und verschönernd, für die Nachwelt. Mehrere unsrer Provinzen haben durch Ihn geebnete und feste Straßen erhalten, deren unser Land bisher so sehr entbehrte (Chausseen in Westphalen, in Schlesien, in Magdeburg, in Brandenburg). Anderwärts ist durch Ihn die Bequemlichkeit des Verkehrs und der Vortheil der Bewohner durch Kanäle erhoben (im Ruppinischen, nach der Wiedererbauung der abgebrannten Stadt). Mehrere Oerter und Gegenden, besonders die Hauptstadt des Reichs, sind von Ihm mit ansehnlichen Wohnhäusern und Pallästen, mit heilsamen Anstalten jeder Art (nur z. B. die Vergrößerung der Charité, die Vieharzeneischule, Erbauung des Marienkirchthurms, Erbauung mehrerer Thore und Stadtmauern, einer eisernen und anderer Brücken, Erbauung der neuen Stadtgefängnisse, u.s.w.), auch mit bewundernswürdigen Denkmahlen ausgestattet worden. So lange noch Sinn für die Natur, und Geschmack an der Kunst bei den Einwohnern Berlins Statt haben werden, das heißt so lange Berlin da seyn wird, kann der Name des Königs nicht untergehn, der am Ende der schönsten Straße und beim Eintritt in den schönsten Lustwald das erhabene Thor aufführen ließ, welches so kühn sich den Griechischen Werken der Architektur entgegen stellt."

Schlußbetrachtungen

Wie ein Visionär hatte Friedrich der Große nach seiner letzten Revue in Schlesien von seinem Minister Hoym Abschied genommen, als er ihm sagte: „Lebe Er wohl, Er sieht mich nicht wieder. Ich werde Ihm sagen, wie es nach meinem Tode gehen wird. Es wird ein lustiges Leben bei Hofe werden. Mein Neffe wird den Schatz verschwenden, die Armee ausarten lassen. Die Weiber werden regieren, und der Staat wird zugrunde gehen. Dann trete Er auf und sage dem Könige: 'Das geht nicht, der Schatz ist dem Lande, nicht Ihnen.' Und wenn mein Neffe auffährt, dann sage Er ihm, Ich habe es so befohlen."

Die Prognose war wohl doch zu düster, wenn sie auch in weiten Teilen zutraf. Die Verschuldung war hoch, das Leben bei Hofe locker, „Die Weiber" nicht ohne Einfluß, aber der Staat ging nicht zugrunde.

Sicher hatten Friedrich Wilhelm I. und Friedrich der Große im Hinblick auf den Staatshaushalt im europäischen Maßstab rühmliche Ausnahmen gebildet, da Staatsverschuldung fast zum guten Ton gehörte. Der Soldatenkönig hatte es ausgesprochen, daß Soll und Haben nicht klaffen dürften. Seine Ausgaben überstiegen demzufolge auch niemals seine Einnahmen. Er hatte als vorbildlicher Haushalter seinem Sohn einen schuldenfreien Staat mit einem Guthaben von zehn Millionen Talern hinterlassen, während Friedrich der Große seinem Nachfolger einen Staatsschatz von fünfzig Millionen übergeben konnte. Das war beispiellos.

Die Verschuldung, in die König Friedrich Wilhelm II. schon mit seinem Hollandfeldzug geriet, als er generös auf sechs Millionen Taler verzichtete, nahm in den Folgejahren ständig zu und hatte in erster Linie etwas mit den mehr oder weniger über Jahre andauernden Kriegslasten zu tun. Aber es ist nicht wahr, daß ihn die Staatsverschuldung nicht bedrückte. Der König litt darunter und war nach 1795 bemüht, den Schuldenberg kontinuierlich abzutragen, was lediglich um eine Million gelang. Denn als man ernsthaft ans Werk ging, starb der König, so daß sein Nachfolger nicht nur die Krone, sondern auch eine Staatsverschuldung von achtundzwanzig Millionen übernahm, wenn es nicht neunundvierzig waren.

Daß die andauernden Kriege im Westen wie im Osten am meisten Geld verschlungen hatten, lag auf der Hand.

Verschwendung kann man dem König eigentlich nicht nachsagen, jedenfalls keine, die im übrigen Europa aus dem Rahmen gefallen wäre. Selbst seine Leidenschaft für Luxusbauten hatte sich in Grenzen gehalten und wurde vollends unterdrückt, als der König seine Feldzüge begann.

Wenn auch nicht von grundsätzlicher finanzpolitischer Bedeutung, so flossen dennoch Gelder ab für rein soziale Zwecke. Wir haben die ungewöhnliche Großzügigkeit des Königs gegenüber Künstlern kennengelernt, denen er nicht selten eine Jahresrente aussetzte. Auch sahen die Universitäten unter seiner Regentschaft bessere Tage als unter seinem Vorgänger. Und nicht zuletzt fühlte sich der König dem Heer von Invaliden verpflichtet, ein Erbe der friderizianischen Kriege, für das er nicht verantwortlich zeichnete. Während der große Feldherr selbst sich hier seiner Verantwortung entzogen und die bedauernswerten Menschen ihrem trostlosen Schicksal überlassen hatte, übernahm sein Nachfolger in gewisser Weise eine moralische Pflicht zur Hilfeleistung, die er an sich nicht hatte.

Hinzu kam, daß die neu erworbenen polnischen Provinzen Südpreußen mit der Hauptstadt Posen und Neuostpreußen mit Warschau alles andere als Gewinn abwarfen, sondern zunächst Geld kosteten. Große Summen verschwanden auch in dunkle Kanäle, besonders beim Aufbau der preußischen Verwaltung in den polnischen Provinzen. Für einige Beamte war das unterentwickelte Land ein reines Eldorado. Und da der König selbst, was notwendig gewesen wäre, sich kaum um diese Sache kümmerte und die notwendige Kontrolle nicht ausübte, schaltete und waltete man im Osten nach eigenem Gutdünken. Zwar setzte Friedrich Wilhelm zum Teil erprobte und verläßliche Männer dort ein, wie die Minister des Generaldirektoriums Carl Georg Graf von Hoym, Otto Carl Friedrich von Voß und Carl August von Struensee sowie den Oberpräsidenten der preußischen Kammer Friedrich Leopold von Schrötter, die aber angesichts der chaotischen und schwer entwirrbaren Verhältnisse nicht selten kapitulierten.

Das Hofleben seines Nachfolgers würde wohl – so der große König Hoym gegenüber – lustig werden. Wie es auch gewesen sein mag, auf jeden Fall unterschied es sich grundlegend vom Hofe Friedrichs des Großen, aber wohl kaum von dem anderer europäischer Fürstenhäuser. Allerdings war Friedrichs Hof nun alles andere als normal, da der König, zumindest in seinen letzten Jahren, sich vom gesellschaftlichen Leben immer mehr abschloß. Und dennoch gab es zwischen beiden, dem Onkel und dem Neffen, Gemeinsamkeiten. Während Friedrich der Große fernab vom „Weltgetriebe" in Sanssouci wie in einem Mausoleum lebte, hatte Friedrich Wilhelm II. seine Zelte im Neuen Garten aufgeschlagen und fühlte sich nirgends so wohl wie in seinem Marmorpalais. Hier allerdings scharte er die Menschen um sich, die er zu seinem Leben brauchte, wobei Wilhelmine seine ständige Umrahmung bildete. Aber auch andere Frauen kehrten hier ein, und seine jüngste Geliebte, Sophie Schultzky, nahm ihren Wohnsitz ebenfalls im Neuen Garten. Auf des Königs Anfälligkeit gegen das weibliche Geschlecht soll nicht noch einmal eingegangen werden. Es ist ausführlich darüber berichtet worden.

Selbstredend empfing der König hier auch seine politischen Berater, allen voran seinen Ordensbruder Bischoffwerder.

Der Staat allerdings, wie Friedrich der Große es prophezeit hatte, ging nicht zugrunde, und Preußen insgesamt erlebte sogar eine gewisse Blüte, wenn man Gebietsumfang als Maßstab dafür nimmt. Auch politisch war Preußen nach den polnischen Teilungen und dem Separatfrieden von Basel aus seiner Außenseiterposition herausgetreten und Rußland, aber auch Frankreich nähergerückt. Eher war Österreich jetzt in die Isolation geraten. Die Konvention von Reichenbach hatte darüber hinaus zu einer gewissen Annäherung zwischen Preußen und Österreich geführt, und wenn dieser Vertrag auch von vielen Zeitgenossen und später ebenfalls von Bismarck kritisiert wurde, so brachte er doch eine Entspannung zwischen beiden Ländern, und Österreich wurde nicht mehr ständig mit dem Prädikat Erbfeind belegt.

Unter Friedrich Wilhelm II. erlebte das bis dahin ausgesprochen nüchterne Preußen auch so etwas wie eine Kulturblüte, und Berlin wurde allmählich zu einer Stadt der literarischen und politischen Salons.

Der König selbst, fast in allem das genaue Gegenteil seines Vorgängers, war kunstliebend und ein Mäzen fast aller Künste. Von Haus aus war er gutherzig und verträglich. Aber er reagierte auch impulsiv und war cholerisch, was seine Umgebung allzu oft erfahren mußte. Ein Zug zur Leutseligkeit war ihm nicht abzusprechen, so daß er, zumindest in den ersten Regierungsjahren, sich allgemeiner Beliebtheit erfreute.

Das alles wirkt an sich sympathisch, und sympathisch ist dieser König auch sicherlich gewesen.

Daß es schwer für ihn war, vor solchen Vorgängern zu bestehen, wie er sie hatte, liegt auf der Hand. Auch ein Nachfolger anderen Schlages hätte hier wohl seine Probleme bekommen. Aber schließlich beruhen die Urteile über Friedrich Wilhelm II. nicht nur auf einem Vergleich mit seinen Vorgängern. Sie entsprangen verständlicherweise seiner Eigenleistung, und die bot leider genügend Anlaß zur Kritik.

Viele Eigenschaften, die ihn im persönlichen Umgang vielleicht liebenswürdig machten, waren wenig tauglich für ein so verantwortungsvolles Amt. Er war ein bequemer Genußmensch und zeigte nicht im mindesten den Fleiß, den sein hohes Amt an sich von ihm forderte. In gewisser Weise war er sogar arbeitsscheu, auch wenn er die Vormittage am Schreibtisch verbracht haben soll. Die Nachmittage und Abende galten der Erholung und Entspannung, der „Recreation", wie der König zu sagen pflegte. Ganz abgesehen davon, daß man sich fragt, wovon er sich erholen mußte, setzt ein Königsamt selbstredend Vollbeschäftigung voraus. Beinahe noch schlimmer war der Mangel an Ausdauer, Kontinuität und Beharrlichkeit. Natürlich hatte seine nähere Umgebung sich auf den Arbeitsstil des Königs eingestellt und verhielt sich dementsprechend. Woellner hatte wahrlich alle Hände voll zu tun.

Aktiv und mobil wurde dieser Mann, wenn es um Frauen ging. Dabei legte er durchaus Beharrlichkeit an den Tag, die seine Umgebung oft genug verblüffte. Denken wir nur an das letzte, fast über seine Kräfte gehende Werben um die junge Sophie Bethmann. Frauen waren überhaupt sein Lebenselixier. Man muß leider sagen, daß es dabei nicht allein um Wilhelmine Enke ging, was man gern zu seiner Ehrenrettung anführen möchte. Er betrog auch sie, wenn man hier von Betrug sprechen kann, da alles von seiner lebenslangen Geliebten, die ihm ja nicht selten bei der Wahl seiner Freundinnen behilflich war, hingenommen wurde.

Engagement zeigte er auch noch auf einem anderen Gebiet. Als gläubiger Christ lag ihm die Sache der Religion im Woellnerschen Sinne besonders am Herzen. So nimmt es auch nicht wunder, daß er sorgsam auf die Einhaltung und Umsetzung des Religionsediktes achtete und die berüchtigte geistliche Examinationskommission ins Leben rief. Selbst

Woellner hatte Kritik einzustecken wegen zu großer Milde, die er offenbar walten ließ.

Wie dominierend die Rosenkreuzer waren, sah man nicht zuletzt an der Zusammensetzung seines Kabinetts, in dem Woellner nicht der einzige Ordensbruder war. Auch hier legte der König ein Engagement an den Tag, das seinem Naturell gänzlich zuwiderlief. Sogar an den Auswüchsen des Ordens, an den spektakulären Geisterbeschwörungen, nahm der König teil und war angeblich tief ergriffen von dem Zauber, der ihm vorgegaukelt wurde. Schließlich ließ er sich sogar von dem Geist seines verstorbenen Sohnes inspirieren und machte selbst politische Entscheidungen von dessen „uneigennützigen" und weisen Ratschlägen abhängig.

Der König war so schwach und entscheidungsscheu, daß eigentlich alle, die ihm nahestanden, an ihm herumzerren konnten, wobei niemand seine Eigeninteressen ganz vergaß, so unterschiedlich sie auch waren. Was Woellner und Bischoffwerder anbelangte, so waren es die Ziele der Gold- und Rosenkreuzer, die sie unbeirrt verfolgten, während Wilhelmine gleichbleibend bestrebt war, ihre Position als Topfavoritin nicht zu gefährden. Sie war zu klug, um sich in politische Angelegenheiten einzumischen, was man den Rosenkreuzern nicht nachsagen kann.

Es ist schon bemerkenswert, daß ein König seine Entscheidungen überwiegend von den Empfehlungen anderer abhängig machte. Bemerkenswert ist aber auch, daß der Kreis seiner Vertrauten oder seiner Günstlinge offenbar von Verantwortungsbewußtsein getragen war, denn schädlich war sein Einfluß eigentlich nicht, was für die moralische Integrität der Mehrzahl seiner Berater spricht. Alle späteren Anfeindungen gegen Wilhelmine, Woellner oder Bischoffwerder, selbst die Anhörungen vor der Untersuchungskommission erwiesen sich letztlich als haltlos, denn es war nicht erkennbar, daß diese Menschen Preußen geschadet hatten.

Nach meinen Quellenstudien ist dem Orden der Gold- und Rosenkreuzer eine Bedeutung beigemessen worden, die er offensichtlich nicht hatte. Fraglos war sein Einfluß groß und viele, die neben dem König politische Verantwortung trugen, gehörten dem Geheimbund an. Aber die durchweg negative Ausstrahlung, die diesem Orden immer wieder nachgesagt wurde, hat er offenbar nicht gehabt. Das eigentlich Verhängnisvolle waren wohl das Mystische und die geheimnisvolle Organisation, die allen Spekulationen und Gerüchten über die Rosenkreuzer Tür und Tor öffneten. Daß Friedrich Wilhelm diesem Orden als aktives Mitglied angehörte, hat seinem Ansehen daher schwer geschadet.

Sicher war Friedrich Wilhelm II. in der langen Kette der Hohenzollern-Dynastie ein schwaches Glied und hat weder sich selbst noch Preußen, dem er elf Jahre als Landesvater vorstand, sonderlich profilieren können, ganz abgesehen von seinen vielen menschlichen Schwächen. Man kann König Friedrich Wilhelm II. getrost als „preußischen Außenseiter" bezeichnen oder als den *anderen* Preußen, denn das ist er gewesen. Was Friedrich Wilhelm II. vorlebte, identifiziert man in der Regel nicht mit Preußen, von dem man ein anderes Verständnis und ein ganz anderes Bild hat. Ganz sicher aber haben diese Jahre dem Land aufs Ganze gesehen nicht geschadet, das liebenswürdiger wurde, eine Eigenschaft, die man mit Preußen an sich nicht spontan in Verbindung bringen würde. Einige Biographen sprechen dann auch von Friedrich Wilhelms Jahren bezeichnenderweise als von „Preußens galanter Zeit". Und was den König selbst angeht, so trägt er für viele Autoren auch den Beinamen „Der Vielgeliebte".

Alles in allem hat dieser preußische Außenseiter wenig nennenswerte Spuren hinterlassen. Vielleicht haben die Jahre, die ihm vergönnt waren, ganz einfach nicht gereicht. Vielleicht aber war es auch besser so, daß ihm eine längere Regierungszeit nicht aufgebürdet wurde, denn: „Bei seinem Tode", so schrieb Christian von Massenbach, „hieß es: 'Wohl ihm! Wohl uns, daß er nicht mehr ist'. Der Staat war seiner Auflösung nahe!"

So jedenfalls sahen es Zeitgenossen, wenn diese Aussage auch im Widerspruch zu dem schmeichelhaften Nachruf Johann Erich Biesters steht.

Literaturverzeichnis

á Alton-Rauch, Helene: Hans Rudolf von Bischofwerder in Potsdam und Marquardt. Potsdamer Tageszeitung. Nummer 125. Zweite Beilage, 31. Mai 1938.

Andreae, Johann Valentin: Die Chymische Hochzeit Christiani Rosenkreutz Anno 1459. Hrsg. von Alfons Rosenberg. München – Planegg 1957.

Andreae, Johann Valentin: Confessio Fraternitatis. In: Der Protestantismus des 17. Jahrhunderts. Hrsg.von Winfried Zeller. Bremen 1962.

Andreae, Johann Valentin: Fama Fraternitatis Confessio Fraternitatis Chymische Hochzeit Christiani Rosenkreutz Anno 1459. Hrsg. von Jan van Rijckenborgh. 4 Bde. Haarlem: Rozekruis Pers 1967–1976.

Bailleu, Paul: Gräfin Wilhelmine Lichtenau. In: ADB. Band 18. Leipzig: Duncker & Humblot 1883.

Bailleu, Paul: Johann Rudolf von Bischoffswerder. In: ADB. Band 2. Leipzig: Duncker & Humblot 1883.

Bailleu, Paul: Johann Christoph Wöllner. In: ADB. Band 44. Leipzig: Duncker & Humblot 1898.

Bardey, Ernst Georg: Marquardt. In: Geschichte von Nauen und Osthavelland. Rathenow 1892, S. 584-586.

Baumann, Margarete: Die Stellung der Geistlichen zu der morganatischen Ehe Friedrich Wilhelms II. mit Fräulein von Voß. In: Mitteilungen des Vereins für die Geschichte Berlins. 50. Jahrgang. Heft 1 (1933), S. 21-23.

Behrend, Horst: Der Vielgeliebte. Friedrich Wilhelm II. König von Preußen. In: Preußens Könige. München-Gütersloh: Bertelsmann 1972.

Beyer, Bernh.: Das Lehrsystem des Ordens der Gold- und Rosenkreuzer. Leipzig: Pansophie-Verlag 1925.

Bissing, W.M. von: Friedrich Wilhelm II. König von Preussen. Berlin: Duncker & Humblot 1967.

Branig, Hans: Aus den späteren Lebensjahren der Gräfin von Lichtenau. In: Jahrbuch für brandenburgische Landesgeschichte 1955, S. 19-25.

Dumrath, Hans Werner: Der Umzug der Muli und andere Geschichten und Bilder aus dem alten Ruppin. Berlin und Karwe/bei Neuruppin: Edition Rieger 1996.

Edighoffer, Roland: Die Rosenkreuzer. München: C.H. Beck'sche Verlags-buchhandlung 1995.

Eismann, F.W.: Neue Beiträge zur Geschichte des Staatsministers von Woellner. Königsberg: Phil. Diss. 1923.

Erman, Hans: Der Geisterseher zu Marquardt. In: Der Tagesspiegel , 25.12.1952, S. 4.

Fischer-Fabian, S.: Preußens Krieg und Frieden. München: Droemersche Ver-lagsanstalt Th. Knaur Nachf. 1981.

Fontane, Theodor: Wanderungen durch die Mark Brandenburg. Erster Teil. Die Grafschaft Ruppin. Frankfurt a.M. – Berlin – Wien: Ullstein GmbH 1988.

Fontane, Theodor: Wanderungen durch die Mark Brandenburg. Dritter Teil. Havelland. Frankfurt a.M. – Berlin – Wien: Ullstein GmbH 1984.

Geisler, Kurt: Der „dicke Wilhelm", der die Frauen liebte. In: Berliner Illustrierte Zeitung. Beilage der Berliner Morgenpost, 24./25.9.1994.

Gervais, Otto R.: Die Frauen um Friedrich den Großen. Versuch einer Deutung des Liebeslebens Friedrichs II. Graz – Wien – Leipzig – Berlin: Verlag Das Bergland-Buch 1993.

Gross, Chlodwig (Red.): Berlin – Reise in die Geschichte. Dortmund: Kartho-graphischer Verlag Busche GmbH 1990.

Gross, Chlodwig (Red.): Brandenburg – Reise in die Geschichte. Dortmund: Karthographischer Verlag Busche GmbH 1991.

GStA:

– Auszug aus dem Kirchenbuch der Königlichen Hof- und Garnisonkirche, Potsdam den 15. December 1853.

– Note. Von demjenigen, was im Jahr 1786 nach dem Ableben König Friedrich II. beobachtet worden ist.

– Gedichte, Spottgedichte in verschiedenen Zeitungen.

– Briefe Friedrich Wilhelms II. an
  ° von Carmer, 12. April 1794.
  ° von Wöllner, 12. April 1794.

– Briefe des Strumpf=Fabricanten Eberhardt Fridrich Dürre an Kronprinz Friedrich Wilhelm, 7. Juny und 23. Juny 1797.

– Brief W.G. v. Wittgensteins an Rietz, Pyrmont den 11ten Juny 1797.

– Brief der Gräfin Lichtenau an Eberhardt Fridrich Dürre, 10. 8. 1797.

– Verzeichniß desjenigen was bey dem Antritt der Regierung Seiner König-lichen Majestät zuförderst zu beachten ist.

– Acte, betreffend die interimistische Übertragung der Regierungs-Geschäfte, Von Seiten Seiner Majestät des Königs Friedrich Wilhelms II. von Preußen, an des Kron Prinzen Friedrich Wilhelm Königliche Hoheit.

212

- Acta des Geheimen Kämmeriers Ritz betr. Reise S.M. des König Friedrich Wilhelm II. von Preußen nach Pyrmont vom Juny bis August 1797.
- Briefe von Alvenslebens an von Hardenberg, von Hoym, von Schrötter sowie an Departements, Landesbehörden und Oberschul-Collegium vom 17. Nov. 1797 /19. Nov. 1797 / 27. Nov. 1797 /28. Nov. 1797 / 30. Nov. 1797/ 17. Dec. 1797 /23. Dec. 1797.
- Anhang. Letzte Stunden Friedrich Wilhelms II. C VII a 135, S. 109-114.
- Briefe König Friedrich Wilhelms III., 16ten und 22ten November 1797.
- Formular der Bekanntmachung des Ablebens Seiner Majestät des Allerdurchlauchtigsten, Großmächtigsten Königs und Herrn, Herrn Friedrich Wilhelm des Zweyten, Königs von Preußen Berlin, 17ten November 1797.
- Briefe von Haugwitz, St. Patern und Bischoffswerder an Kronprinz F.W. (III.) über die Letzte Krankheit Sr. Maj. Friedrich Wilhelm II. 1797.
- Acta betr. das Absterben Königs Friedrich Wilhelm II. Maj. Bekanntmachung deßelben an die inneren Landesbehörden, Anordnung der Trauer und die Thronbesteigung des Königs Friedrich Wilhelm III. Maj.
- Biester: Nachruf Berlinische Zeitung. 14. December 1797.
- Ueber die Krankheit und den Tod Sr. Majestät des Hochseligen Königs Friedrich Wilhelms II. Berlinische Zeitung, 14ten December 1797.
- Schreiben des Generalleutnants von Favrat an den Kämmerer Ritz, 23. Dez. 1797.
- Natürliche Kinder Fr: Wilh: II. mit der Mad Rietz geb: Enke nachherigen Gräfin Lichtenau.

Haase-Faulenorth, Bertold: Gräfin Lichtenau. Ein Schicksal zwischen den Zeiten. Berlin: Verlag Bernard & Graefe 1934.

Haffner, Sebastian: Preußen ohne Legende. Hamburg: Gruner + Jahr 1979.

Heinrich, Gerd: Geschichte Preußens. Staat und Dynastie. Frankfurt/M. – Berlin – Wien: Ullstein 1984.

Helwing-Pinto, Marie: Marquardt als Herrensitz der Familie von Bischoffwerder. In: Der Bär. Illustrirte Wochenschrift für vaterländische Geschichte. Jahrgang XIX (1893), S. 224-226.

Hintze, Otto: Die Hohenzollern und ihr Werk. 7. Auflage. Berlin: Verlag Paul Parey 1915.

Hoffmann, Georg: Johann Timotheus Hermes. Ein Lebensbild aus der evangel. Kirche Schlesiens im Zeitalter der Aufklärung. Breslau: Evangel. Buchhandlung (Gerhard Kauffmann) 1911.

Holtorf, Jürgen: Die Logen der Freimaurer. Geschichte. Bedeutung. Einfluß. 9. Auflage. München: Wilhelm Heyne Verlag 1991.

Hoth, Rüdiger: Die Gruft der Hohenzollern im Dom zu Berlin. Grosse Baudenkmäler Heft 426. München – Berlin: Deutscher Kunstverlag 1992.

Hürlimann, Martin (Hrsg.): Das Leben der Gräfin Lichtenau. In: Die Residenz-
stadt Potsdam. Berichte und Bilder. Berlin: Atlantis-Verlag 1933.

Jäger, Oskar: Deutsche Geschichte. Zweiter Band. Vom westfälischen Frieden
bis zur Gegenwart. Vierte Auflage. München: C.H. Beck'sche Verlagsbuch-
handlung 1914.

Kania, Hans: Barbarina und Lichtenau. Potsdam: A.W. Hayn's Erben 1928.

Klöden, Karl Friedrich: Von Berlin nach Berlin. Erinnerungen 1786 – 1824.
Hrsg. von Rolf Weber. 2. Auflage. Berlin: Verlag der Nation 1978.

Koldrack, Klaus: Johann Christoph von Wöllner: ... damit sie sämtlich ihr Brot
haben. In: Brandenburger Blätter, 10. Januar 1991, S. 8.

Krockow, Christian von: Die preußischen Brüder. Prinz Heinrich und Friedrich
der Große. Stuttgart: Deutsche Verlags-Anstalt 1996.

Krüger, Gustav: Die Rosenkreuzer. Berlin: Verlag Alfred Unger 1932.

Lienhard, Friedrich: Unter dem Rosenkreuz. Stuttgart: Verlagsanstalt Greiner &
Pfeiffer 1925.

Maaz, Bernhard (Hrsg.): Johann Gottfried Schadow und die Kunst seiner Zeit.
Köln: DUMONT Buchverlag 1994.

Marquardt

– Briefe Bischoffwerders an König Friedrich Wilhelm II. vom 10. Aug 1795
und ein weiterer Brief ohne Datum.

– Kirchenbuch 1714 – 1806: Auszüge.

– Kirchenbuch 1807 – 1843: Auszüge.

– Ortschronik: Auszüge.

– Schriftstück mit Marquardtschem „Gerichts Innsiegel der Separation der
Herrschaftlichen und Unterthanen Ländereyen" vom 25ten September 1795.

– Urkunde über den Separationsreceß, Marquardt den 23 May 1797.

– Vertrag über den „Ankauf des Ritterguths Marquardt im Havelländischen
Kreise" durch den „Königl. General Leutenant und General Adjutant der
Cavallerie, Herrn Hans Rudolph v. Bischoffwerder", 12ten Juny 1795.

Mertz, Dieter Paul: Geschichte der Gicht. Stuttgart – New York: Georg Thieme
1990.

Neumann, Hans-Joachim: Erbkrankheiten in europäischen Fürstenhäusern.
Berlin: edition q 1993.

Neumann, Hans-Joachim: Friedrich Wilhelm I. Leben und Leiden des Soldaten-
königs. Berlin: edition q 1993.

Neumann, Hans-Joachim: Friedrich Wilhelm der Große Kurfürst. Der Sieger von
Fehrbellin. Berlin: edition q 1995.

Neumann, Paul: Johann Arndt's, weiland General-Superintendenten des Fürsten-
thums Lüneburg, Katechismus=Predigten. Stralsund: Carl Hingst 1859.

Riedel, Lisa: Schinkel und Neuruppin. Berlin und Karwe/Neuruppin: Edition Rieger 1993.

Rüster, Detlef (Hrsg.): Über das medizinische Berlin. Berlin: Verlag Gesundheit GmbH 1990.

Salomon, Ernst von: Die schöne Wilhelmine. Ein Roman aus Preußens galanter Zeit. 56.-61. Tausend. Reinbek bei Hamburg: Rowohlt Taschenbuch Verlag 1984.

Schieder, Theodor: Friedrich der Große. Ein Königtum der Widersprüche. Frankfurt am Main – Berlin – Wien: Propyläen Verlag 1983.

Schlenke, Manfred: Preußen – PLOETZ. Preußische Geschichte zum Nachschlagen. Freiburg/Würzburg: Verlag Ploetz 1987.

Schnitzler, Sonja (Hrsg.): Die Mätresse Wilhelmine. Spottschriften wider die schöne Gräfin Lichtenau. Berlin: Eulenspiegel Verlag 1989.

Schoeps, Hans-Joachim: Preußen. Geschichte eines Staates. Frankfurt a.M. Berlin – Wien: Ullstein GmbH 1981.

Schultze, Johannes: Hans Rudolf von Bischoffwerder. In: Mitteldeutsche Lebensbilder Nr. 1000, 3 (1927), S. 135-155.

Schultze, Johannes: Die Rosenkreuzer und Friedrich Wilhelm II. In: Mitteilungen des Vereins für die Geschichte Berlins. 46. Jahrgang (1929), Heft 2, S. 41-51.

Schurig, Arthur: Das galante Preußen. Berlin und Leipzig: Verlagsgesellschaft Berlin 1910.

Schwartz, Paul: Der Geisterspuk um Friedrich Wilhelm II. In: Mitteilungen des Vereins für die Geschichte Berlins. 47. Jahrgang (1930), Heft 2, S. 45-60.

Sichelschmidt, Gustav: Friedrich Wilhelm II. Der „Vielgeliebte" und seine galante Zeit. Berg am See: VGB-Verlagsgesellschaft Berg 1993.

Siedler, Wolf Jobst: Auf der Pfaueninsel. Spaziergänge in Preussens Arkadien. 5. Auflage. Berlin: CORSO bei Siedler 1987.

Sinn, Dieter und Renate: Der Alltag in Preußen. Frankfurt am Main: Societäts-Verlag 1991.

Steiner, Gerhard: Freimaurer und Rosenkreuzer. Georg Forsters Weg durch Geheimbünde. Berlin: Akademie-Verlag 1987.

Sternaux, Ludwig: Und dennoch spukt's in Marquardt . . . In: Potsdam – ein Buch der Erinnerung. Hrsg.: Ludwig Sternaux. Berlin: A.W. Hayn 1932.

Stribrny, Wolfgang: Der Weg der Hohenzollern. Limburg an der Lahn: C.A. Starke 1981.

Stürzbecher, Manfred: Zur Therapie der Wassersucht bei Friedrich Wilhelm II. von Preußen. In: Sudhoffs Archiv 41 (1957), S.10-18.

Stürzbecher, Manfred: Zur Geschichte der Sauerstofftherapie bei Friedrich Wilhelm II. In: Pharmazeutische Zeitung 103. Jahrgang (1958), Nr. 34, S. 870-874.

Treitschke, Heinrich von: Deutsche Geschichte im Neunzehnten Jahrhundert. Erster Teil. Achte Auflage. Leipzig: Verlag S. Hirzel 1909.

Tschirch, Otto: Geschichte der öffentlichen Meinung in Preußen vom Baseler Frieden bis zum Zusammenbruch des Staates (1795 – 1806). Bd. 1 und 2. Weimar: Böhlau 1933.

van Rijckenborgh, Jan: Das Bekenntnis der Bruderschaft des Rosenkreuzes. Dritte, überarbeitete Ausgabe. Haarlem: Rozekruis Pers 1994.

Vehse, Carl Eduard: Illustrierte Geschichte des preußischen Hofes, des Adels und der Diplomatie. Erster Band. Vom Großen Kurfürsten bis zum Tode Friedrichs des Großen. Stuttgart: Franckh'sche Verlagshandlung 1901.

Vehse, Carl Eduard: Die Höfe zu Preussen. Von Friedrich Wilhelm II. bis Friedrich Wilhelm III. 1786 bis 1840. Hrsg. von Wolfgang Schneider. Leipzig: Gustav Kiepenheuer Verlag 1993.

Wenng, Wolfgang: Freimaurerei, eine Philosophie der Menschlichkeit. Münster: Bauhütten-Verlag 1987.

Personenregister